中国红

中国第一品牌攻防争夺战内幕

杨洪　著

南方日报出版社
NANFANG DAILY PRESS
中国·广州

图书在版编目（CIP）数据

中国红 ：中国第一品牌攻防争夺战内幕/ 杨洪著. — 广州 ：南方日报出版社，2014.10
ISBN 978-7-5491-1184-8

Ⅰ. ①中… Ⅱ. ①杨… Ⅲ. ①饮料－食品工业－工业企业管理－广州市 Ⅳ. ①F426.82

中国版本图书馆 CIP 数据核字(2014)第 220414 号

中国红 —— 中国第一品牌攻防争夺战内幕

著　　者：杨　洪
责任编辑：刘志一　郑　颖
书籍设计：蔡宇杨
责任技编：王　兰
责任校对：阮昌汉
出版发行：南方日报出版社
地　　址：广州市广州大道中 289 号　邮编：510601
电　　话：（020）87373998-8502
经　　销：全国新华书店
印　　刷：广州市怡升印刷有限公司
开　　本：889mm×1194mm　1/16
印　　张：22.75
字　　数：300 千字
印　　数：000001—100000 册
版　　次：2014 年 10 月第 1 版
印　　次：2014 年 10 月第 1 次印刷
定　　价：54.00 元

投稿热线：（020）87373998-8503　读者热线：（020）87373998-8502
网址：http://www.nfdailypress.com/index.html

Foreword

序

红罐之争拷问中国人契约精神

“王老吉”是一种药茶和饮料的品牌名称，它诞生至今已经186年了，却从来没有像今天这样惹人注目。不仅业内人士关注，业外人士（包括各类商家、法律人士、学者专家、政府官员、媒体记者），甚至一般老百姓也都关注。这种关注不仅是186年来王老吉作为深入人们生活的日常用品的那种关注，更是对它作为价值高达1 080亿元的中国第一品牌的命运与归属的关注。

早在新中国诞生之初，政府就已明文规定，王老吉品牌属于“全民所有”，亦即现在说的“国家所有”。但是，由于20世纪90年代代表国家拥有这个品牌的羊城药业及其后来的母公司广药集团一度将王老吉品牌租借给在英属维京群岛（BVI）注册的鸿道集团使用，因而也就产生了后来一连串围绕这个品牌展开的攻防争夺故事，并且激起了关于国有企业广药集团该不该收回这个品牌的争论。

这个争论的焦点主要集中在：一种意见认为，鸿道集团租用王老吉这个品牌用于推销王老吉红罐凉茶后，该产品销量大幅飙升，在人家千辛万苦做大品牌的情况下，广药集团坚持收回品牌，有掠人之美、吃现成饭之嫌；另一种意见则认为，广药集团是按合同办事，鸿道集团签订合同之初本就应该知道，无论自己借用品牌后做得怎么样，时间一到自然就得物归原主，这是市场经济所必须遵循的契约原则，天公地道，无可指责。

从客观中立的立场看，上述两种观点中，前一种观点更多的是从人情世故的角度来考虑问题，偏于感性；而后者则是从法律和契约严肃性的角度来思考问题，偏于理性。市场经济是人的行为，既然是人的行为就离不开人情世故，因此，衡量市场行为的对错，很多时候是可以用人情世故来作为准绳的。但是，市场经济本质上又是法制经济，因而在更广阔和更深刻的层面上，最终还是需要依靠法律的标准去衡量裁决，没有法律的约束和指引，市场经济是根本无法正常运行的。作为市场经济最重要的法律原则之一的契约精神，同样也是市场经济中必须遵守的一项准则，在王老吉品牌攻守问题上，能否本着契约精神来审视与解读，就像一道无形的考题，摆在了一切有关与无关人士的面前，他们的答案将折射出中国市场经济成熟的程度。

当然，对于许多局外人来说，他们不一定从那么高深的层次去思考问题，他们更多的是凭着自己的直觉去判别是非，而他们的直觉又多是从媒体的描述中获取信息，这些信息往往成为他们据以思索的素材。可惜的是，迄今为止尚未有一个媒体能够给予广大读者一个全面深入的完整描述，这就使不少读者难以依据完整的素材进行思考，并由此得出相对可靠的结论。为此，作者有意将王老吉品牌争战双方提供的信息进行编辑整理，并按照历史发展的逻辑顺序加以解读，以使所有关心王老吉品牌之争的人士有可能获得准确的第一手材料，从而得以了解媒体报道背后这场攻防战的真实面貌，更好地从这个案例中辨别是非曲直，同时更好地总结和吸取中国现代商战带有规律性的东西，为商界、法律界、政界、新闻界、研究界或更多其他界别提供一个真实而鲜活的教材，同时也为世界上希望了解中国市场经济发展现状、中国商业法制发展现状、中国基层国有企业发展现状以及关心王老吉百年老字号发展由来和现状的人们提供一部袖珍版的百科全书。

Contents **目录**

第二部分　品牌的复兴

第三部分　品牌的危机

Part One

第一部分

品牌的诞生

第一章 十三行走出王老吉

19世纪的靖远街

19世纪初叶，广州还是中国唯一的对外通商口岸，不计其数的国货和洋货每日从这里进进出出，或是漂洋过海，运往世界各国，或是翻山越岭，内销全国各省。

在这个千年口岸中，有个对外贸易特许商行的聚集地，俗称为“十三行”。在十三行区域内有一条街叫靖远街，靖远街上有一家凉茶铺，凉茶铺门前常年挂着一个大招牌，招牌上面用斗大的隶书写着“王老吉”三个大字。这就是人们记忆中王老吉凉茶品牌最早出现的情景。

王老吉品牌最早面世的具体时间是什么时候？一般公认的时间是清道光八年，即公元1828年。

1828年，王泽邦在广州市十三行路靖远街开设了第一间王老吉凉茶铺，专营大水碗凉茶，得名“王老吉”。图为清代商贾云集的十三行街景

按《广州市志·医药志》的说法，最早的王老吉凉茶是一个叫王泽邦的人熬制出来的。他是粤中鹤山县人，乳名叫阿吉，故其凉茶铺以吉叔凉茶命名，大家称他王老吉。1828年，他在靖远街开了一家凉茶铺，那时的十三行十分热闹，来来往往的商贩、搬运工、黄包车夫很多，只花两文钱就能买一碗王老吉凉茶，既便宜又有效，因而门庭若市。

不过，也有不同的说法。据王老吉一名后人出版的家族故事书称，王老吉是在咸丰三年（1853年）才开始在靖远街租铺卖凉茶的。在此之前，是每天在家里用大锅熬好茶汤，用手推车拉到靖远街售卖的。因为价格便宜，药效明显，销路颇佳，才有了后来开设凉茶铺的举动。

20世纪80年代，西关老人梁达写了一套《广州西关古仔》丛书，其中一篇专讲“王老吉凉茶”的故事。书中说，清道光八年，在西关十三行靖远街，住着一个老药农，自称王老吉。他在西关一带卖药兼诊症，普通病人三五味草药即可见效，口碑渐传，遂成名医。后来，凉茶铺门口挂出了有“王老吉”特大字样的招牌，铺中用一个大铜葫芦装凉茶，伙计边卖边唱：“王老吉，王老吉，四时感冒最使得，饮一茶啦最止咳。”

凉茶始祖王泽邦，乳名“阿吉”，人称“王老吉”

林则徐赠铜壶锁定“王老吉”大号

王老吉凉茶铺内这个大铜葫芦是怎么来的呢？若我们沿着历史的足迹回头查看，不难发现它的来历真的很不简单。

据史料介绍，1838至1840年间，林则徐作为钦差大臣到广州禁烟，夏季来临，感染暑气，多方治疗无效，后来经人介绍，饮用了王老吉药茶，果然药到病除。林则徐身体恢复后登门答谢，问及王老吉的来历与药名。王老吉老实地回答：“大家都叫我王老吉，为你治病的是几味不值钱的草药。”林则徐感叹道：“药无分贵贱，不值钱的草药，煮成茶，足见奇效；倘能使人随到随饮，有病治病，无病防病，贫苦百姓更能受益。”

一位署名赵兵辉的作者曾在《南方日报》刊文章这样描述：

> 王老吉确系在1828年于十三行靖远街开凉茶铺。根据王老吉凉茶博物馆以及《西关风味趣闻》等资料的记载，1839年，林则徐作为钦差大臣奉旨入粤，准备禁行鸦片。路途暑热，林则徐劳累奔波，感邪中暑，次日即口赤发热，咽痛顿咳。七八天过去，症状渐重，随行官员人人焦虑。有一官员打听到王老吉以治感暑出名，于是告诉林则徐。当日，林则徐就到十三行靖远街王老吉的药铺，请他号脉开方。
>
> 王老吉并不知来者何人，诊过脉后，说：“这位先生，不过热气；除口干之外，尚有尿赤便秘之症！”林则徐闻言点头。随后，王老吉便给林则徐开了王老吉凉茶方。林则徐买了一包王老吉凉茶，回到府中，煎了一包，趁热饮下，次日果然病除。林则徐高兴地说道：“王老吉使得！”遂派人去问王老吉，此药能否当作茶饮。此时王老吉才知道，原来前日来看病的是有名的廉臣林则徐。
>
> 林则徐还建议王老吉将此方制成茶包，又或开一铺，专卖此茶让

人随到随饮，望能药到病除。王老吉若有所悟，领首称是。没过几天，他便在药材铺里煲药卖茶。10天之后，林则徐叫人送来一葫芦状的大铜壶，上刻“王老吉”三个金字。王老吉将其摆出凉茶铺，正式以“王老吉”为号，卖大碗凉茶，并包出成药出售，便于远道而来的病人携带。

正是在林则徐的建议下，为了能够照顾更多的民众，王老吉在十三行开了第三家凉茶铺，首创凉茶铺连锁经营。

1841年鸦片战争爆发，清朝不得不急调湖南提督祥福率军来援，但祥福的军队到广东后，不服水土，又多吃辣椒，火气攻心，病倒了一大片，而原来的守军在战火中已经唇焦口燥，呼吸困难，情况危急。在当地军民的呼吁下，王老吉凉茶配料被尽数送到虎门和黄埔，乡民们用几十只大铜锅煎煮凉茶劳军，一连数天，药到病除。

刻有“王老吉”字号的葫芦状大铜壶

关于林则徐喝了王老吉凉茶痼疾一饮而愈的传说，虽然大多来自民间，但确非空穴来风。据《林则徐集·日记》记载，（1839年）五月二十七日，林则徐早晨出城，与邓廷桢“同至十三行公司馆内，观拆毁平台十七座，又观靖远街、同文街、联兴街、新豆栏等处情形”。此时，王老吉的凉茶铺就在靖远街，林则徐在视察过程中喝王老吉凉茶是很方便的。

还有一处文字记载，在《果庵随笔》中，张幼珊写道：“禁烟事起，广州之十三行食夷利者，恨林则徐刺骨，预以重金贿其厨人，谋施毒……”致林则徐感染，后经人推荐，饮服了王老吉。

这些旁证从不同的角度证实了王老吉品牌之旅确实是从十三行靖远街起步的。应该说，自1828年开始，王老吉凉茶的品牌就与靖远街的名字分不开了。王老吉凉茶为什么会选择靖远街作为行销的出发地？这样一个出发地对王老吉凉茶品牌后来名扬海内外起到了一种什么样的作用？倒是值得探究一番。

从经济学上说，一个著名的品牌，必须依托一个辐射力强大的市场作为自己的起步跳板。从一个缺乏辐射力的市场出发，很难成为顶级品牌。换句话说，如果王老吉凉茶仅仅驻足于鹤山桃源墟的窄小市场，它的销量永远不可能做大。由此来说，王老吉凉茶离开鹤山走进广州这个大埠，特别是走进十三行这个当时世界第四、中国唯一的外贸集散地，确实是一个无比正确的选择。没有这个选择，也就没有今天王老吉凉茶这个千亿元级的国际品牌。

自古以来，广州就是中国最重要的商品集散地和对外贸易窗口。明清时，中央政府实行海禁政策，唯一保留广州作为外贸口岸，客观上使广州的经济地位急剧上升，持续繁荣。而集中了所有外国商人交易场所的十三行就更是皇冠上的明珠，只要在那里开店售货，哪怕只是一个小摊，都可能会赚到盆满钵满。那时，中国东南沿海各个省份的商品都是通过海运运到广州，再由广州远销海外。广东省内各地和周边内陆省份的商人则多数通过陆路把货运到广州，售出后购回当地需要的商品，进行谋利。鹤山县离广州城只有百里之遥，又有西江通航，船运客货都很方便，所以，王老吉凉茶选择到广州打响品牌是顺理成章的事情。不过，能够有这个想法，并且敢于在铺租高企的繁华地段开铺，也从另一个角度说明，当年的王老吉不仅仅是乡间药农那么简单，更是一个有商业头脑的天才药商。

老老实实王老吉

选择十三行作为凉茶生意起步的跳板，固然是王老吉凉茶后来得以成功的一个重要原因。但是，这个成功却不能仅仅归结为到十三行开了个小铺，而应归功于王老吉凉茶一贯诚实经商的风格，这个风格被南粤百姓称之为“老老实实王老吉”。

广州是南中国千年大埠，是岭南地区最重要的政治、经济、文化中心，来这里做生意的人数不胜数。王老吉凉茶能在靖远街占有一席之地，若无过人之处，是不可能站得住脚的。那么，它靠什么站稳脚跟？靠“诚信”，也就是老百姓平常说的“老实”。

王老吉凉茶创造者长期生活在农村，身兼农民和草医两重身份。作为农民，他深知老百姓缺医少药，无钱看病的困难；作为草医，他养成了“医者父母心”的情操。后来成为凉茶铺的老板，或者叫作个体工商业者，他也没有忘记年轻时的体会。所以，他始终坚持薄利多销，把凉茶卖得很便宜，一两文钱就可以喝到一碗。他还讲究诚信，据其后人回忆，他们家的药材都是提前一晚泡好的，这是为了让凉茶充分发挥药效，等到第二天早上再用慢火煲制。别家凉茶铺里，有时为了表现浓度而增加苦味，会想方设法以次充好。王老吉凉茶铺却从来不会这样做，总是做到货真价实，让客人一两文钱也能治好病。功夫不负有心人，久而久之，外界就有了“老老实实王老吉”

的名声。

《广州西关古仔》丛书中还有一段记载，说王老吉凉茶店中有一个不成文的规定，凡是有病的人，到店中喝王老吉凉茶，一概不收钱。这种乐善好施的举动和药到病除的功效使王老吉凉茶声名远播，由此获得了“凉茶大王”的美誉。尽管这段记载当年的真实情况如何，现在已不得而知了，但岭南人民对王老吉凉茶百年不衰的赞誉，如果没有过硬的事实，是不可能存在的。

问世间，凉茶为何物

王老吉品牌以凉茶为载体，凉茶则以王老吉为代表闻名中外，流芳百年。那么，凉茶究竟是一种什么东西？它是泛指温度比较低的茶水，还是专指某种具有清凉药效的药用饮品？

在广州白云山南麓的王老吉凉茶博物馆里，对凉茶有这样一个定义：发源于岭南，是在中医药理论的指导下，以中草药配制成的应用于预防或改善热性症状或疾病的饮品的总称。

《广州市志·医药志》的定义虽然有点拗口，但也有着详细的优点：药茶是适应两广地区湿热水土气候和生活习惯而制成的，是广东特产。广州传统的药茶有两大类，茶块是用药料磨成粉，加黏合剂混合后压制而成；茶包则是煎熬药料取其汁，用茶叶吸收烘干而成，或者直接把药料与茶叶混合而成，广东人有饮药茶以清热解毒的习惯，故称凉茶。

这段话有两层意思：第一，凉茶在形式上与茶水相似，可以像喝茶一样饮用；第二，凉茶在本质上是一种中药，其主要功能是清热降火。由此可知，在“凉茶”这个名词中，“凉”表示药性，“茶”表示载体。在岭南地区，由于天气湿热多瘴，人们感染时疫，口干上火常有发生，为了把这种亚健康的身体状况与真正的患病区别开来，岭南百姓一般不把上火之类的症状称之为“病”，他们饮用凉茶以降体内之火，也不认为就是服药，而是视为一种养生的手段。所以，煲凉茶不叫“煲药”，而叫“煲茶”，这也可以看作是一种地方文化。

在岭南地区住久了的，没有人不知道凉茶，并且基本上都喝过凉茶。凉茶、荔枝和烧鹅，常被称为“广东三件宝”，可见凉茶在当地人民心目中的地位。广东地区夏日酷暑，春秋湿热，人们容易患上感冒、中暑及其他上火疾病。以岗梅根、金樱根等多种山草药配制而成的凉茶可以除湿去热，故而药效明显，广受欢迎。如果天意是存在的话，一种伟大的事物因应时代和民众的需要而产生，恐怕这也是一种天意。

追溯凉茶的历史，其实并非从清代才有，它是历史悠久的中医南药的一支。南药作为中国中医药的一个重要组成部分，最早可以追溯到三皇五帝时代。不过，推动岭南中草药成型发展的最大功臣则是东晋时期的葛洪，可以说，他是促进南药成为一个完整体系的真正奠基者。他在罗浮山炼丹，在其著述的《肘后备急方》中详细记载了几百种中草药的功用和用法，其中包括许多价格低廉、容易采集的草药，使之成为可让普通百姓日常救急的民间用药。他的这些药方流传很广，岭南百姓因此就有了一些中草药的基本知识，常用一些中草药熬汤治病或预防疾病，这可以被看作是早期的凉茶。事实上，抛开那些有名有姓的凉茶，广东各地根据不同的认知和需要，有很多不同的凉茶产品和制作方式。在山区，民间更是有采草药熬汤的习惯，笔者曾经和朋友爬过广东很多山头，而且多是荒山野岭，途中见过不少采药的农民，他们以世代流传的方子采集一些熟悉的生草药回去煮水或煲汤，预防或治疗疾病。包括鹤山地区，现在仍有不少人保留着自己采草药熬汤的习惯，王老吉凉茶最早的时候多半也是这样熬制出来的。

不过，时移势易，凉茶发展到今天，已经不仅仅是“药汤”了，随着不同阶段社会人群的需要，药厂先后生产出凉茶包、凉茶块、凉茶粉、凉茶精、凉茶颗粒等多种形态的固态凉茶。后来，更发展为植物功能性饮料。

综上所述，凉茶应该是这样一个概念：它起源于广东，曾经流行于粤、桂、闽及海外华人分布之地，现在行销海内外，以特定中草药配方为基本原料制作，是适用于一般人使用的中草药或含有中草药成分的功能饮料。凉茶与针对特定病人的一般开方汤药不同，它是按照一定标准熬制，有病没病都可以饮用的保健药膳，无需医生开方，用者可以自行选择而没有危险性。

现在，凉茶已经入选首批“国家非物质文化遗产”，广东省内大大小小的凉茶品牌超过百种以上，纳入非遗的就有18个品牌的54种凉茶，而在品牌凉茶中，由于王老吉凉茶最出名也最具代表性，所以，在广东人的心目中，王老吉就是事实上的凉茶代名词。

不胫而走的品牌故事

王老吉凉茶的口碑自1828年起，从十三行靖远街形成并远播海内外，至今已历经186年，中间除了产品货真价实外，百姓中一传十，十传百的品牌故事，以及这些故事中的文化含量，也是它能够从昔日不分伯仲的其他凉茶中脱颖而出、独树一帜的重要原因。这些比较有影响的故事和传说，除了林则徐赠送“王老吉”大铜壶之外，还有好几个：

故事一：虎门犒军

据说1841年虎门销烟期间，湖南提督祥福率军来援，祥军抵达广东后水土不服，多人病倒。王老吉把凉茶配料尽数送到虎门和黄埔，指挥那里的乡民用几十只大铜锅煎煮凉茶犒军，一连数天，药到病除。在今天的王老吉博物馆里，有一个大缸，是一位王老吉老员工的父亲在文革期间埋在地下保存下来的，在王老吉博物馆成立时捐献了出来。据其所说，这是当年为犒军专门定制的凉茶缸。

故事二：英军治病

鸦片战争期间，进入广州的英国军队被暴雨所淋，不少官兵生病。清朝政府的广州官员为示修好，建议他们每天到靖远街饮一碗王老吉凉茶，不出三五天，那些染病的士兵都恢复了健康。王老吉凉茶的名声亦由此传到国外去了。

故事三：天朝国药

1851年至1864年间，王老吉凉茶不仅被太平天国的太平军封为“国药”，又被慈禧太后用来作为养颜凉茶，甚至有王老吉本人被封为朝廷专管医务的命官的记载。

这些故事的流传不是偶然的，在其背后有一种力量在推动着它们的演绎与传播。这种演绎与传播的动机也不会是无心之作，客观上有意无意地增大了王老吉凉茶的名声。在缺乏现代媒体的状况下，这种借助人与人之间口碑相传的传说，无疑是一种威力强大的免费广告，其作用丝毫不亚于今天有组织的公关宣传。所以，有理由相信，这些故事对王老吉凉茶在那个时代的推广具有非常实际的效果。

事实上，王老吉凉茶后来的成功与此是分不开的。从这个意义上来说，王老吉与其说是“凉茶始祖”，毋宁说是“凉茶品牌始祖”。因为它是史籍记载中最早打响的凉茶品牌，自其之后，广东各路凉茶才开始自觉地进行带着品牌的营销推广。

五口通商与开枝散叶

如果说，靖远街是王老吉凉茶商业化营销的第一站和打响了王老吉凉茶品牌的第一站。那么，王老吉凉茶生意的进一步发展，就与这条街渐行渐远了。鸦片战争一直是作为民族的耻辱载入中国近代史史册的。但在中国的对外贸易上，这场战争却是中国对外贸易的一次大转机。作为民族工商业的一部分，王老吉凉茶正是在那一场战争之后获得了一个大发展的机会。

道光二十二年（1842年），清政府代表在泊于南京下关江面的英军旗舰康华丽号上与英国签署了《南京条约》。条约规定清政府必须开放5个通商口岸，即厦门、上海、宁波、福州和广州。这5个口岸相继于1843年至1844年正式开启。之后，厦门、福州、宁波因地理上的限制，商贸并不繁盛。只有长江口上的上海，由于最为接近当时出口贸易的主要物资丝绸和茶叶的产地，又位于江、浙富庶之区，同时也是国内南北海运的中间站，贸易条件良好。这就大大地吸引了原在广州经商的英美商人及替外商服务的国内买办，他们蜂拥而至上海滩，争相开设洋行。自1853年起，上海开始超过广州，成为全国最大的对外贸易港口。受这种形势影响，原以广州十三行为基地的王老吉凉茶也萌生了北上发展的欲望。

《南京条约》除了五口通商，还迫使清朝政府租借香港作为英国人对华贸易的立足点，并放弃了原来的海禁政策，允许中国劳工出洋谋生。当时，西方国家在南洋一带的殖民地正逢大力开发阶段，需要很多劳工。广东和福建下南洋的人数也开创了一个史无前例的高峰。南洋地区处于热带与亚热带之间，气候湿热，流行病多发，比之国内两广有过之而无不及，这些劳工一旦患病，还习惯性地饮用国内的王老吉凉茶，这就使王老吉凉茶更有用武之地了。

在太平洋彼岸的美国，美洲新大陆的开发亟需大量劳工，广东、福建沿海的农民为了生活，一批又一批地被“卖猪仔”卖到中北美洲，在他们粗浅的医药常识中，能够防病治病且最信赖的日常备药是王老吉凉茶。于是，王老吉凉茶也开始了大规模畅销海外的旅程。

初时，王老吉凉茶是在广州将凉茶制作成茶包进行销售的。后来许多外地客商慕名而来，每次购数都非常巨大，渐渐出现了类似现在分销商的雏形。王老吉凉茶开始尝试改变包装以方便外销，但终因药材需要从华东地区运来，加工之后再运回华东，费事失时，成本也高，于是改为北上江都开店，只留一部分在广州继续发展。

19世纪中叶的江都隶属扬州府，处于长江、淮河、京杭大运河的交汇点，沿长江溯流而上可直达安徽、江西、湖北等中上游地区，顺流而下则可直抵上海，至今仍属国家一类对外开放口岸。据记载，自洪秀全于广西桂林起事之后，王老吉凉茶从广西购进药材的渠道被迫中断（桂林是当时中国重要的药材市场之一），不得不开始从江都购买药材。虽然江都本身并非药材集散地，但离国内最大的药材集散地之一——亳州不远，由于其地紧扼长江和运河要道，是个大码头，各路货物云集，从亳州运出药材，往往要经过此地，加上此时的上海已经取代广州成为中国外贸最大口岸，所以，在这里收购和运出药材，特别是出口外销凉茶包，比别的地方都要方便。在当时陆路交通不发达，水路是主要的运输手段的情况下，在江都开店对凉茶外销显然十分有利。尤其是中日《马关条约》签订后，重庆、沙市、杭州等内陆港口陆续开放，王老吉凉茶包的外销渠道更为通畅，生意兴隆，国门的打开，成就了王老吉凉茶的成功。

到1896年，香港也逐渐显出不少商机，王老吉凉茶不失时机地前往香港发展，在香港文武朝直街设店售卖王老吉凉茶，1915年再迁址到鸭巴甸街2号。1911年，王老吉凉茶以榄线葫芦在香港注册了商标，这是中国人首次在海外及港澳地区注册药品商标。香港是英联邦成员之一，当时的英国号称“日不落帝国”，其殖民地遍及东南亚及世界各大洲，王老吉茶包的出口因此更为通畅。不过，随着老一辈王氏族人去世，后辈出于各自的原因，也在民国元年（1912年）12月24日订立分产家约，1913年分家协议正式生效，将香港的生意和广州祖铺的生意划分范围，约定之后“彼此不得侵越范围”。这份分家协议直到民国三年（1914年）才在广州的《时敏日报》上刊登。不过，根据王老吉凉茶在香港注册前所定家约的第四条，凡是王老吉子孙都可在英联邦范围内经营，这也为后来各方在香港打官司埋下了伏笔。

第二章 大品牌风行海外

《新大陆游记》的记述

五口通商后，王老吉凉茶进入一个海外发展的兴旺时代，外销生意急剧上升，销售版图遍及北美、西欧和南洋各埠。

1898年至1903年，光绪年间维新派领袖梁启超曾经游历欧美多国，并写出了著名的《新大陆游记》。书中这样描述："西人有喜用华医者，故业此足以至富。有所谓王老吉凉茶，在广东每贴铜钱两文，售诸西人或五元或十元美金不等云。"这段话有两重意思；一是说明王老吉凉茶不仅受到在美华人的欢迎，而且被当地美国人接受；二是说明销售此物利润丰厚，是一门好生意。

梁启超在他著述的《新大陆游记》中描述了王老吉凉茶不仅在美国受到在美华人欢迎，被美国人接受，而且销售此物利润丰厚，是门好生意

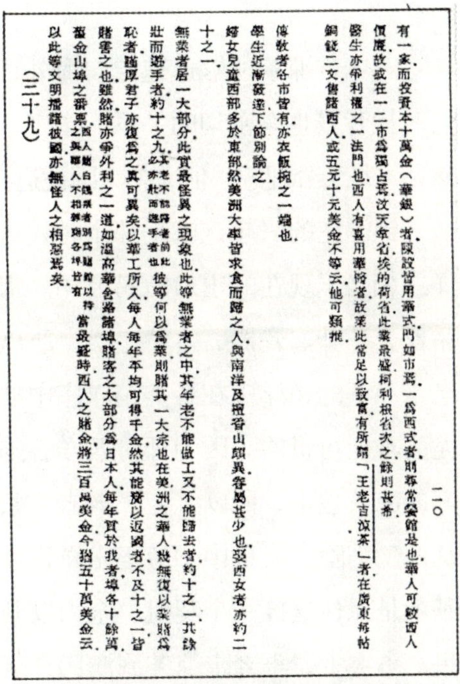

一一〇

有一家.而投資本十萬金（華銀）者.陳設皆用華式.門如市焉.一爲西式者.則尋常醫館是也.華人可敎西人

價廉.故或在一二市爲獨占焉.汶天橤省.埃的荷省.此業最盛.柯利根省次之.餘則甚希.

醫生亦爭利權之一法門也.西人有喜用華醫者.故業此常足以致富.有所謂「王老吉涼茶」者.在廣東每帖

銅錢二文.售諸西人.或五元十元美金不等云.他可類推.

傳敎者各市皆有.亦衣飯碗之一端也.

學生近漸發達.下節別論之.

婦女兒童西部多於東部.然美洲大率皆求食而歸之人.與南洋及檀香山頗異.眷屬甚少也.惡西女者亦約二

十之一.

無業者居一大部分.此實最怪異之現象也.此等無業者之中.其年老不能做工又不能歸去者.約十之一.其餘

壯而遊手者.約十之九.（其老不能歸者的此必亦壯而遊手者也）彼等何以爲業.則賭其一大宗也.在美洲之華人.幾無復以業賭爲

恥者.雖厚君子亦復爲之.真可異矣.以華工所入每人每年平均可得千金.然其能發以返國者.不及十之一.皆

賭害之也.雖然.賭亦爭外利之一道.如溫高華舍路諸埠.賭客之大部分爲日本人.每年貢於我者.埠各十餘萬.

舊金山埠之番票.（西人雖白鐵者別爲賭館以待之與華人不相雜賭各埠皆有）當最盛時.西人之賭金.將三百萬美金.今猶五十萬美金云.

以此等文明播諸彼國.亦無怪人之相惡甚矣.

（三十九）

梁啓超著之『新大陸遊記』一任公於一八九八年至一九〇三年間赴美考察　遊記中有此一段記載

查阅资料做一下换算：1900年前后，1美元相当于1.3两白银；当时美国普通工人的年收入大约三四百美元。可以想象，当时的王老吉凉茶在国内外的差价有多大，利润有多高。同时，这也可以把王老吉凉茶视为在当地只有有钱人才消费得起的高档货。后来，广州王老吉和香港王老吉曾因外销问题一再引起争执，导致矛盾升级，为此还打起了官司。追根溯源，不外乎外销利润丰厚，大家都想来分这杯羹。

销洋庄的兴起

王老吉凉茶能够迅速走向海外，固然与其物美价廉、声誉卓著有关，但与时代背景也有密切的关系。本来，中晚清时期中国的国内国际营商环境虽然并不是十分理想，但天朝大国被迫打开国门之后，对外贸易较前方便多了。

销洋庄的兴起，就是那个时代对外贸易向国际惯例接轨的一种趋势。销洋庄相当于现在的出口贸易公司。那时的出口产品种类不多，大宗的主要是生丝、茶叶、瓷器、古董之类，所以，销洋庄多是经营这几类产品。专营王老吉凉茶的销洋庄在各类销洋庄中独树一帜，以中药茶包为主打产品，这是尤为难能可贵的。因为那时西洋各国并不相信中医，更不用说接受在中国配好的凉茶包了，所以，在王老吉凉茶出口之前，很少有中草药出口外销。自从海禁消除，大量中国劳工出洋谋生，才有了中草药的海外市场。王老吉凉茶就是抓住这样一个契机，全力以赴开拓海外市场，才取得了后来的可喜成果。事实上，王老吉凉茶到澳门开店也从一个侧面有力地说明了当时王老吉凉茶外销比内销更能赚钱。而当时中国在世界上有竞争力的商品，大家熟悉的不过是茶叶、丝绸、瓷器等寥寥数种，能以一个品牌在国外销售的产品更是少之又少，王老吉凉茶无疑是其中的出类拔萃者。据统计，20世纪初，广州中药材出口达到300多万美元，其中无疑有王老吉的一份功劳。

王老吉结缘罗斯福

在王老吉凉茶海外发展史上，有一个故事间接地演绎了其在海外的传奇。1901年至1909年出任美国总统的西奥多·罗斯福，是美国最著名的总统之一，他的“胡萝卜加大棒”政策一直到现在仍是外交上的一种选择。他曾和王老吉发生过一段鲜为人知的故事。1903年，美国取得巴拿马运河的开发和使用权。据说在巴拿马运河修建期间，西奥多·罗斯福总统曾去工地视察。其时，烈日高照，酷暑难耐，西奥多·罗斯福总统不幸中暑，牙床也有些肿痛。工地在荒郊野外，离医院甚远。总统身患小恙，随行人员都很着急，催促着让总统尽快离开工地去就近的医院接受治疗。但西奥多·罗斯福总统坚持要视察完才走。正在随行人员无计可施时，工地的一位负责人说，不远处有间临时搭建的小屋，里面有中国人在卖一种叫作“王老吉”的凉茶，对清热去火解暑很有效，工地的工人们经常饮用，总统不妨试一下。西奥多·罗斯福根本不相信饮料还能去火，拒绝饮用。大家好说歹说，西奥多·罗斯福总统只好随工地负责人来到这间小屋，连饮3碗王老吉凉茶。不一会儿，他感觉暑气散去，如清风徐来，浑身有说不出的轻松，牙床也不疼痛了。于是他盛赞：此饮堪称魔水，中国文化了不起。此后，每年夏天，西奥多·罗斯福都要饮用王老吉凉茶，直至其生命终止。查看巴拿马运河历史，那个年头确实有大量中国劳工在该国开挖运河，直到今天，巴拿马仍有许多华人的后裔，有的在当地已经享有一定地位了。

无独有偶，也是在这一时期，可口可乐开始行销世界。20世纪20年代刚刚卖到中国时，名字被翻译成不知所云的“蝌蝌啃蜡”。不知是名字翻译得不雅，还是国人难以接受其口味，当时在中国销售的情况并不太好，而此时王老吉凉茶在美国却大受欢迎。回忆起来，王老吉凉茶昔日的荣耀不由得让人赞叹。

百年前，国际市场上能看到的中国品牌并不多。直至1915年，在美国旧金山和巴拿马世博会现场，中国的茅台酒、山东张裕公司酿制的“可雅白兰地”葡萄酒、汾酒才为欧美人所知。但这已比王老吉凉茶晚了近20年。也就是说，王老吉凉茶应该是有确切文献记载的第一个在美国叫响的中国品牌。

1925年，王老吉茶包在英国伦敦展览会中国产品展区中展出的境况

那个时代，王老吉凉茶不仅在美国受到消费者欢迎，在西方的其他国家，王老吉凉茶也是抢手货。据称，华人携带“王老吉”凉茶进入英联邦地区，一般都可以享受免税放行的优待。粤籍老报人袁效贤、李春晓伉俪曾在美国旅居百日，在其日记里也有这样的场景记录：在美国的不少酒店，每逢高级宴会之末，侍者会奉上一杯中国凉茶王老吉。这个品牌的高贵和受欢迎程度由此可见一斑。

据当事人回忆，1925年，香港王老吉凉茶庄曾被邀请前往英国伦敦参加中国产品展览会，展出凉茶包。这次参展并不是王老吉凉茶主动参与的，而是一家在香港的汕头贸易公司促成的。这家公司早年在汕头做海外生意，1895年前后开始在海外代销王老吉凉茶。它向英国展览推介的，除王老吉凉茶外，还有“调经丸”“补肾汁”等产品。这次展览是一次典型的商业行为，汕头贸易公司想借此扩大自己经营的王老吉凉茶在海外的销售，但间接地再一次壮大了王老吉凉茶的品牌。

毛泽东邂逅王老吉

20世纪初叶的中国，正是多事之秋，战乱不断。王老吉的销售与其他许多商品一样，销路大受影响。

王老吉凉茶的大本营是广州，广州却是反清革命的发源之地，孙中山策动的革命活动一个接一个，1911年的黄花岗起义更是把革命推向了高潮。中华民国成立后，针对执政的北洋军政府，广州成了国民革命军的大本营，国民革命军东征北伐，皆由羊城出发。

1925年，广州发生沙基惨案，省港工人举行大罢工，由于药材来源不继，加上港口停运，广州王老吉不但外销断绝，内销生意也成问题。鉴于时局不稳，王老吉在广州的一支一度举家迁往乡间避难。

不过，即煮即饮的广州王老吉凉茶铺还是有人问津，没有完全停止下来，毕竟饮用凉茶已经是融入居民生活的一种日常需要了。

在大革命中牺牲的陈独秀大儿子陈延年留下了一本《陈延年手记》，这本手记中有记载——1925年，国共合作时期在广州工作的毛泽东，曾在新河浦春园家里同中共广东区委书记陈延年闲谈时问道："我来粤后发觉广州有一个很特别的地方，就是有很多王老吉凉茶店，'王老吉'是什么意思？"毛泽东的这段问话表明当时王老吉凉茶铺的凉茶销售还是相当不错的。

战乱中的王老吉

广州之外的香港店铺，由于内地货物阻隔，成为独家出口生意，业绩倒是不错。结果，假冒的王老吉凉茶包纷纷冒起。1931年，为防范假冒王老吉凉茶包，广州的王老吉凉茶曾将凉茶包改为洋纸包装，但这也难以阻挡假冒泛滥，估计当时还没有设置防伪标志的意识。为了保护自己的权益，广州王老吉于1933年在广州政府卫生局注册了"特种药品营业执照"。1935年，广州王老吉又在广东省商标局注册了"王老吉榄线葫芦"商标，并于1939年在国家商标局注册了该商标，使之成为国家商标。至此，王老吉凉茶品牌真正有了现代意义上的法律承认，得以享受法律的保护。

到抗战期间，江都一脉杳无音讯，王老吉凉茶的主要经营实际上只剩下广东和香港两支。本来两边各自经营，互不相干，偏偏因广州沦陷，广州王老吉一支不得不移师香港以求维持，于是便引发了两边王老吉经营方的品牌纷争，这次纷争光靠分家协议已经无法解决，只好直接诉诸法律和社会舆论，进行交锋，维护己方的利益。

事情的缘起是这样的：广州失陷后，以“公孙父子图”作为商标的广州王老吉凉茶转移到香港药店代售。港方王老吉发现后，于1939年12月起诉代售商，所有“公孙父子图”商标凉茶被视为“假冒”而被港英当局没收。代售商转而要求广州一方赔偿。广州这边不同意，于1940年1月在香港《循环晚报》上发表“驳斥声明”，理由主要有两条：一是当时王老吉在港注册商标时，家约中有一条，凡是王老吉后代都可以在英联邦范围内销售王老吉凉茶；二是广东王老吉只是在港销售，而没有设栈，因此并没有违反当时的分家协议。

港方王老吉看到启事后，也做出反应，于同年3月在《循环日报》头版发表驳斥“驳斥声明”的启事，接着又在《循环晚报》和《石山日报》刊登声明缉获假冒王老吉，家族内部情分荡然无存。

抗战后期的1944年，遭受劫难的广州王老吉从澳门迁回广州，在广州海珠中路71—73号复业。抗战胜利后，由于产销药品“三分成本七分利”，被人称为“种银树”，很多人投资建药厂，买机器进行生产，规模远超战前。随着业务发展，广州王老吉还新拓展了两间分店：解放路万记王老吉和洪德路永记王老吉。

不过，工人们很辛苦，每天天还没亮就起床工作，因为是计件算工资，大家干活还是卖力的。工人中男工多来自广州郊区的竹料村，平日住在店铺里，负责做些粗重活。女工多为老人和童工，晚上回家居住。到1950年，生产销售从战乱结束中得到恢复性发展，由作坊店铺生产的王老吉茶包一年已超过180万包。至于即煲即饮的王老吉凉茶铺，发展尤其快，短时间内布满广州的大街小巷。

在香港，随着抗战的胜利，王老吉茶包也迅速恢复外销贸易。当地店铺雇用了大批工人，日以继夜地赶货出口，依然供不应求，一时繁忙不堪。位于鸭巴甸街的正店终日顾客盈门，每天出售的凉茶供不应求。于是，在1946年、1947年这两年间，先后在湾仔庄士顿道、九龙上海街、西营盘和皇后大道开了4家分店。为了应付市民饮用之需，他们于1947年采用了一种新包装，就是即冲即饮的凉茶精。这种凉茶精与广州王老吉后来通过工业方法提纯的凉茶精并不是一回事。其方法是将熬好的药料渗透到茶叶内，烘干后入袋包装，到需要饮用时只需用开水冲泡几分钟就可以饮用了。这种方法的药用效果与水煮凉茶相似，但携带方便多了，因此颇受欢迎。这就引起了一些不法商人的垂涎，假冒和盗用王老吉凉茶之名的事情经常发生，令香港王老吉的生意大受影响。王家也无可奈何。

1941年，省港两家王老吉纷争的时候，香港榄线葫芦形商标加注了“王老吉”三字。1947年，广州一支也以先祖王老吉图像和榄线葫芦在中国政府商标局再次注册了国家商标。1951年、1953年、1963年香港一支分别在新加坡、马来西亚、越南、柬埔寨注册商标，后来又在美国注册商标，此后成为内地王老吉进行海外销售的一道不高不矮的门槛。1951年，香港一支到澳门开分店，此时澳门已无其他王老吉经营者。

产品包装上的“王老吉榄线葫芦”商标

Part Two

第二部分

品牌的复兴

第三章 共和国赎买王老吉

步入新时代

1949年，中华人民共和国成立，王老吉凉茶走过了121年历史。一个百年老店、国际品牌，之所以能够生存并发展下来，反映了民族资本一代又一代人的努力，对此，人们是不会忘记的。否则，就不是历史唯物主义了。

在121年历史过程中，王老吉凉茶不仅在品牌营销方面取得进展，而且不断改进凉茶的产品外形，从最初的大锅熬制、大碗售卖，到手工作坊生产凉茶包，再到后来采用简单机器生产精包装凉茶包、凉茶粉和凉茶精，从传统加工走向工业化的路径清晰可见，可以说是近代民族工业发展的一个缩影。

广州王老吉凉茶博物馆里后人复制的当年民间凉茶熬制现场

新中国成立后，伴随着国家轰轰烈烈的经济建设，王老吉凉茶的生产也得到了进一步发展，品种上也增加到大茶、茶粉和袖珍茶3种。所谓大茶即茶包，已经存在了百余年。茶粉就是把煎熬凉茶的药材磨成粉，服用时用滚水冲服即可，免却了大茶煲服之烦，且包装体积大大缩小，不但运输方便，运输费用也比大茶便宜。茶粉，可以看作是后来的凉茶精、凉茶颗粒的前身。在当时的凉茶行业，这已是领先产品。当时关于王老吉的一份市场调查报告特别提及："必须重点发展茶粉。"不过，国民经济恢复时期的王老吉，还是一种区域性产品，主要在两广地区销售。其中，大茶、茶粉主要销往广东、广西，袖珍茶的销售区主要在当时尚属广东省的海南岛。

随着国家经济的逐步好转，王老吉业务也得到了新的发展，销售区域不断有新的变化和扩大。销售人员通过参加各地物资交流会，国内市场开始扩张，销路日广，有时还会出现供不应求的现象。数字记录显示：1951年营业额13.3万元，盈利1.02万元；1952年营业额16.2万元，盈利1.99万元。

1952年上半年，全国开展反对行贿、反对偷税漏税、反对盗窃国家财产、反对偷工减料、反对盗窃经济情报的"五反"运动。这个运动促使老店铺更加重视品质规格，王老吉产量进一步推高。当年的一份调查报告这样写着："工友们的生产认识也明确了。过去认为是给资本家生产和赚钱，一切为资本家服务，现在认识到生产是为了广大人民健康服务，为国家工业化而努力。"1953年前三季度营业额跃升到17.9万元，盈利3.4万元。

然而，在业务迅速发展的同时，王老吉药厂在生产、制度和经营管理等方面存在的问题也逐渐暴露出来。由于管理不善，王老吉药厂有许多季节性原料收购不及时，生产旺季常有原料供应不足的现象。原料仓库也摆放不好，生产原料乱存乱放，制成品仓库里的产品也管理不周。

按照20世纪50年代国家的统计标准，无动力设备，职工人数31人以上者为大型工场企业。在一份"广州市1955年私营工业十人以上企业年报表"上，记录王老吉药厂工人数字为39人，加上资方及资方代理人，全厂总人数为41人，属大型工场手工业，简称"大手"。

新中国成立之初，民族资本主要集中在商业资本和金融资本，工业资本只占五分之一，主要集中在轻纺工业和食品工业，缺少重工业的基础。全国七成工厂只有不到10个工人，八成工厂是工场手工业。当时的王老吉，从工人人数上可以跨进“规模较大”行列，却无任何动力设备，只是一个不折不扣的手工业工场。尽管工人们多次提出改用简单机器配合生产，也提出保留一部分资金购买企业设备，但这些建议都没有得到资方的答复。

工人们的要求是实事求是的。当时的王老吉药厂，生产设备极为简陋。凉茶的生产工序共有7道，原料出库后，先要拣药，再进行铡药、拌药，再把拌好的药称重，包装后就成为产成品。茶粉和袖珍茶的工序相对简单，共有5道，原料出库后直接铡药、磨粉、称药，包装之后成为产成品。由于3种产品都要经过铡药工序，厂里最重要的工具就是铡刀。铡刀无情，生产过程中，常见的事故就是铡刀切到工人的手指，造成工伤。在工人们的记忆中，铡刀是当时仅有的“机械”工具。当年的生产操作规范上，清晰地写明：“工作时两人合作，一人拿铡刀，一人拿药材，两人合作，集中精力，不能东张西望。”如果有机器辅助一下，工人们的伤残情况无疑会减少许多。

女工们则对做茶粉记忆犹新，这项工作非常辛苦。受环境制约，窄小的空间里药尘很大，工人要戴个大口罩，脸上到处是粉，只能看到眼睛。现存档案中，已没有王老吉公私合营时的清产估价表，但从同属王老吉联合制药厂的嘉宝栈、何天福等药厂的估价表中可以看到，药厂那时的固定资产无非就是铡刀、小刀、小秤、铁锤、蒸笼、风炉、火钳等一些简单工具，储存的草药就是所谓的流动资产。

据统计，1955年，王老吉工厂全部资产47 182元中，固定资产15 773元，流动资产23 218元，其他资产8 190元。固定资产中，机器设备是零。由于机械化程度不高，管理水平低，王老吉药厂的产量迟迟无法取得大的突破。1955年，王老吉生产大茶283.98万包，茶粉7.8万包，袖珍凉茶1.49万包，利税3.1万元，其中所得税1.1万元。盈利规模小于前两年。

公私合营大趋势

在王老吉药业的档案室里，一份纸色泛黄的“广州市制药工业成药厂王老吉厂调查表”，静静地陈列在上万件档案的首位。管理人员说，很少有人查阅这份资料。

这份堪称“001”号的珍贵档案，蓝色的字迹已经有些模糊，不少地方还需要仔细辨认。报告中没有写明撰写日期，也没有作者。为什么前往王老吉调查，报告也没有提及。仔细分析文章的内容，可以推断报告写成于1953年9月之后。因为在1953年9月，中共中央提出了过渡时期的总路线，明确规定“要在一个相当长的时期内，逐步实现国家的社会主义工业化，并逐步实现国家对农业、手工业和资本主义工商业的社会主义改造”。而这份出自政府工作人员之手的调查报告，正是广州市政府为大规模的社会主义改造进行前期调研的报告。调研人员选中王老吉，足见王老吉药厂在广州民族工业中的地位。

王老吉药厂就要进入国家对手工业和资本主义工商业的社会主义改造了。对于这个百年老字号来说，意味着什么？意味着这家百年老店将要从王氏后人独自掌管转变为国家与王氏后人共同掌管。用一个词来形容这种新的共同掌管关系，叫作“公私合营”。

为什么要公私合营？怎么公私合营？

时任中共中央统战部部长李维汉于1953年5月在一份《资本主义工业的公私关系报告》中解答了这两个问题。报告的点睛之笔是：通过由低级向高级发展的国家资本主义形式，将资本主义工业纳入国家计划轨道，使其有利于向社会主义过渡，是使私人资本主义经济逐步过渡到社会主义经济去的“船”和“桥”。

李维汉报告中所说的“国家资本主义形式”，具体就是指“公私合营”，这种由国家和资方共同拥有产权和经营权的合作形式，较之国家对私人企业进行加工订货更有利于促进生产力的发展，是一种高级的国家资本主义形式。在这样的企业中，国家可以掌握经营管理权，工人群众则可以从为资本家生产的观点改变为为国家生产的观点，容易产生新的劳动态度。

1953年6月15日，农历五月初五端午节，政治局扩大会议召开，绝大多数同志肯定了李维汉的意见，认为他找到了一条改造资本主义工商业的途径。在这次会议上，毛泽东提出了党在过渡时期的总路线，要求在10至15年或者更长一段时间内，基本上完成国家工业化和对农业、手工业、资本主义工商业的社会主义改造。这条党在过渡时期的总路线，于1954年写入了《中华人民共和国宪法》，使国家对资本主义工商业进行改造的政策拥有了法律依据。至此，王老吉走上公私合营的道路已是大势所趋，不可逆转了。

国家怎样赎买王老吉

1955年10月25日，中共广州市委员会召开第五次党代表会议。会议认为，要把广州建设成为一个社会主义的工业生产城市，主要环节是对私营工业和手工业进行社会主义改造，相应地对私营工商业进行社会主义改造。这些工作必须加速进行，以免和全省农业合作化运动大发展脱节。会议着重讨论了私营工商业的社会主义改造问题，指出今后公私合营的方针，是“全业安排，改组合并，全业合营”。计划在第一个五年计划内，将私营工业基本合营完毕；较大的工厂则全部合营完毕；对部分10人以下的小型工业和工场手工业，通过生产改组的办法，实行公私合营或走合作化的道路。同年12月

1日，广州市委成立对资本主义工商业改造的10人领导小组。12月13日，市委召开全市党员干部会议，制订改造私营工商业规划。

1955年12月，广东省委召开第一次市、县委书记会议，研究广东省对资本主义工商业实行社会主义改造问题，制订了广东省对资本主义工商业改造工作的轮廓规划，明确提出要在两年内基本完成对资本主义工商业改造工作。实际上，1956年1月中旬，对资本主义工商业实行全行业公私合营的高潮到来后，完全突破了这个计划，大大地提前完成工作。

在党和政府大力推进工商业社会主义改造的同时，广州市工商界上层代表人物在农业合作化高潮的影响下也积极行动起来。一些原来没有合营的分散落后的私营中小企业，在企业相继合营后，在生产和经营上都感到有许多困难，也纷纷要求早些实行合营。1955年12月17日，广州市工商联召开第一届会员代表大会，传达和讨论关于对资本主义工商业改造的方针政策。出席代表450人，列席会议5 108人，特邀代表211人，全部与会人数接近5 800人。会后，很快掀起了以全行业合营为主要形式的社会主义改造高潮。至22日止，全市有电线、电机、织布、火柴、农业机械制造及修理、榨油、新药、敷料、制革、蓄电池、卷烟、汽水、立德粉、氯化铵、油墨、乌烟、漆油、染料、基本化学、杂色颜料、塑料制品、塑料电木制品、锰铅碳素、打火机、制磅、砂轮、缝纫机零件、电焊、电灯、小电珠、软管、汽车零件制造、酿酒、轮胎等30多个行业的1 393家私营工厂全部申请公私合营。

1956年1月，北京工商业者率先发起实行全行业公私合营，合营高潮很快波及全国，各地工商业者天天敲锣打鼓，放鞭炮，递申请书，要求批准全行业公私合营。1月15日下午，北京天安门广场，寒风凛冽，北京各界20多万人集会，庆祝实现全市工商业全行业公私合营和农业、手工业实现合作化。时任北京市市长彭真在会上宣布："我们的首都已经进入了社会主义社会。"毛泽东、刘少奇、周恩来等出席了庆祝集会。接着，20多万群众举行盛大的游艺活动，载歌载舞，狂欢的气氛笼罩整个北京城。在随后的几天里，全国人民沉浸在欢乐、兴奋之中。

这是一场深刻的革命，是一种所有制代替另一种所有制的质的变化。从量变到部分质变再到质变，循序渐进，既完成了生产关系的根本变革，又避免了激烈的社会震动，生产逐年上升。到1956年第一季度末，除西藏等少数民族地区外，全国基本上实行了全行业公私合营。至1956年底，私营工业户数的99%、总产值的99.6%，纳入了公私合营的轨道。

1956年1月16日，中共广州市委召开会议，进一步分析了资本主义工商业社会主义改造的形势，提出学习北京经验，在一个星期内把全市的私营工商业全部按行业实行公私合营。其工作步骤是：申请公私合营—清产核资—搞好人事安排—结合经济改组进行商业网的调整。

17日，中共广州市委召开资本主义工商业社会主义改造速度问题座谈会，主题是“如何加速改造”，市工商联全体执、监委和同业公会正副主任委员等300多人出席。中共广州市委第二书记赵武成在致辞中指出，广州市资本主义工商业社会主义改造工作的速度缓慢，市委决定学习北京的先进经验，争取一周内将全市私营工商业全部实行公私合营。市委书记王德在会上做了《迎接社会主义新高潮，加速对私营工商业进行改造》的报告，到会人员纷纷表示拥护。

1月17日起，中共广东省委机关报《南方日报》连续发表有关广州市掀起私营工商业社会主义改造高潮的社论，号召广州市的工商业者，向北京看齐，积极迎接全市改造高潮的到来。1月18日，中共广东省委发出《关于加速资本主义工商业改造，加强领导，迎接运动全面高潮的紧急指示》，提出在北京、天津、沈阳、西安等城市资本主义工商业改造工作迅速完成的形势推动下，广东省的改造高潮已经到来，要求全省改造工作由原定计划两年基本完成，改为1956年上半年完成。同日，中共广州市委发出《加速对资本主义工业的社会主义改造紧急通知》，要求在第一季度内实现全市资本主义工业全行业公私合营，完成清产核资、并厂改组、人事安排、机构调整等工作。

当天，广州市私营工业138个自然行业的4 000多家工厂全部申请公私合营，私营商业行业近万户商店也提出了公私合营的申请，其中105个私营工商行业提出了全行业合营的申请。当天，到处都是申请公私合营和支援公私合营的人流，家家户户都飘扬着迎接公私合营的红幛。早上办妥申请手续的17个行业的几千资本家，舞着狮子，烧着爆竹，列队到广州市人民委员会（即广州市政府）报喜。

1月20日，广州市人民委员会在越秀山人民体育场，召开批准全市私营工商业全部公私合营大会。广州私营企业职工、资方人员及其家属60 000多人参加了大会。广州市副市长梁湘在会上正式宣布，批准全市工业138个自然行业共4 000多户私营企业实行全行业公私合营；批准商业、服务业、交通运输业等132个自然行业共16 000多户私营企业实行全行业公私合营。

1月29日，广州市各界群众30万人，在越秀山人民体育场及各区会场举行盛大的庆祝社会主义改造胜利联欢大会。各区20万人在会后分别举行游行。中共广东省委书记、省长陶铸，中共广州市委书记王德，广州市市长朱光等出席了越秀山的大会。朱光在大会上宣布："我们广州市已经进入社会主义社会！"他号召全市人民为提前和超额完成第一个五年计划而奋斗。

几天之后，1956年春节刚过，王老吉药厂来了一位女干部。28岁的黄辉，受组织委派，带领七八个人的工作小组进驻王老吉，指导和统筹王老吉合营事宜。她是一名归国华侨，1927年12月3日出生于马来西亚，祖籍广东清远。1944年6月，她参加抗日游击队，加入马来西亚共产党。广州解放后，黄辉回到广州，受军管会派遣，到属于银行的实业印刷厂工作。

1956年1月，已在广东制药厂担任团总支书记的黄辉，被组织通知以政府代表身份入驻私营企业王老吉药厂。满怀热情的黄辉，愉快地接受了组织派遣，马上带队来到王老吉药厂开展工作。黄辉后来回忆第一次来到王老吉药厂时的情景："眼前的工人们很有经验，一抓就知道药的分量，很准。"

按照当时主管部门——广州市第三工业局医药工业公司的安排，生产茶类的药厂都要合并在一起。1956年1月，以当时生产规模最大、主要生产茶粉的王老吉药厂作为主厂，合并了生产神曲茶的康寿堂、何天福、嘉宝栈、存仁堂，生产平安茶的陈燃氏，生产午时茶、神曲茶的卢薛昌和生产快应茶的常炯堂，共同组成公私合营的王老吉联合制药厂，从业人员达95人。

这8家企业，按如今的说法，个个都是“老字号”，其中有5家始建于18世纪，年头都不短。存仁堂从业人员尽管只有5人，但其早在1824年就已开业，比王老吉还早。卢薛昌名声更响，由广州十三行四大富户潘、卢、伍、叶之一的卢祝琴开办，曾以十三行为正铺（门市部）、十八甫设栈房（制药工场），最多时招有20多名工人，生产30多种产品，行销东南亚一带。后来日军侵略广州，烧毁门市及栈房，卢薛昌遂告衰落，只留用4个伙计，在十三行维持门面，生意清淡。

公私合营前夕的王老吉药厂，员工共41人，无疑是这8个工场企业中的“大哥大”。其他几家企业中，常炯堂、康寿堂被视为两个“大手”，分别拥有工人17人和11人；最少的有存仁堂5人，嘉宝栈3人，基本上是老板加两三个伙计；其余3家都为6人。

黄辉带领的工作队来到工厂后，立即投入工作。“任务很紧，经常开会到深夜12点，1点、2点也是常事，大家都拼命干活。”黄辉与工人们相处得很融洽，不摆架子，也从不指手画脚。

当时合并的几家药厂都很想得通，没有意见，也没有反抗，没有任何阻力。“如果有阻拦，记忆会很深，但现在没有一点印象。大家都明白合营是大势所趋，敲锣打鼓去庆祝。”已经87岁高龄的黄辉，一头雪白的银发，努力搜索记忆中合营时的情况。

工人们，特别是女工们欢迎公私合营是发自内心的。“工资定了，生产发展了。我们是敲锣打鼓去庆祝的。”公私合营的那段历史深深地刻入了李五妹、欧淑娴等20世纪50年代入厂的员工们的脑海中。

在王老吉药业档案室中，一份核准证号为“0115号”的“广州市企业登记申请表”，清楚地记载着广州市公私合营王老吉联合制药厂的实况：设立日期为1956年2月1日，企业类型为大型工场，所属行业是制药，归广州市第三工业局医药专业工业公司管理，同业公会是制药业医务工业公会。

在这一波轰轰烈烈的公私合营大潮中，王老吉离开经营了10多年的海珠中路71号，迁至十三行故衣街10号，老厂房则作为仓库用作原料整理。广州十三行，在清朝“一口通商”时，是整个中国对外贸易的繁荣鼎盛之地，也是“凉茶始祖”王老吉当年初闯广州时落脚开店的地方。经过了百年之后，王老吉重返故地，开始了新的历程。

1956年4月，公私合营的各项任务不断落实，黄辉作为公方代表留任合营后的第一任王老吉联合制药厂厂长，具体统筹合营事宜和组织工厂生产。5月组建党支部，黄辉担任党支部书记，厂长、书记“一肩挑”。当月，8家工厂按照广州市第三工业局医药工业公司的要求，开始并账，标志着“王老吉联合制药厂”正式建厂。

“王老吉”归于人民

王老吉药厂从私人手中转为国家与私人共同拥有，并不是白白拿走私人产权的，而是付有代价的，这个代价一方面由政府或政府的代表国营企业以投资入股的方式体现，一方面则是通过给予资方代表红利来体现。

1953年12月，毛泽东在中共中央政治局扩大会议上说：“改造资本主义工商业，有三类办法：第一类，苏联办法，不见得完全好，生产低落，资产阶级破坏。第二类，发行公债购买，十年买完，但谁出钱买公债，谁付息？资产阶级也不会那么满意。第三类，我们现在的办法，十三年，工人付给资本家利润。资产阶级可养活起来，一段时间，企业还归他们管着。”“实行国家资本主义，一定要给资方分红利，十三年准备支出五十万亿元（注：当年的亿，折合为今天的万）给资本家。这可能成为另外一种方式的购买，比较行得通。”

这种通过给予资方代表红利换取其产权转移的办法，理论上称之为“对资产阶级实行赎买”。最早，这是马克思、恩格斯提出的设想。马克思和恩格斯曾经设想，无产阶级在夺取政权以后，通过赎买的办法把资本主义经济改造成为社会主义经济，并且认为，如果对资产阶级的剥夺能用赎买来实行，那对无产阶级是最便宜不过的事情了。列宁也曾提出对“文明的”资本家，即对那些肯接受国家资本主义的资本家，进行赎买的政策。但由于国内资产阶级的敌视和反抗，以及国际反动势力的武装干涉，列宁的政策未能实现。在当时的国内外形势下，俄国对资本主义企业采取了非常措施，进行剥夺，收归国有，对资本家采取了镇压和驱赶的政策。

中国共产党根据中国的实际情况，采取了和平赎买的办法改变资本主义所有制，把100多年前马克思和恩格斯的设想变成实践，并且成功地落实了，资产阶级中的绝大多数人都公开表示欢迎。

在单个企业公私合营阶段，公私合营企业主要采取“四马分肥”的办法给予资本家利润。就是说，在公私合营企业盈余的基础上，按照四个方面进行分配：一部分是给国家缴纳所得税；另一部分是企业奖励金，用来兴办职工集体福利设施和奖励先进职工；第三部分是企业的公积金，用来发展生产，由企业依照国家计划投入本企业，或者投入其他合营企业；第四部分是分给资本家的红利，由私股股东自行分配。前三部分共占企业盈余的四分之三以上，最后一部分不足四分之一。这种办法，是我国工人阶级向资产阶级的生产资料进行逐步赎买的一种形式。据估算，从1950年到1955年全国资方分得的利润共14亿元。

随着公私合营企业生产发展，企业所得利润也日益增加，“四马分肥”已经不适应国家资本主义形式的发展要求，代之而起的是定息形式。1956年1月，中共中央发出《关于对公私合营企业私股推行定息办法的指示》。2月，国务院通过《关于在公私合营企业中推行定息办法的规定》，对全国公私合营企业私股实行定息的息率，规定为年息1厘到6厘。1956年7月，国务院发布了《关于对私营工商业、手工业、私营运输业的社会主义改造中若干问题的指示》，明确规定全国公私合营企业的定息户，不分工商、不分大小、不分盈余亏损户、不分地区、不分行业、不分老合营新合营，统一规定为年息五厘。中共中央曾规定定息7年为期，后又延长3年，共10年零9个月，资方领取定息共约12亿元。

此外，全行业公私合营实现以后，党和人民政府对原企业的私方在职人员，采取了“包下来”给予安排的方针。对于那些有技术才能和有管理能力，使企业能够向国家提供更多工业品的资本家，还给予较高的薪水，这也是一种赎买的性质。从1956年全行业合营后到1966年，资本家高薪所得约8.5亿元。

据全国统计，利润、定息和高薪三种赎买形式，资方所得相加共34.5亿元，大大超过了全国公私合营企业私股股金总额24亿元。

当年，广东全省参加合营的工商户的股金总额为1.26亿元。全行业合营后，一律采取定息制度，不分工商、不分大小、不分盈亏、不分地区、不分行业，年息一般为5厘，7年为期，从1956年1月1日起计息。到1963年，又决定延长3年，直到1966年9月停发。

1956年8月2日，中共广州市委发出指示，要求按中央规定做好发放定息的工作。7日，广州市属医药、水产、丝绸、交通运输等行业开始发放，一律按年利5厘计算股息，从当年1月1日算起，全市35 000多个私股股东已全部领取了当年上半年的股息，总金额为160多万元。

全行业公私合营和实行定息制度的结合，使企业的生产关系发生了根本的变化。在公私合营企业中，资本家把自己所握有的生产资料及其他货币资本，作为股金投入企业以后，其如何使用已经不再由资本家的自由意志来决定，而是根据发展生产保证国家和人民的需要，由公私合营的企业来支配，从而大大地减弱了资本家对生产资料的依存关系。这种巨大的变化，其意义就在于使资本家不能再用原有企业的生产资料作为发展资本主义经济的物质条件，并为最后割断资本家与生产资料所有权的联系，创造了前提条件。

中华民国二十二年二月二十七日（1933年2月27日）王老吉茶“特种药品营业执照”

具体来讲，有三大变化：首先，资本家失去了对生产资料的支配权。他们虽然没有完全丧失对生产资料的所有权，但不能变卖，只起在一定时期内领取定息的凭证作用。其次，实行定息后，资本家定息收入多少，只取决于股金数量的大小，而与企业盈余的多少已失去了联系。再次，资本家丧失了对企业的经营管理权和人事调配权。陈云指出：“工厂企业管理的实际权力转到了国家手里。资方人员参加一部分管理，这是一种什么管理呢？他仅是和一个普通的工作人员参加工作一样，不能像从前那样以资本家的身份来管理工厂了。”这就可以清晰地看出，全行业公私合营以后，民族资产阶级作为阶级已经基本消灭。周恩来指出：“用和平赎买的方法消灭资产阶级，不但有全国的意义，而且具有世界的意义。”

1956年以后，政府对公私合营企业完全按照国营企业的计划模式进行管理，其生产任务、原材料、人员配备以及产品的销售完全纳入国家的计划。1966年，对资本家停发股息，标志着对资本主义工业改造彻底完成。

放在历史发展的大背景下俯视，当年王老吉与其他7个工厂的合营、合并，也不是简单地一并了之的。

1956年，公方代表进驻时，王老吉联合制药厂的资本总额为76 555元，其中固定资产8 237元，大部分为流动资产，为68 317元。8 000多元的固定资产，包含生产工具、原材料、装配品、产成品、燃料、包装品等生产资料，也包括资方家里的家具用品。8家企业中最大的王老吉药厂尚且没有机器设备，其他字号可想而知。

合资后，收集到一起的生产工具有闸刀、小刀、铜印、小秤、铁锤、蒸笼、窝筛、风炉、火钳，全部为手工器械。燃料也算作固定资产，实际是一些炭木。药厂的立身之本是药材，药材就是全部流动资产。生产神曲茶的嘉宝栈、何天福、康寿堂、存仁堂，草药种类最多，包括地骨皮、加荷、草花、防风、柴胡、桔梗等约60种。这就是合营时王老吉联合制药厂的全部家当。

当时的王老吉联合制药厂，王老吉占了“两个43%”：工人41人，占了43%；资本额最为雄厚，经理王宝钿股额33 267元，恰好也占43%，为大股东。王宝钿股额比位列第二的常炯堂（18 521元）多了近一半，位列第三的是香港人梁兆邦（12 391元），其余7个股东股额均未过万元。

但是，在申请公私合营中，王老吉联合制药厂的私方代表并不是王宝钿，而是时年45岁的冯炼，一个合营前拥有11个工人的“大手”康寿堂药厂的经理。黄辉对冯炼印象很深：“很尊重公方人员，从来没有与政府代表吵架，执行力强，对业务很熟悉，主抓销售。”

为什么大股东王宝钿没有成为私方代表呢？原来，她在1953年底，公私合营刚刚开始，尚未形成热潮时，已经悄然转身，出走香港，一直没有回来。至于她的丈夫胡多夫，也早于她到香港去了。老工人回忆说：“大概是1952年，国家展开‘五反’后，每天早上都来与工人们打招呼的胡多夫，却意外地不见踪影。我们问老板娘，胡老二去哪里了。王宝钿说到香港了，要处理一些事。可是，自那个时候至今，再也没有见过胡多夫了。”

广州大学从事中国政治学研究的王霞博士，以广州各部门丰富的档案资料为基础，研究广州建国初期的资本主义工商业改造。在其论文中提出，一般认为，过渡时期总路线的公布意味着资本主义工商业改造的正式开幕，但事实上无论是政府高层还是学术界都认为资本主义工商业改造早在“五反”运动时就拉开了序幕。来自广州市人民委员会国家资本主义办公室的档案显示，广州工商界自己也认为：“工商业改造要读四页书，第一页是‘五反’；第二页是自查补报；第三页是总路线；第四页是全行业改造。”建国初期王老吉药厂的两位当家人，一个在“五反”中，一个在“总路线”中，没有读完“四页书”，就先后出走香港了。

在当时政府方面的一份调查报告中，对王宝钿这位王老吉管理者曾有一段评价：资方经理人王宝钿很少参加同业公会的学习。经理王宝钿、副经理杨社添只要求增加薪金，对生产只是空谈理论。劳资关系不正常，资方经理王宝钿思想顽固，自私自利，企业有现金便想方法来支取。具体事实是1952年纯益，她要求分配自己占80%，而且先行提取现金约2 000万元（注：旧币值，折2 000元），工友提出意见应保留一部分资金为企业增添设备，她一直不予理睬。工友提出增设厂房，改用简单机器配合生产，资方也未采纳。

王老吉的资方代表为什么一定要拿现金？为什么不愿改进生产技术？是出于个人考虑，还是对企业前途担忧？在当时的社会氛围下，许多老字号的掌门人都积极地投身于自身改造之中，王老吉的企业经理为什么不参加同业公会的学习？这些疑问，从现有资料已无法具体判断，但从王宝钿、胡多夫出走香港的时机来看，有可能是以下的原因。

公私合营后，政府按照政策，妥善安置了王老吉联合制药厂合并的8家工厂的私方人员。资本家们不再是企业的统治者，而是以供职人员身份参与企业的生产和管理，开始了从单纯的食利者向社会主义的劳动者的转变。对此，不少私方人员是乐意接受的，但也有一些私方人员出于“不甘心”和“不放心”，而试图一走了之。所谓不甘心，就是他们对原有企业的产权和管理权被分享不甘心。所谓不放心，就是不了解政府的政策，怕自己以前剥削工人的往事有朝一日会被“秋后算账”，所以先行躲避。

尽管王宝钿出走香港，政府仍照公私合营政策支付给她应得的定息，由其朋友朱款代收。股息也惠及了以商标入股的王宝璋。在一些往来记账上，如今仍可看到这样的记录：从1959年至1964年，王宝璋不定期打借条给朱款，取用定息1 810元。

王老吉联合制药厂除出走香港的王宝钿之外，留在广州的私方人员绝大部分都安心地继续留在厂里工作。王宝璋先后任工厂的营业员、质检员、生

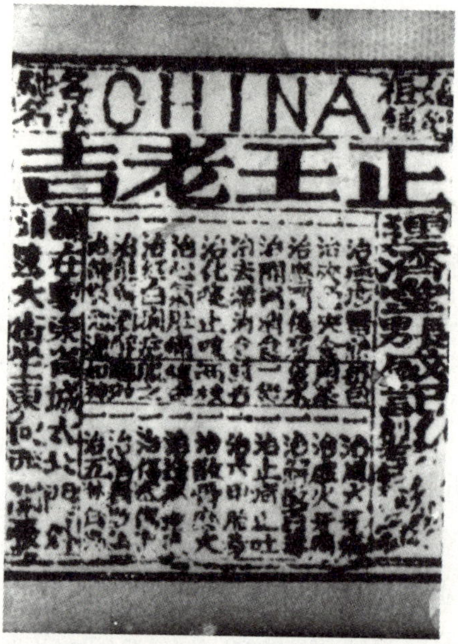

中华民国时期的王老吉注册商标

产工，直到1974年退休，退休前工资90多元。王宝瑶先担任出纳员，后安排到总务部门工作。老员工们说：“兄弟两个在工厂里，有时还用英语对话。”其余7家合并工厂的老板，也都有人在厂内工作。常炯堂老板常炯堂任药厂顾问，卢薛昌老板卢伯恒仍任雇佣司理，何天福老板何宁，陈燃氏老板陈福，都在工厂工作。另外，8家药厂老板的后人，后来也有人在药厂工作，并且一直延续下来。

事实上，对资本主义工商业的社会主义改造，是把对企业的改造和对人的改造结合在一起进行的。全行业公私合营实现以后，党和政府对原企业的私方在职人员，采取了“包下来”给予安排的方针。对于那些有技术和有管理能力的，委以重任，给予较高的薪水。1956年，全国私方人员中，安排参加企业管理的约占40%，直接参加生产的约占60%。广州公私合营后对私方人员的安排，档案资料也有一段比较详细的记载。1956年4月底，广州市基本完成公私合营厂、店私方从业人员的人事安排。合营后私方担任国营或公私合营公司经理职务9人，副经理40人，行业董事长11人，副董事长19人；担任国营或公私合营公司属下各级管理部门经理、科长或顾问等职务的共408人；担任国营或公私合营厂、店的正、副厂长或经理的共718人；担任科、股长、车间主任等职务的共586人（不包括任组长职的人数）；其他人员也全部担任了适当的工作。

改革开放以来，围绕公私合营时的商标权、字号权使用问题，不时出现私营企业主后人与现行使用企业引发纠纷的案例。上海创始于1719年的“吴良材”案就是一个典型案例，还有北京的“白魁”之争、“炉灶曹”商标之争，西安的“藻露堂”之争，等等。一些人认为，公私合营时缺乏商号价值评估体系，在企业转让时，没有把商号价值考虑进去，老字号的后人也以此为理由为自己辩护。

2002年，创办吴良材眼镜店的吴家后人，对字号使用权提起法律诉讼，认为1956年公私合营时只涉及有形资产，企业品牌等无形资产没有计算。国家对工厂进行公私合营赎买时，对企业的资产评估并没有考虑到品牌这一无形资产。财产合营给国家了，但品牌并没有合营，品牌无形资产的所有权应属于企业后人。

法院审理后认为，虽然我国现行法律法规将字号作为企业的一项无形资产加以保护，但就公私合营而言，应当以公私合营时老字号的性质及老字号的转移为法律依据。老字号未被作价入股并不影响公私合营公司体现企业人格的标志，在法律没有明确规定并且当事人没有特别约定的情况下，企业字号作为企业的人格标志不能与企业相分离，应当随企业的转移而转移。私营企业主此后作为私股股东已不再享有老字号的使用权。

专家认为，知识产权作为经济权利并不是血缘继承，是依法确定的。一些老字号在20世纪50年代国家赎买后，权利已经转移，此时的字号与姓名已经分离，国家取得的是字号权而不是姓名权，名人的姓名已经有了第二内涵。

也有学者认为，国家采取赎买的方式，通过股权或者高息的方式，慢慢将私营企业的产权收归国有，到1966年公私合营结束的时候，这些企业从产权上已经是国有的，政府有权对其进行包括产权再次改制等方面的处置。无形资产是建立在有形资产基础之上的，商标的注册者拥有商标的使用权。对于秘方等无形资产，如果没有做特殊约定，其继承人并无权利主张收回。

1958年前，王老吉这个百年老店，与时代洪流同步，以接受国家赎买的方式，把全部资产归属国家所有，随着其有形资产转移到国家手里，包括配方和品牌在内的无形资产也与有形资产一起从此属于全体中国人民了。

第四章 国运与茶运

火热的账簿

公私合营之后的王老吉能否续写百年老字号的创业传奇，这是很多人一度关注的问题，事实很快就把谜底解开了。

王老吉联合制药厂合并后，充分利用合并企业多，生产场地多的优势，迅速投入全部人力在多个场地开展生产，生产规模和生产能力得到立竿见影的扩充和增强。生产场地和环境改善了，产品质量也就大大提高了。

1956年2月23日，王老吉所属的合营分会生产组第一次会议在橘香斋合营基地召开。这次会议明确了成员单位之间的含作分工，决定生产组会议每月举行一次，生产情况每周向生产组汇报一次。会议还分析了每个分厂的生产情况和面临的困难，王老吉的困难被描述为“存储地方有困难，保管因老鼠咬烂损失很大”。“一开始，生产、包装都实行计件工资，包得多，钱就多。工人们干活拼命，很少讲话，生产效率很高。计划部门想调高指标，工人们就有意见，认为是‘割韭菜’。”黄辉回忆道，“后来领导层商量过，决定指标不能太高，要让工人能接受。”

1956年3月，王老吉联合制药厂响应广州市政府的号召，开展了那个时代很有标志性的活动——发动职工广泛、深入地开展社会主义劳动竞赛，开展先进生产者运动，为提前完成第一个五年计划而奋斗。黄辉对这段历史回忆道：“具体的要求是总结先进经验，提高加工质量，完成加工任务，提高职工的生产积极性。”

合营之后的王老吉联合制药厂，开始向真正的现代企业迈进。在质量管理方面，设立专门的管理人员，建立从投产到成品的全面质量管理制度和工艺流程，从原来单凭经验的手“抓”配药，改为过秤后包装，保证了王老吉凉茶处方中各味药材的分量必须经检验合格才能进入市场。在生产设备方面，厂区的技术人员通过专心钻研和技术革新，把原先工效低、劳动强度大的手工铡药机改进为电动铡药机，不仅减轻了劳动强度，而且使工效提高了6倍多。

广东自古就有经商的经验。为了扩大销售，王老吉派出小分队，5人一组，带上白灰、墨汁专门到省内各地，甚至远赴广西、湖南、江西与广东接壤的地带，刷广告墙，贴广告画，使王老吉的品牌不断深入人心，务求做到家喻户晓。适逢这个时期正值广州与省内各地的水陆交通运输网高速发展，王老吉凉茶可以源源不断地由水路、陆路供应到用户手中。随之而来，王老吉凉茶的产销量也迅速增长。1950年，王老吉凉茶产量180万包，1960年，产量达581万包，比新中国刚成立时增长了223%。王老吉合营后的5年是连续发展的5年，产值、利润、劳动生产率、主要产品产量都在逐年增长，屡创历史最高水平，经济效益大幅飙升。1960年，从王老吉联合制药厂的账本上可知，综合产值比1950年增长了21倍多，利润总额比1950年增长了31倍多。

乐极生悲

20世纪50年代中期，国家赎买王老吉药厂时，王老吉的资产只有3 万多元。之后，国家对王老吉投入了大量的人力、财力和物力，使其在一日千里的历史进程中，不但没有被淘汰，反而更加熠熠发光。即使是20世纪60年代初国家遭遇严重经济困难期间，王老吉的产值和利润一度出现下降趋势，但3年之后的1965年，王老吉凉茶主要品种的产量又开始有了较大幅度的提高。

1965年9月，隶属于广州市化工局的广州中药总厂成立，一系列的中成药厂统归总厂管理，并一律按数字排列命名厂名。王老吉药厂、保滋堂药厂、敬修堂药厂、潘高寿药厂的名字全部被数字替代，王老吉联合制药厂改名为“广州中药九厂”。

中药总厂试图建成托拉斯性质的联合企业，将原来各个药厂的财务、计划、供销、技术的主要力量集中起来，经济上实行统一核算，产、供、销一条龙集中经营。各分厂只管生产，不管核算和管理，每家分厂实际上成为总厂的一个车间。一厂生产小药丸，二厂生产大药丸，三厂生产片剂，四厂生产针剂，七厂生产膏剂，八厂生产酒剂，九厂生产茶剂。

鉴于中药九厂的主要任务是为全行业提取中草药，属于中间产品，在当时的条件下，很难与“神仙难辨”的膏丹丸散媲美，更谈不上与片剂、针剂较量，产值、效益都排在最末。许多老工人回忆时说道：“基本上是倒数第一。因为九厂只生产原料，不计算产值。”在行业外部，农村里同类产品的加工点星罗棋布，成本低廉，与中药九厂形成强烈的竞争。据统计，1972年至1979年，中药九厂连续8年亏损，其中尤以1975年最为严重，亏损近30万元。

正所谓屋漏又逢连夜雨，正当王老吉联合制药厂为变成中药九厂之后生产效益下降头痛不已之际，席卷全国的“文化大革命”从天而降。这个“革命”以革除“旧文化”为使命，王老吉凉茶这个百年老字号正好符合“旧文化”的标准，因而在压力下被迫改名为“广东凉茶”。

尽管环境复杂，中药九厂的同仁却没有放弃，他们想了一个变通的办法来保住这个老字号。在“广东凉茶”的商标下，加上一个标注“原名王老吉”。

不过，由于没有直接使用王老吉这个驰名商标，王老吉凉茶的销售仍然受到一些影响，幸而在此之前，因为注册商标原因，广州出产的王老吉凉茶向香港、澳门、东南亚出口时，早已使用“广东凉茶”这一名称，这样总算减少了一些损失。

困难还不仅仅于此，1971年11月25日，一场发生在中药九厂广州大德路厂房的大火，使九厂的生产几乎陷于瘫痪。大火之后，总厂决定马上搬迁，半个月内迁到离广州市中心17公里的北郊江村继续生产。

艰难中的守望

乐极生悲，而又否极泰来，这种命运转折的定律似乎同样适用于王老吉药厂。当一场大火迫使原来在大德路生产经营的中药九厂不得不搬出市区，迁到北郊江村去之后，其命运反而开始好转起来。首先是中药总厂对九厂的定位更加清晰了，总厂决定九厂仍为中草药的提炼加工基地，不过，可以加强药茶的生产。

这个决定看起来与之前没有太大不同，但因强化了药茶生产的地位，使九厂得以通过生产和销售更多的王老吉凉茶产品获取较大的利益，用以弥补加工草药损失的经济效益。另一方面，九厂新搬去的江村厂房区域较前大了许多，足有8万平方米，这就使九厂的发展拥有了十分珍贵的土地资源。

不过，尽管上级支持九厂增加凉茶的生产，但是，怎样才能使生产出来的凉茶顺利地销售出去？九厂的上上下下不能不煞费苦心，想出一些好办法来。

他们不约而同地意识到，要提高凉茶的销售量，产品形态是关键。因为消费者除了要求疗效之外，越来越要求凉茶饮用要方便，要便于携带和冲泡。事实上，一百多年来，王老吉凉茶的产品形态一直在演变之中，先后经历了从即煮即饮的大碗凉茶，到便于运输却仍要自己煮熬的凉茶包，再到容易冲泡体积更小的凉茶粉和袖珍茶等几个阶段。然而，随着社会的发展，人们工作与日常生活的节奏日益加快，生活质量不断提高，原有的这些凉茶形态已满足不了群众的需要。如何创新凉茶载体的形态，成为摆在中药九厂面前的一道新课题。

于是，一个研制凉茶粉剂的计划，成为王老吉人在20世纪70年代必须攻坚的关隘。茶粉剂的制作过程大致是这样的：首先是提取原料，经过煮制、浓缩、干燥制成中药干浸膏，再磨成粉末，每3克装一小包，就成携带方便、包装精美、即冲即饮的冲服剂了。中药九厂人把这种中药干浸膏磨成的粉状药物，命名为“冲服凉茶”，出口时则称“凉茶精”。工人们回忆说：“凉茶精产品当时来说工艺是进步了，剂量小了，不用拎一大包回去又要煎又要煮；运输量小了，储存仓库占地也小了；疗效提高了，剂量可以因人而异，可多可少。”

然而，凉茶精的研发之路并不顺利。从1970年开始，由九厂的药师许志成主持，中药总厂研究所和相关部门参与。起步阶段是把广东凉茶的大茶包转型为茶粉剂。经过第一波的研发，凉茶精初见成效。

1971年，凉茶精经广州市卫生局批准投入生产，国家药品标准也以冲服凉茶为名，收载于1977年版《中国药典》第743页。这是非常时期的非常之作，药师许志成带领的团队把王老吉凉茶的形态向前推进了一大步，成为治疗感冒、发热喉痛之良药。

广州中药九厂生产的凉茶精冲剂（1978年）

但是，一旦需要大规模生产，原有的生产场地和设备就显出其弱点来：场地太小，无法达到生产规模的要求；设备陈旧，适应不了凉茶精的工艺标准，需要安装新的锅炉、蒸发锅、浓缩锅和蒸汽干燥焙柜等设备，才能满足凉茶精批量生产的需要。这些条件满足后，凉茶精开始正式投产，一经推出市场，果然大受消费者欢迎，也成为出口赚取外汇的产品。

但是，在当时的技术条件下，凉茶精有三个明显的缺陷：

——纯中草药浸膏粉，溶解性差，达不到冲剂项下溶化性试验要求；

——未加任何赋形剂，一次服量3克，消费者反映味太苦，不易饮用；

——在生产和保管过程中，极易吸潮，影响保存期限，并且为粉末状，流动性差，机械包装时，装量差异较大。

老员工梁丹宇回忆当时的操作，还是很有感慨："凉茶精有一个工艺问题没有解决，就是很容易吸潮，我们广东的梅雨天气，放在那里，一下子就潮了。""一个大一点的箱子，里面有红外线，工人就伸着两个戴着手套的手在里面包装，全部都是密封的，要不然一下子就吸潮了。在那里一勺一勺地舀进去，然后粘起来，才拿到外面做外包装。"梁丹宇是资深的王老吉人，从技术科做起，后来负责过档案工作，也当过办公室主任，最后在资讯部经理岗位上退休，谈起当年的情况，仿佛一切依旧历历在目。

由于存在着这样一些致命的弱点，当时的凉茶精，虽然也能带给中药九厂一些起色，但销路始终有限。加上药茶类原料不断提价，工艺复杂，设备落后，工人劳动强度大，导致利润逐年下降。最终，摆在九厂人面前的是一个令人心寒的局面，即使药茶略有盈利，也无法弥补提炼加工中草药的亏损。从迁厂后的1972年到1979年4月，中药九厂连续8年亏损，其中尤以1975年最为严重，亏损近30万元。在1990年建成的羊城药厂记功碑廊序言中，有一段话记录了这段历史："曾记否，炉前挥铲汗如雨，药茶成型用手装。诚可叹！辛勤劳动，换来却是亏本厂。"

重挂金字招牌

在困难的悬崖面前，王老吉人决心要在没有出路的地方找到出路。他们找到的出路是：走“颗粒凉茶”之路。

1982年，国家改革开放后的第三年，广州中药九厂改名为广州羊城药厂，同时决定停止生产质量未完善、每盒亏损1元多的凉茶精。

可人们还是很不甘心，难道凉茶粉剂就这样退出历史舞台？这时，一个有担当的国企老骨干挺身而出，挑起了百年老店转危为机的重担。他就是梁志坚，羊城药厂的厂长。

梁志坚从1983年开始担任厂长。一开始，梁志坚不能肯定是坚持继续研发凉茶粉剂好，还是发展当时比较好销的藿胆丸、慢支紫红丸、保济丸、痰咳净等常用药品好。从市场情况看，痰咳净由于疗效显著，很受消费者青睐，市场火爆，有些经销商甚至用麻布袋装着成捆的人民币排队抢购。一个长期亏损的工厂，一下子有成捆成捆的人民币放在眼前，要说没有吸引力是假的。所以，主打其他药品的选择实在很难抗拒。事实的确如此。之前的1981年，中药九厂生产的保济丸、慢支紫红丸、藿胆丸等小丸产品和痰咳净散剂产品在市场上就供不应求，而且有着很大的销售潜力。但是，在另一方面，如果要把主打产品改成这些药丸，就不得不压缩百年老药凉茶的生产。因为这些药茶生产时占用场地大，需要设备多，需要的劳动力也不少。

何去何从，实难抉择。梁志坚任厂长之前，厂里的思路是把生存放在第一位，缓过劲来才再谈传承。所以，药厂决定以常用药为主打，将药茶发外加工，腾出生产力来发展小丸生产，把新产品痰咳净搞上去。1981年上半年，九厂停止了厂区范围内的药茶类生产，移交江村大队工场加工生产，所有提取、干燥设备以及节省出来的劳动力全部投入到慢支紫红丸、藿胆丸和痰咳净的生产中去。1985年3月，主打产品痰咳净产量达到102万盒，创投产以来月最高水平。

然而，在王老吉老店成长起来的梁志坚始终不能割舍王老吉凉茶这种百年老产品和文化遗产。他于1965年进入中药九厂，先后担任基建、设备、技术科负责人，口碑甚佳。1981年至1983年任技术科科长后，屡建奇功。担任厂长后，工人们都公认他眼光独特。

梁丹宇这样评价老厂长："在经过一番市场调查后，虽然看到那时小丸销售好，但梁厂长就是看准王老吉更有前途。所以，从1986年开始重新搞回王老吉，最后变成了颗粒，当时叫甘糖浆，市场一下子就上去了。"

其实，九厂并不是第一次将凉茶发外加工又收回来。1967年，九厂就曾因场地、劳动力不足，把占用场地大、占用劳动力多的广东凉茶发交顺德碧江中药加工厂生产。这回再次收回凉茶生产，对于药厂员工来说，不啻是又一次回归百年老店，重拾自尊心。因为在广东人口语中，饮王老吉与饮凉茶基本上就是同义语，一提凉茶就会想起王老吉，药厂员工的内心深处怎会不明白这一点。

梁志坚在上任厂长4年后的1987年，毅然宣布厂里重新以凉茶为主打产品。不过，第一步是要对冲服凉茶进行工艺改革和剂型改革。这一次，梁志坚委派梁丹宇负责工艺改进，其他两位技术人员负责提取，依循"问题在哪里就从哪里入手"的"问题导向"路径，逐一攻克凉茶精时期存在的3个缺陷：

——为了减少吸潮性，可以加入适量辅料制成颗粒冲服剂；

——为了改善偏苦的味道，可以加入适量糖粉作为辅料；

——为了克服装量差异大的缺点，可以制成颗粒，改善流动性。

没有推倒重来，也没有另起炉灶，仍是按照《中国药典》中冲服凉茶（即凉茶精）的处方及处方量，只是改进了两个地方：一是制成浸膏后加入适量乳糖和糖粉制成颗粒冲服剂；二是成品用量由原来每包3克增加到每包7克。负责工艺改进的梁丹宇说，两处改进都集中在一个关键点上：如何把握辅料糖的添加量。

找到了着力点，有了好思路，还只是第一步。实现技术提升，还需要现代机器设备的支撑。这时国家的改革开放正向纵深推进，国内的机械设备开始向国际先进水平看齐。此时，羊城药厂已经有条件购置较大规模的颗粒冲服剂设备，实现一步制粒流床干燥工艺了。这种工艺生产出来的冲服剂，色香味及溶解性均较以前大有进步，且不含焦屑，明显提高了冲剂的质量。

按照梁丹宇的形象说法，这其实就是一种“真空浓缩，真空干燥”工艺，特点是低温。“把空气抽掉后，里面是真空状态，60多度的低温就可以沸腾，保证药物不会因为高温糊化。出来之后浸膏很松，很容易打碎。如果是100度烘焙的话，底部会有糊化。”

方向明晰后，从研究、试制到报批，一路顺利。羊城药厂很短时间内就拿下了这个项目。1986年10月，广州羊城药厂向广州市卫生局申请，以蔗糖为辅料制成的颗粒状冲剂，定名为广东凉茶颗粒，以重新注册后的王老吉为商标。9个月后的1987年6月，经广东省卫生厅批准，广东凉茶颗粒开始生产。

或许连梁志坚也没有想到，广东人民对王老吉的情感还是那样浓烈。凉茶颗粒问世后，消费者争相购买，一买就买上一大包，很快就形成了销售高潮，一时之间居然供不应求。供销部门面临“四面楚歌”局面，签下了合同却发不了货。投产不到一个季度，工厂产量是140万包，合同却已签到810万包。有的供销社一次就要3 000箱，有的厂矿作为清凉饮料发给全体职工。

1987年9月21日，广东凉茶颗粒正式投产不到3个月，厂长梁志坚召集生产、销售、宣传等部门的10名负责人专门开会讨论王老吉商标冲剂扩产问题。

分析形势后，梁志坚一连说了“三个要”：要独占市场，要迅速形成生产能力，产品要进入医院。作为广州市首批厂长负责制的一员，梁志坚承诺：论功行赏。

出厂价格也开始上浮。1987年11月23日，广州羊城药厂向广州市医药总公司提出申请，将每小包0.15元的冲服凉茶出厂价，上调至0.21元。

药厂同步考虑，以当时的生产能力，远远不能满足市场需要，需要通过发外加工来解决产量问题。

在此基础上，羊城药厂再接再厉，又于1990年研制出了无糖型广东凉茶颗粒。

老字号王老吉再次展现迷人魅力。广东凉茶颗粒面市的第二年，便迅速跃升为羊城药厂第一大销售品种，并长期保持优势。作为畅销产品，免不了也遭到了不法企业的侵权和假冒，尤以广东、广西两个省区为甚。

有了广东凉茶颗粒这样广受欢迎的大品种支撑，羊城药厂终于站上产值和销售过亿元、利润超千万元的台阶，开始了飞跃性增长。

员工们后来这样认识那段时间的突破："药厂最关键的就是在1987年，如果没有搞出颗粒，1992年没有搞出饮料，根本就没有后来的这些事。永远要么只是凉茶铺，要么只是大茶包。"统计数字虽然枯燥，但能准确反映事实。1987年，羊城药厂全年利润为381万元；到了1988年，利润惊人地实现翻番，达779万元；1990年，利润更是首破千万元大关，达1 081万元。

羊城药厂效益一路飙升，也为改善员工们的生活打下了坚实的基础。女员工陈惠珍说："那个时候，真的是一下子就发展起来了。我们厂一半以上的职工都分到房子。"1988年至1993年，通过合作购买、改建等方式，羊城药厂在广州市内购买和建造了100多套职工宿舍，大大改善了200多户职工的居住环境，占当时全厂职工总数一半以上。

乘着凉茶颗粒顺风顺水的东风，又有改革开放的大潮，1984年10月，羊城药厂向有关部门递交了广东凉茶改名为王老吉的申请，请求将"文革"期间改名的广东凉茶，按照历史事实和群众的强烈要求，重新用回王老吉的老名。1986年6月，王老吉商标重新注册成功，与广东凉茶颗粒一道，再次出现在世人面前。在研制成功凉茶颗粒11年之后的1998年，王老吉在广州生产了整整150年的茶包最终彻底停产，与此同时，一种具有强大生命力的新的王老吉凉茶产品——王老吉颗粒凉茶，成为凉茶舞台上的主角。

谁首创了罐装凉茶

自从这个世界上诞生了王老吉凉茶以来，这碗凉茶一直是热着喝的。热着喝固然有热着喝的好处，但也有不尽如人意的地方。比方说，出门在外，随身携带，时间长了，难免变冷，影响药效。就算是凉茶颗粒，也是要用热水冲泡的，很多时候热水并非垂手可以找到。如何克服这些不足，让王老吉凉茶的品种更加多样，满足人们各种情况下的不同需求呢？

1990年8月27日，药厂召开新产品投产会议，厂长梁志坚根据自己对市场的观察，大胆提出了开发王老吉饮料的设想。

那一年夏天，刚从学校一毕业就进入药厂的郑荣波回想起当年老厂长提出创意的时候，还是充满由衷的敬意："凉茶颗粒一般都是用热水冲的，当时提出饮料的时候，厂里很多人怀疑，说老百姓都是习惯喝热的，变成冰凉的饮料，喝起来冷冷的，真是'凉茶'了，行不行？""老厂长认为应该有一个新的推广。老厂长厉害就厉害在这里，推出新的概念，很有创新精神。"

会上的情况，也是可以想象得到的。撰写于1992年1月的《王老吉清凉茶研制概况》，对此做了专门的记载："在到会科室部门无人承担的情况下，研究所担起了此项任务。"

面对人们的怀疑，梁志坚并不是没有疑虑的，但他有他的根据。

研发饮料产品并不是今天才有，从20世纪80年代起，羊城药厂就不断地研究饮料产品，先是跟风研制"广州可乐"，后来又研制红萝卜饮料、黑加仑饮料。羊城药厂一直为开发功能性食品饮料不断摸索，总结经验，甚至于1983年成立了广州羊城滋补品厂。

再看看当时的周边市场。广州西南方的佛山市三水县，健力宝从1984年推向市场，1990年正是势头最劲的时刻。广州东边，一种产于东莞黄江镇的"太阳神"饮料，也于1988年横空出世。这些饮料成就了当年著名的"珠江水”浪潮。与广东粮、岭南服、粤家电齐名，席卷全国，掀起了广东产品大举“北伐”的壮阔场面，成就了广东经济蜚声大江南北的奇迹。身处自古就有“药食同源”传统的岭南宝地，羊城药厂自然不甘落后。工人们当时也有憧憬：“王老吉这种植物饮料是有药效的，一旦推出，可能更加畅销。”

也是在1990年，羊城药厂经过不断的科技攻关和一再申请，使广东省卫生厅同意了把王老吉列入第二批加药食品名单，也就是说主管部门对王老吉发放了可以做饮料的“通行证”，更增强了梁志坚一定要做成凉茶饮料的信心。100多年来，王老吉凉茶既是药品又是居家必备的凉茶药膳，有公认的保健作用。“春夏去暑湿，秋冬防肺燥”早已成为家喻户晓的王老吉凉茶的特有语言。

作为羊城药厂研究所1991年的重点工作，王老吉牌清凉液体饮料（研究所工作计划用名）迅速提到议事日程。当年14项研究计划中，特别拨出4万元研发经费，金额位列第三，项目负责人为黄荣兴和程新敏。

黄荣兴曾任中药九厂技术科科长，1981年主持了以食用色素代替朱砂包衣项目，解决了保济丸含汞高的问题，既大幅降低成本，又提高了质量，保证了保济丸的出口销售。1982年，保济丸被评为“广东省优质产品”。曾经为保济丸“换装”立下功劳的黄荣兴，给人的印象是踏实肯干，仿如一头老黄牛。受命之后，他二话没说就与程新敏、郑玲等一道，与广州市轻工研究所合作，尝试把凉茶从药品延伸向食品，让“药用凉茶”向“饮料凉茶”转型。这无疑是王老吉凉茶标志性的一跳。

在传统的药厂里研发饮料，事关重大，技术员们知道光凭自身一己之力是力有不逮的。他们明白，食品制造有自己一整套规律，注重的是色、香、味，与做药品是有很大不同的。黄荣兴先到省、市防疫站和省卫生厅调研可行性，取得刚获批准的加药食品审批文件，然后与广州市轻工研究所进行样品调试、成本估算。

广州市轻工研究所创建于1961年，是一个综合性的技术开发研究机构，主要从事食品与日用化工新产品、新材料和添加剂的开发研究。在改革开放初期，广东轻工业曾叫响全国，广州市轻工研究所是当时广州食品行业的中流砥柱。在广州范围内，它是最权威的国有轻工食品业的研究机构，拥有最强的科技实力，先后承担多项国家级科研项目，科技成果频频涌现，在食品添加剂研制、高新分离技术等领域处于国内领先地位。1992年和1994年，广州市轻工研究所在广州市的几十家研究（院）所中，固定资产投入、产值、利润和全员劳动生产率均名列榜首。

1991年5月，经过充分协商，羊城药厂与广州市轻工研究所达成协议。轻工所负责质量技术保证，利用羊城药厂提供的王老吉凉茶浸膏，研究并确定可供工业生产的凉茶饮料配方、工艺技术条件及设备要求。签订协议10天之内，羊城药厂就支付了8 000元的技术服务补偿费，轻工所则在很短的时间内提供了产品的工艺技术配方、设备清单、质量技术指标、产品储存条件要求等有关技术资料，双方还确定了8年合同期内的利益分成。

王老吉饮料的开发有不少难关，其中最主要的关卡是4个难题。第一个难题是液体中沉淀物的问题。曾在技术科工作的梁丹宇，把当年攻克难关的方向归结为两点：一是解决沉淀问题，一是保持澄明度。“冲剂冲出来，开始是全部溶化的，但放久之后，底下就会出现一些沉淀。这做药品不是大问题，做成饮料时，这个问题必须解决，不能让它有沉淀。如果瓶子里面有沉淀，消费者是不敢喝的。”梁丹宇说，“但是，光把没有完全融化的东西沉淀下来，只要上面的上清液，也不行，因为有可能会把有效的成分也沉淀下来，那就变成没有效了。我们难就难在既要保持药效又要保持口感。澄明度就是要看上去是清亮的、透明的，一看到是浑浊的、发白的，本来没有什么大问题，但人们从观感上就会有点不爱喝。”

为了解决这个问题，羊城药厂与广州市轻工研究所的研究人员参阅了很多国内外的提取经验，搞了许多次试验，在提取工艺上狠下功夫，力争有效成分不被沉淀下来。不久之后，终于实现了提取的突破，摸索到一套成型的工艺。梁丹宇说：“多少年以来一直就按这个模式来做。”

王老吉饮料开发的第二个难题是饮料的品味选型的问题。不过，依靠着轻工所的科研力量，仅仅一个月内，就基本选定了外观呈现焦糖色、气味具有王老吉凉茶风味的饮料样品。

第三个难题是寻找加工生产点。1991年6月，确定饮料品味后，黄荣兴带着助手到处寻找加工生产点。在走访了广州市及近邻多家饮料生产厂家后，经过对包装选型、生产条件、加工价格等一系列比较，终于选定增城作为凉茶饮料的第一个生产加工点。

第四个难题，制订产品的企业标准。同年10月，黄荣兴、郑玲与轻工所一道，共同制订了凉茶饮料的企业标准，取得了登记同意，并获得了政府质检部门的批准。他们兴许没有想到，自己所做的工作竟然是划时代的。在他们看来，这只是在做一件分内事，但实际上却是创立了世界上第一份凉茶饮料产品的企业标准。他们更不曾想到，以此为标准生产的凉茶饮料，能成为上百亿级数销售额的产品。

也是在这一年的九十月间，900瓶凉茶罐装样品试制完成，一部分拿到香港参加展览，另一部分供研究起草质量标准、提供样品试饮。

第一罐凉茶饮料在羊城药厂诞生了。但是，一个新的问题又出现在王老吉人的面前：包装上，生产厂家应该怎么写？其实，在确定生产厂名时，羊城药厂已经费尽心思。只写“羊城滋补品厂”，没有知名度；只写“广州羊城药厂”，做药的企业做食品，消费者未必接受。后来决定干脆一起写，药厂在前，滋补品厂在后，清清楚楚地告诉消费者，两家工厂同是一个企业。结果，产品招纸上这样写道：广州羊城药厂羊城滋补品厂生产，广州市轻工研究所监制。

生产厂家名字确定了，产品却还没有名字，这又是一个需要动脑筋的问题。起名也是一门学问，既要直指药效，又要朗朗上口，最好还是当时流行的三字名，这样才能叫得响。梁志坚、黄荣兴，药厂技术科的前后两任科长，苦思冥想终于想到了一个简洁明了的名字——清凉茶。1992年3月，在完成了广州市和广东省相关部门的检查、抽检、审核后，羊城药厂终于拿到了（1992）粤食卫准字33号的许可证。清凉茶开始正式生产销售。

那时的王老吉清凉茶，共有两种包装，一是盒装，一是罐装，颜色都是中药行业的传统绿色。之所以采用传统绿色，原因很简单，在中药行业，一般来讲黄色、绿色都是清凉药。出身于中药行业，清热解毒凉性的清凉茶自然选择了绿色包装。上市后，借助于王老吉凉茶在百姓中的知名度，王老吉清凉茶饮料在广东的名声不断攀升。1995年，王老吉清凉茶成为“广东首届最受欢迎十佳饮料”之一。

186年前，王老吉凉茶起源于中医药茶，是国粹中医文化的结晶之作。1991年，羊城药厂进行科技开发，将颗粒状的凉茶药品革新成为植物饮料，创造性地开发出中国最早的盒装和罐装凉茶饮料，开创了“凉茶”这一古老行业的新品类，从而使凉茶饮料具备了今天大规模工业化生产的基础。可以说，如果没有当初转型饮料的成功，就没有后来出租王老吉罐装凉茶品牌的物质前提，当然也就没有了凭借这个品牌获得巨额利润的可能。因此，国有企业员工的长期坚守和创造，对王老吉凉茶品牌新一轮的崛起，厥功至伟，具有决定性的作用，天地可鉴，无人可以否认。

绿罐王老吉

早期绿盒王老吉

Part Three

第三部分

品牌的危机

第五章 维京来客

树大招风

就在王老吉饮料面世的次年，1992年，邓小平南下视察，新一轮改革热潮又一次席卷中华大地。当年12月12日，完成了企业股份制转制工作的广州羊城药厂，正式更名为广州羊城药业股份有限公司，成为广州市第一批发行内部职工股的国有控股股份制企业。

转制初期，面对着全民经商大环境，公司被潮流冲击，尝试进行多元化投资，涉足商贸等领域，结果资金分散，主要产品的市场扩展受到阻碍，利润增长减慢。不过，王老吉凉茶饮料的牌子却很受市场和消费者的欢迎。只要听说是王老吉饮料，群众都非常相信，跃跃欲试。

正在这个时候，羊城药厂的上级单位广药集团要求把王老吉商标上交，为什么会这样呢？原来，1997年，广药集团策划上市，将旗下8家中药厂和3家商业公司组成“广州药业”，到香港上市。组成广州药业后，专业人士发现资产量太大，显得盈利相对不足，在香港上市股价难以上升。当时负责筹划上市的香港百富勤公司据此建议广州药业 “瘦身”，减少资产量，相对提高每股盈利水平，提高上市的股价。而减少资产的最好办法，就是将下属企业的土地和商标剥离给广药集团，每年由广州药业向广药集团支付土地和商标使用费。集团采纳了百富勤的意见，下令将企业的土地和商标所有权从广州药业剥离，划到广药集团，就是这个原因，王老吉商标的所有权也就转到了广药集团，归集团所有。

正所谓树大招风。王老吉商标所有权在国企内部转来转去，外人未必那么清楚，但是，它在岭南百姓心目中的声誉却是如雷贯耳，远近闻名。这就难免有人打起它的主意。20世纪90年代初，一家名为“汉统药业”的公司曾与羊城药厂谈判，打算每年出一笔巨款租用王老吉品牌，生产凉茶饮料。不过，在即将签字的关键时刻，却戛然而止，没有成功。

汉统药业退出不久，另一个“粉丝”又主动找上了门。这个新客提出，愿意每年支付更高的租用费，租赁王老吉商标，生产和销售罐装饮料。对于这样一个提议，羊城药厂内部产生了两种观点：一种意见是王老吉商标放着也是放着，倒不如租出去可以收回一笔钱；另一种观点觉得以往未曾这样做过，不知妥当不妥当。经过讨论，最终还是租借出去的观点占了上风。

陈鸿道其人其事

能够从王老吉商标所有者手中顺利租借这个商标使用权的幸运儿是什么人？他叫陈鸿道。这个人的来龙去脉很少人清楚，只知道他出生于广东东莞长安镇锦夏村，后来到香港谋生。早期的陈鸿道大概做过多种行业，后来集中做饮料销售，曾经代理过著名品牌杨协成的产品。杨协成是新加坡上市饮品公司，最出名的自有产品之一是豆奶，又是亚洲第一个做出利乐包饮料的企业。陈鸿道在杨协成旗下干过，慢慢地也就积累起饮料品牌经营的一些经验。

陈鸿道获得一些资金后，在家乡东莞注册成立了一间属于自己的鸿达食品饮料有限公司，生产自有品牌产品鸿道八宝粥，再后来又陆续推出了以“加多宝”命名的红茶、绿茶、乌龙茶……但始终没有太大起色。即使是一些普遍看好的产品，最后也都在市场竞争中销声匿迹。然而，陈鸿道并不甘心。他眼看着中国内地经济不断发展，人民生活不断提高，饮料销售的商机显然是客观存在的，自己为什么一直没有成功呢？不是自己没有本事，也不是经营的产品质量不行，而是缺少一个响当当的品牌。没有这种深入人心的品牌，要想在不太长的时间内把市场做大，根本不可能。于是，他把目光移向百年老字号王老吉。

陈鸿道自小生活在珠江三角洲，这里的百姓没有不知道王老吉凉茶的，只要一讲起王老吉，人们就会想到凉茶，同样地，只要一说起凉茶，大家就同样想起王老吉。浸润过珠三角文化的陈鸿道，很清楚王老吉品牌背后隐藏着的巨大商机。他从以往销售一些自创饮料并不成功的经历中总结出一个不是很多人认识的道理，卖饮料必须挖掘饮料的文化内涵，而王老吉就是这样一种在广东具有雄厚群众基础，能为广大群众所接受的饮料。

能不能把王老吉商标租借过来，让梦寐以求的王老吉品牌为我所用？

陈鸿道感到灵光一闪，顿时兴奋不已，不久之后，驱车直奔广州。

没想到，陈鸿道刚到广州就碰了一个软钉子。当时的王老吉商标，属于羊城药厂，作为一家老牌国企，还未遇到过品牌租赁、授权经营之类的市场行为。所以，羊城药厂的领导人没有太多理会陈鸿道的提议，品牌租赁、授权经营，一概没有答应。

陈鸿道也不是一个容易善罢甘休的人物。自1992年至1995年间，他不断地往返香港与广州之间，极力游说有关各方，想方设法要把王老吉商标租为已用。无奈，一直未见成果。

乘虚而入

在锲而不舍的努力之中，陈鸿道终于找到了一个门道。他正面进攻攻不进，就采取侧面进攻的办法，先从自已熟悉的香港入手，获得进展后，转头以一个在英属维京群岛（英文缩写BVI）注册的“鸿道（集团）有限公司”的名义，于1995年2月与羊城药厂、香港王老吉3家一道签署了一个协议，同意鸿道集团为香港王老吉在东莞生产王老吉饮料，并且约定这些产品不得在国内销售。

完成第一步后，陈鸿道按计划开始了第二步的推进，他要进军国内市场。仅仅过了一个月，1995年3月，他进一步说服羊城药厂签署了王老吉商标许可使用协议，允许鸿道集团在红盒清凉茶上使用王老吉商标。这是广州王老吉品牌的第一次出租，期限至2003年1月。

当时的饮料行业，盒装生产线生产速度相对较快，每小时可以达到2 000盒，而罐装生产线大多为国产货，成本高，速度慢。这是鸿道集团首先试水盒装饮料的原因。但是经过头半年的试水，红色盒装的销售情况并不理想。于是，陈鸿道又与羊城药厂协商，希望允许其在红色罐装清凉茶上使用王老吉商标。

到了1997年2月，双方再次签署协议，许可鸿道集团在铁罐（或贴罐装）及瓶装凉茶饮料上使用王老吉商标。同时，鸿道集团停止生产及销售纸包装凉茶饮料。红罐商标使用期限扩展到15年，至2011年12月，付给基础费用，加上销售比例提成部分。其中基础费用的最高年租赁费为250万元。

历史总有惊人相似之处。半个世纪前，王老吉商标由王宝璋租给妹夫使用；半个世纪后，王老吉商标又一次出借他人。不同的是，上一次租借属于家族内部的“体内循环”，利益冲突不明显；而这一次租借，由于涉及境内、境外两家企业，涉及利益巨大，过程充满波折，最后不得不诉诸仲裁，强制收回。

陈鸿道终于如愿以偿，暂时握住了王老吉红罐饮料商标。只是，他还不是坊间所说的，是“点石成金”的销售圣手。所以，尽管手握“灵蛇之珠”，他还是苦撑苦熬了整整7年。国内市场对鸿道集团经营的王老吉凉茶红罐饮料的销售评价是“不温不火”，年销售额始终在1亿元左右徘徊，销售地域也仅限于两广、浙江、福建等南方地区，消费群体也比较固定。因为表现乏善可陈，每年广药集团经销商大会上，陈鸿道都会到会，显示自己对与广药合作的重视，并“知趣”地坐在会场不起眼的角落。

到了2000年，应鸿道集团请求，广药集团同意重新核签合同。新的《商标许可协议》将红罐王老吉商标的租借时间从2000年5月2日延伸到2010年5月1日，租期10年，商标许可租赁费约定为：

第一年（2000年5月2日—2001年5月1日），450万元；

第二年（2001年5月2日—2002年5月1日），450万元；

第三年（2002年5月2日—2003年5月1日），472.5万元；

第四年（2003年5月2日—2004年5月1日），472.5万元；

第五年（2004年5月2日—2005年5月1日），472.5万元；

第六年（2005年5月2日—2006年5月1日），472.5万元；

第七年（2006年5月2日—2007年5月1日），491.4万元；

第八年（2007年5月2日—2008年5月1日），491.4万元；

第九年（2008年5月2日—2009年5月1日），491.4万元；

第十年（2009年5月2日—2010年5月1日），491.4万元。

协议还规定，在此期间，许可人授权被许可人可以在内地生产和销售红色罐装及红色瓶装王老吉凉茶。

多年过去了，有人会问，每年450万元的商标租赁费，是高还是低？据业内人士分析，当初订出的这个标准还算是合理的。按照陈鸿道自己的说法，红罐王老吉一年大约销售额1亿元，按照4.5%的惯例提取商标使用费，一年450万也是差不多的了。至于后来每隔四年涨幅才5%或4%，那是因为双方都难以预料未来市场的发展。另一方面，当时王老吉凉茶在整个广药集团的产品版图中还不算太大，何况协议涉及的只是红罐部分，占版图比例就更小了。据一些了解业内实情的老人回忆，当时品牌投放的使用费按国际惯例一般在5%-30%。广药集团选择按4.5%的比例收取商标使用费，的确不高，这里有秉承合作、双方让利、争取把珍贵的资金更多投入品牌建设的长远考虑，目标是让王老吉这个在岭南已深入人心的区域品牌，更快成长，成为全国乃至全球的品牌。这是一个寄望未来长远发展的设想。再有，当时广东省的各级领导非常重视粤港经济合作，为了迅速地落实这个精神，让一点利给港商也未尝不可。再从程序上看，当时的双方还是相当认真的，组织了专门的谈判小组，一项一项地把合作意见反复推敲，最后定了一个10年的《商标许可协议》。所以，签署这份合同时，双方没有大的分歧。

第六章 非典遭遇战

无妄之灾

2003年春夏之间，中国大地突降一场无妄之灾——“非典”来临了。所谓非典，医学上全称为传染性非典型肺炎，是一种新发现的由SARS冠状病毒引起的具有明显传染性、可累及多个脏器系统的特殊肺炎，世界卫生组织将其命名为严重急性呼吸综合症。由于一般的抗菌药物对其治疗无效，且迅速传染，危险性特别大。截至2003年8月7日，全球累计发病例数为8422例，依据报告病例计算的平均病死率高达9.3%。

非典流行期间，具有清热解毒功效的板蓝根颗粒冲剂成为预防和治疗验方中的一味，疗效独特，一时之间风靡神州，迅速带旺了众多岭南本土中药品牌。鸿道集团眼见有机可乘，立即斥资4 000万元投入央视广告，跻身其广告标王行列。央视凭借全面覆盖中国内地市场的优势，黄金时段广告效果着实了得，加上广告里着意强化王老吉凉茶的保健作用，对挖掘广东省外消费市场颇有效果。一夜之间，标有王老吉字号的罐装凉茶在超市、市场及酒楼几乎随处可见。

因为具有“降火清凉”的药用效果，又是“药食同源”的纯天然植物饮料，这一“概念”使得王老吉凉茶的销售额开始狂飙。2002年才有1.8亿元，到2003年底已经增长到6亿元，2004年更达15亿元，2005年则超过25亿元，2007年达到50亿元。

投入越多，销售额增长越快，王老吉饮料的影响越大，陈鸿道的担忧就越重。他想得很远：商标不是自己的，现在做得再好，都是为他人做嫁衣。对此，他的对策是在销售王老吉凉茶的同时，也推出加多宝凉茶。可是，花了3亿多元做推销，做广告，最后还是“打了水漂”。又做绿茶和八宝粥，还是统统不行。他只好又打王老吉的主意。

这时，随着王老吉商标并入广药集团，陈鸿道与广药高层的接触日益密切。双方你来我往之中，广药也不是没有考虑过，用王老吉商标作为资产，与鸿道集团合资，在鸿道集团下属的东莞加多宝工厂生产王老吉凉茶饮料。

可是，一查相关政策，发现王老吉等老字号企业，广州市名城办公室早有明文规定：凡被列入老字号的企业，无论企业性质、产权如何变更，其著名字号、商标、名优产品等应在广州永久保留；即使破产、关闭、兼并、转制，老字号也不得销号，而要交由上级主管部门收回管理，让有条件的企业继续发扬光大。

这本来是政府为保护所有老字号企业量身定做的保护性政策，没料到这个政策在多年后居然成了王老吉商标留在国家手里的一道"护身符"。因为有这条政策，把王老吉商标拿到东莞贴牌，便成了不可能的事情。此路不通，鸿道集团只好又回到租用的轨道上来。

跷蹊的合约

不能把王老吉商标通过合资纳入囊中的结果，令陈鸿道异常焦虑，这种焦虑随着王老吉红罐凉茶在市场上的走好，日益加剧。道理很简单，就像从人家家里抱过来养的孩子，长得越健康越聪明，越是舍不得让人家抱回去。何况，这还是一个生金蛋的"宝娃娃"。以陈鸿道的眼光，他不会看不到红罐王老吉未来市场的远大前景。但是，这个品牌毕竟是租借人家的，时间一到就要还给广药集团，若结局真是如此，那就太可悲了。

于是，一个新的计划浮上了脑海。

陈鸿道将目光瞄准了当时广药集团的总经理，希望从他身上找到突破口。事有凑巧，2000年9月初，正在澳洲留学的广药集团总经理的女儿因意外事故重伤住院。陈鸿道知道此事后，以帮助伤者治病为由，给总经理送去300万元港币。总经理觉得这笔钱不好收，但又没有设法退还，最后竟被他存入了香港渣打银行，进行投资理财。在此之后，一件蹊跷的事情发生了，鸿道集团与广药集团签订才两年的合作协议，又再加上了一份新的合同《“王老吉”商标许可补充协议》。在这个协议里，广药集团将商标许可使用期从10年变成了20年，即从2000年5月2日一直用到2020年5月1日。内行人说，商标授权史上，这么长时间的许可是很少有的，因为商标的正常使用周期为10年，过了10年就要到国家工商总局续展，这个协议连还未续展的使用权也签出去了。这个协议还有一处不合理的地方，商标许可使用费非常低，价格定为：

第一一年（2010年5月2日—2011年5月1日），506.14万元；

第一二年（2011年5月2日—2012年5月1日），506.14万元；

第一三年（2012年5月2日—2013年5月1日），506.14万元；

第一四年（2013年5月2日—2014年5月1日），521.33万元；

第一五年（2014年5月2日—2015年5月1日），521.33万元；

第一六年（2015年5月2日—2016年5月1日），521.33万元；

第一七年（2016年5月2日—2017年5月1日），521.33万元；

第一八年（2017年5月2日—2018年5月1日），537万元；

第一九年（2018年5月2日—2019年5月1日），537万元；

第二十年（2019年5月2日—2020年5月1日），537万元。

这个价格表最惹眼的地方，是在王老吉饮料市场销售大幅攀升的背景下，商标使用费的增长率太低。一些有经验的企业负责人评论说，如果说最初的租借费以250万元封顶还是情有可原的话，25年之后的这份合约竟然还是以537万元封顶，实在是一个不可思议的败笔。从广药集团内部的情况说，补充协议的签订，手续很不严谨，没有经过任何估算，也没有任何谈判，大家也不知道怎样就稀里糊涂地签了。

后来，在广东省高院2005年9月26日关于该总经理的判决书中证实这份协议与总经理个人的受贿直接相关：李益民在担任广药副董事长、总经理期间，参与决策同意将王老吉许可给鸿道集团经营使用，其间三次受贿港币共300万元，具体受贿时间分别为2001年8月、2002年8月、2003年6月；总经理最终因受贿罪获刑。

以300万元的代价，陈鸿道通过一纸补充协议，将红罐王老吉未来20年的商标使用权抓到了自己的手里。签订协议之后，他轻轻地舒出了一口长气。然而，不依法办事，始终是靠不住的。不过，也是因为这一纸协议，为协议签署的双方种下了矛盾冲突的种子。当然，这是后话。

在当时，得手之后的鸿道集团欣喜若狂，立即部署各种措施，打算利用这20年的时间，在尽量获取最大利益的同时，进一步攻夺王老吉的更多品牌价值，或者以一个新品牌取而代之。

不正名何以言利

角力总是双方的，正当陈鸿道忙着设法长期使用王老吉品牌的时候，羊城药业也没有闲着。进入21世纪的羊城药业，已经逐步走出亏损的窘境，可以腾出手来关注自身品牌的维护和建设了。

2004年2月5日，广州市工商行政管理局正式批准，广州羊城药业股份有限公司更名为广州王老吉药业股份有限公司。以此为标志，王老吉药业实现了公司名称、产品名称、商标名称名副其实的“三位一体”。2004年3月，广州羊城药业股份有限公司正式更名为广州王老吉药业股份有限公司。这个尘封已久的企业品牌，在隐姓埋名36年后，终于再次隆重地被捧了出来。

其实，这次更名与其说是“更名”，不如说是“恢复原名”。23年前的1981年，中药九厂改名为广州羊城药厂，中药六厂复名为敬修堂药厂，中药七厂复名为潘高寿药厂。为什么那时是改名，这次要恢复原名呢？这是有历史原因的。20多年前的改革开放初期，作为前沿阵地，“羊城”一词在全国很有气派，很有知名度。加上王老吉受“文革”影响，尚未正式解禁，所以，那时就把九厂定名为羊城药业。可是，改名后的羊城药业慢慢发现，“羊城”这个名字缺乏稀缺性和唯一性，在广州这个城市里，叫“羊城”的厂商太多了。诸如羊城地产、羊城汽配、羊城搬家，甚至连洗厕所的也可以叫羊城清洁公司。使用如此普遍性的品牌，难以体现区隔定位，对提高药厂的知名度不利。而在另一方面，作为政府确认的广州市27家著名老字号之一的王老吉，却始终停留在商标层面而不是企业冠名，像这种兼有“广州著名老字号”和“中华老字号”商标，却没有用在企业名字上的情况，国内少有，这也使羊城药业在王老吉品牌的推广上损失了不少印象分。

市场经济就像一所大学校，在其中生存和发展，就像一个学生在学校里面学习，一次次运营经历，就好比一门门课程，教育和培养着企业家们慢慢地成熟起来。在王老吉商标和企业名称沉沉浮浮的过程中，王老吉人的品牌意识日渐加强了起来，大家认识到，要言利，必须先正名；要成就一个全国性的产品，一定要恢复自己拥有了多年的驰名老字号。

2004年6月，中国工业经济联合会等机构联合主办的“第二届中国策划大会暨著名策划评选活动”中，时任王老吉药业的董事长兼总经理施少斌以其“打造王老吉金字招牌”的成功案例，与倪润峰、张瑞敏同时荣膺“中国十大策划风云人物”。面对媒体，施少斌这样说：“品牌不一定会在一个人手中成长起来，它是一场接力赛，从你的前任传到你手中，再传到你的下任。它可能要由几代甚至十几代的人慢慢累积起来，你所能做的就是在你现在这个阶段尽量跑得最快、最稳，避免跌倒，但不必奢求在你这里达到终极目标。”

当时的评论界认为，羊城药业2004年更名为王老吉药业，是王老吉人品牌意识的进一步觉醒。此举既为保护王老吉品牌打造了一堵铜墙铁壁，也解决了王老吉发展道路上的品牌争议。也有媒体描述，王老吉管理层将羊城药业更名为王老吉药业，是把这个历史品牌牢牢掌握在自己手中，揭开了王老吉品牌战略的序幕。

王老吉药业重新回到人们的视野，百年老字号续写自己的不老传奇又有了实实在在的载体。然而，企业恢复王老吉的名字仅仅是让王老吉品牌重新崛起的重要一步，能够顺势将王老吉的产品做大，才是最关键的。何况，王老吉药业并非独家使用王老吉品牌，在其恢复这个老字号之前，王老吉商标已是鸿道集团旗下的加多宝（广东）股份有限公司、香港王老吉国际有限公司和广药集团3家分享的品牌了。对于新复名的王老吉药业来说，既有品牌做大之后，被人“喧宾夺主”的忧虑，也有“走出去”开拓海外市场绕不过王氏后人商标使用权的障碍。由此说来，当时新闻界的预言未免过于乐观了，王老吉品牌上的真正较量这才刚刚开始。因为这次品牌整合触动了陈鸿道的神经，一场恶仗在所难免。

第七章 暗渡陈仓

神秘的贵宾车队

王老吉药业复名4个月后，2004年7月30日上午，一个车队在一辆开道车的引导下高速驶入，戛然停在王老吉药业大楼门前。在广药集团领导的陪同下，车上下来几个衣着整齐的客人。据介绍，他们分别是全国政协常委、香港上市公司北海集团主席徐展堂太平绅士，全国政协委员、通行地产发展有限公司董事长李祖泽太平绅士，全国政协常委、华丰国货有限公司董事长黄光汉太平绅士，全国政协常委、香港裕华百货有限公司董事长余国春先生，全国人大代表、香港立法会议员黄宜弘博士。

当天的王老吉药业网站上，以《香港贵宾莅临王老吉参观》为题发布了消息，虽然消息内容不到70个字，却透露了这些客人的另一个身份和来厂的真正目的。消息说："公司优美的环境和健全的管理引起了客人的极大兴趣，双方就穗港两地医药界开展广泛的经贸合作事项进行了深入的商讨，表示了浓厚的合作意愿。"

广州王老吉药业股份有限公司监事会主席禤洪，当时担任办公室主任。他回忆道：2004年的一天，我和时任王老吉药业董事长、总经理的施少斌在北京出差，一个电话打来告诉施少斌，企业已经有人来看，并看上我们的品牌了。回过头去看，合资公司真是一个速配的产物，从中方招商引资到外方现场参观，开始谈判，直到挂牌，前后仅仅9个月。

是谁"看上"王老吉？"看上"王老吉的是一家叫作"香港同兴药业"的公司，在行内，很少人听说过这家制药公司。不过，早在2004年3月王老吉药业复名仪式上，消息灵通的记者已经隐隐约约捕捉到王老吉药业有可能合资了。王老吉方面也放出风声：正在与新加坡和香港的制药公司接触，可能在上半年实现引进外资的计划。

讲到药企的中外合资，不能不说一下当时的时代背景。岭南地区一直是我国老牌中药产区之一，广州也是全国最大的中成药生产基地。21世纪初，广东省以建设中医药强省为新目标，有意在中医药产业上发力。

事情缘于广州医药工业在国企改制脱困浪潮中的四平八稳。作为老牌国企高度集中的地区，广州市自20世纪90年代末期开始，重点推动石化、汽车、食品、钢琴等行业的国企改制脱困改造。汽车引入日系，乙烯回归央企，动作之大，影响之广，全国瞩目。与这些大动作改制脱困的产业相比，作为广州重点发展的7大产业之一，医药产业却一直鲜有大手笔，没有在改革中组建一个上规模的合资企业。

这无疑是一种压力。广州国企改革巨浪逼着医药工业登台亮相了。当时有媒体评论：广药集团是广州医药产业的龙头，广州市政府自然希望通过广药集团的内部改制整合和外部招商引资，提高企业的整体实力和品牌影响；通过龙头企业大手笔资本运作和市场开拓的示范带动作用，促进整个广州医药产业的提升。

然而，合资就意味着要把国有企业的各种优质要素与引进的资金、产品、管理和技术相结合，这样才能吸引外资，达成合作。政府对国企实行合资的期望，除了直接的经济效益，更看重的是，外资进入后的现代企业制度。他们希望，通过合资合作，加快企业股份制改造，改变国有企业产权单一的运作机制，实现投资主体多元化，建立现代企业制度。至于国企由此会付出什么代价，则似乎没有人来得及去考虑和担忧。在此大背景下，香港同兴药业与广药集团的合作意向，自然获得了政府层面的全力支持，得以在很短的时间内敲定，并付诸实施。

翻阅当年的档案，上面记录得很清楚：2004年11月8日，广州药业股份有限公司发布《关于子公司广州王老吉药业股份有限公司增资事项的公告》，首次公布王老吉即将合资。

根据认购协议书，同兴药业将以现金方式向王老吉药业增资1.688 8亿元，认购王老吉药业98 378 439股股份，即每股认购价为1.716 64元。每股认购股份代价较王老吉药业于2004年7月31日经审计的每股净资产1.313元溢价约

30.74%，较王老吉药业于2004年7月31日经评估的每股净资产值1.617元溢价约6.16%。

《公告》对同兴药业的介绍很简单：同兴药业为香港注册成立的公司，为独立第三方。同兴药业的实质持有人在零售业与中药产品方面具有丰富的经验。但是，《公告》对增资的目的却描述得很具体：同兴药业的股东或实质持有人在海外中药销售方面具有丰富的经验，并在香港、东南亚拥有庞大的中药销售网络。通过增资，同兴药业将成为王老吉药业的股东，王老吉药业可凭借同兴药业庞大的海外销售网络扩大王老吉药业产品的销售。同兴药业亦已承诺协助王老吉药业以“公平市场价格”或独立评估专家的评估价格，取得在香港或海外注册的王老吉等商标的所有权或使用权。

整合品牌，特别是协助取得海外注册商标，正是王老吉药业所看重的。增资完成后，双方的股比将同是48.046 5%，其余的3.907%为自然人持有的职工股。王老吉药业也将变为中外合资的股份有限公司，经营期限为10年。公司董事会将有9名董事，其中广州药业与同兴药业分别推荐3名董事，而余下3名非执行董事则由合资双方共同推荐。

《公告》的“其他事项的说明”中，特别明示：根据股东合同，同兴药业承诺，在王老吉药业变更为外商投资的股份公司有效存续的头3年内，不增发股份予除同兴药业现有股东外的其他人士，亦不会接受办理现有5个股东的股权转让。

20天后的2004年11月28日，一个和煦如春的冬日，位于广州流花路的锦汉会展中心迎来了上千位来自海内外医药界的领导和嘉宾，广药集团为王老吉药业与同兴药业举行了合作项目的签字仪式，受到业界的广泛关注。

之前鲜为人知的同兴药业在媒体的关注下慢慢揭开了神秘的面纱。据媒体报道，同兴药业成立的时间很短，而且成立的初衷与本次签约的广药集团国际合作项目有着直接的关系，执掌香港同兴药业的5位出资人及董事：徐展堂、李祖泽、黄光汉、余国春、黄宜弘，虽然都是香港商界叱咤风云的重量级人物，但过往经历都与药业极少关联。其中任董事长的李祖泽是香港知名的书籍出版人，据当时的多个网站记载，介绍其任职经历是：

李祖泽，1933年生于广东东莞，现任世界中文报业协会主席及同兴药业、王老吉药业董事长等职。他曾带领香港联合出版集团发展为拥有数十家海内外成员公司和出版社，每年出版的新书约占香港中文图书出版总量的1/3，发行网和零售点已延伸至全球100多个国家和地区，把香港的中文出版引入了国际市场。他于2009年当选为“新中国成立60年来百名优秀出版人物”，是港澳台地区唯一的入选者。

李祖泽先后任职于香港三联书店、中华书局、商务印书馆等出版公司，历任书店门市部营业员、校对、编辑、编辑主任、总编辑、总经理等职务。1981年，他任商务印书馆香港分馆总经理兼总编辑。1985年，他任三联、中华、商务香港总管理处总经理。1988年联合出版（集团）有限公司正式成立，他担任董事长、总裁。1990年联合出版集团收购香港商报后，他兼任香港商报董事长及社长。1990年，李祖泽委任为中国人民政治协商会议广东省深圳市第一届委员会委员。1993年，他委任为中国人民政治协商会议第八届全国委员会委员，并当选为中国出版工作者协会副主席。1994年，他被全国人大常委会委任为香港特别行政区筹委会预备工作委员会委员。1994年，他与业界携手创立香港出版总会，并被推举为香港出版总会创会会长。2002年，他任第35届中文报业协会执行委员会主席。2003年6月，李祖泽卸任香港联合出版集团董事长职务，先后从事新闻出版工作50年。2005年2月，李祖泽出任广州王老吉药业股份有限公司董事长。

从李祖泽的这番简历中可以看到，在担任同兴药业和王老吉药业董事长之前，他似乎从未涉足制药行业。一些知情人士由此推论，同兴药业就是专门为了与王老吉药业合资合作而成立的一家新公司。

在签约大会上，李祖泽表示：“王老吉是一个具有170余年历史的著名商标，全国药业50强之一，有很多省、市名牌产品并远销海内外；香港同兴药业在中药海外销售方面具有丰富的经验，并且在香港和东南亚地区拥有庞大的中药销售网络。双方的合作，可谓是时势造就的缘分，我们可以一起成长、发展、壮大，使广药的产品，冲出亚洲，迈向欧洲，开拓美洲和大洋洲，最后遍布全世界。”

李祖泽接受媒体采访时透露，本次增资款项将有三个方面的用途，约4 500万元用于拓展及加强王老吉产品在中国广东省以外地区的销售以及拓展海外市场，约9 000万元用于提升王老吉药业现时的生产能力，余额将用作王老吉药业的流动资金。

对于整合海外王老吉品牌一事，李祖泽也向媒体表示，合资后将通过买断或给予对方股权的形式，解决与香港及海外市场另一王老吉品牌的商标合作问题。李祖泽告诉记者，同兴药业曾与身在香港的王老吉后人协商合作事项，现在对方已明确表示愿意合作。合作方法可以是买断商标或对方入股新公司，但同兴倾向前者。

如果这些计划成功，意味着王老吉有希望实现“内外一统”，长期阻碍广药王老吉开发海外市场的相关问题也就迎刃而解。

不过，因可口可乐收购汇源果汁一案让国人对外资收购并吞并民族品牌格外敏感，加上广药集团原总经理受贿案涉及续签王老吉商标租用事项，由此，王老吉药业改制后的一举一动倍受关注。根据广州药业与广药集团签订的《商标许可协议补充协议》，广州药业同意终止王老吉药业产品现时使用的王老吉在食品、药品和金龙牌、广州牌等共5个商标上的独家使用权。但对广药集团可不可以放弃，什么条件下可以放弃，何时可以放弃王老吉商标，没有明确说明。签署王老吉药业与同兴药业合作协议当天，广州日报记者采访同兴药业董事长李祖泽时获悉，合资后的新公司每年需要向广药集团缴纳相当于当年销售额2.1％的知识产权使用费，因此，同兴药业希望能够向广药买断国内部分的商标使用权。他对此很有信心，认为“应该可以做得到”。

事实上，当时已有传闻，新成立的王老吉药业将会和广药集团继续谈判，探讨买断王老吉商标使用权。由此看来，买断王老吉商标已不是空穴来风。只是，按当时王老吉国内年销售额约为3亿元计，新公司每年须向广药集团另外缴纳约600万元。如果以此为标准，则商标买断价应以亿计。

2004年12月30日上午10点，广州市沙面北街45号，广州药业集团2楼会议室，由广州药业董事长杨荣明主持，与会的股东及股东授权代表5人，在律师的见证下，以特别决议案方式审议通过了同兴药业向王老吉药业增资的议案。增资后的王老吉药业，定下了短期目标：未来两年内，将王老吉药业销售规模翻番。当时在场的广药人都兴奋不已。

与此成对照的是，同样在2004年11月28日同场签约的还有一个名声很响的项目——白云山制药与和记黄埔合资建立广州白云山和记黄埔中药有限公司。与白云山股份签约的和记黄埔，无论对香港人还是广东人，都是如雷贯耳，耳熟能详的。与披着神秘面纱的同兴药业，甚少为外界所知，形成鲜明的反差。广药集团与和记黄埔所合作的项目洽谈时间也很充分，最终双方同意各出资50%进行合作，无偿使用“白云山”“BYS”“和记黄埔”“和黄”“和记”“HWL”商标。

外界普通认为，广药集团之所以拿出这两个发展势头正旺的企业与海外资本合作，除了合作前景被看好且相对容易实现合作目标外，还有把这两个企业树为标杆，为旗下其他企业以后招商引资提供样板的意思。不过，也有人说，通过两个优秀企业对外合作示范，吸引更多外来资本投入，加快广药集团下属企业的股份制改造和资源整合步伐，才是促成这两个项目的真正推动力。

没想到，这两个项目后来的合作历程，是那样截然不同，它们似乎一再地告诉人们，不管当初的愿望多么美好，也不管推进的速度曾经有多快，如果有一方缺乏诚意，心怀算计，到头来还是会热得快，凉得也快。当然，这都是后话了。

不签字不让走

合资公司初期合作双方的关系还是比较融洽的，除了每年两次董事会，其他时间也保持沟通。随着同兴药业资金如期到位，又派遣了一批业务人员加入经营团队，加上“非典”之后清凉消暑的饮料受到市场普遍欢迎，公司的产销和利润开始慢慢提升。不到4年时间，香港投资方就收回了初期投资的1.688 8亿元资金，基本实现了原来承诺的销售一年翻一番，利润两年翻一番的目标。

不过，与利润翻番相比，外方对王老吉商标似乎更感兴趣。在合资后的3年间，同兴药业通过多种形式，一再催促广药集团将王老吉商标注入合资公司，还将当初在香港签订的沟通备忘录作为依据，希望广药能够践约将商标放进来。除了用双方谈判中曾经提及的意思进行施压，还有软的一手，将王老吉品牌转入合资公司后的前景，描绘成一幅非常美丽的图画。他们一再提醒广药集团，同兴药业可以出面将香港王老吉品牌转入合资公司，也请广药集团将大陆王老吉品牌转入合资公司，使整个王老吉品牌在海内外形成一个整体。

对于这样一种美好的愿景，广药集团一则是喜，因为终于有望将分开了几十年的海内外王老吉品牌集合在一起了；二则是忧，因为他们隐约觉得好事的背后，有某种不寻常的东西，但又不知是什么。因而，一直拖着没有答应。

为了找出这种隐约觉得不妥的真正原因，广药集团的不少当事人反复回忆了与同兴药业联姻的始末。集团投资部副部长刘新泉是参与具体谈判的人员之一，他回忆道，香港客人来谈合作之时，正是粤港招商引资热潮，有人上门谈合作很正常，但让人感到纳闷的是，牵头的几个香港客商虽然名气不小，却都是制药业的门外汉，没有一个曾经做过药品或饮料，为什么突然对药业这么感兴趣呢？心里总有一个问号挥之不去。

作为谈判的参与者和见证者，广药集团组织的谈判小组本着对国有资产负责的态度，向对方提出了三点要求：一是土地、商标不进入合资公司；二是王老吉的商标使用费要调整，根据当时的市场实际情况，按销售额的2.1%上交广药集团；三是合资后每年保持30%以上的年复合增长率。这三点要求其实有点偏高，尤其是第三点，对传统制药行业来说是一件相当困难的事情，希望对方知难而退，免得因为实力不够，合作后把王老吉品牌搞砸了。没想到，对方很爽快，一口答应下来。

又据王老吉药业老员工、现任王老吉药业股份公司监事会主席禤洪回忆，合资前王老吉药业经济效益已经很不错了，每年销售额达到2亿元的规模，利润1 000万元，银行存款5 000万元。在广药集团众多企业中，羊城药业处于稳步上升状态。当时的羊城药业提出了一个口号，叫“一年赶超一家企业”。所以，当集团决定让王老吉药业跟同兴药业合资时，大家第一时间感觉是有点突然。

再后来，经过细查，发现具体出面合资的外方叫同兴药业，这个公司成立不久，缺少药品生产销售经验，也没有食品饮料生产销售经验，连一般产品、必要批文和多年财务流水账都没有，明显是一个为了与广药集团谈判而临时成立的公司。唯一可以拿来说事的，是几个股东的来头都不小，在香港、大陆有一定名气。再有一点就是，他们答应可以帮助内地王老吉与香港王老吉整合，打进国际市场。尽管如此，谈判小组还是有点将信将疑。于是，在谈判中又增加了三点意见：一是现有管理模式不改变；二是在职职工收入不下降；三是退休职工待遇不变。意料之中也是意料之外，同兴药业又一次爽快地答应下来。

刘新泉还回忆起一个细节，2004年的八九月份，也就是合资谈判中间，港方人员一度提出，希望将王老吉商标注入合资公司。这个敏感话题使中方人员联想到了陈鸿道，这个刚刚注册成立的同兴药业，是不是与陈鸿道有着某种关系呢？不久前发生的一幕似乎进一步佐证了中方人员的猜疑。就在几个月前，大约是2004年4月，陈鸿道来到广药集团，提出将王老吉品牌作为资产投到鸿道集团旗下的加多宝公司，并承诺每年给广药的回报不少于3 000万元。集团领导曾交代刘新泉，论证一下可行性，拿个方案出来。由于刘新泉刚到集团不久，对集团与鸿道以往的签约和续约情况不太清楚，只能从法律上、投资手续上论证是否可行。当他和集团的法律顾问仔细研究了相关法律法规后，发现商标是不能作为资产注入的，于是如实向集团上报情况。

“记得当时在集团305会议室见面，陈鸿道听了我们的论述，大为光火。”刘新泉回忆道，“他指着我的鼻子说：‘你小子不会干，可以把你这个副部长换掉。’我当时觉得很惊讶，一个合作对象怎么可以这样嚣张地公然干涉对方的内部事项。”

后来，陈鸿道又提出一个方案，能否让鸿道集团独家使用王老吉品牌，签署排他性协议。于是，广药方面再次研究，经过测算，提出商标使用费起步价每年1 500万元，以后按市场情况调整，但最低不少于1 500万一年，并且规定，如对方违约，将处以高额的赔偿金。鸿道集团一看，也就犹豫了，也许没有达到自己理想的结果，最后没签。到了2004年5月，原集团领导出事了，鸿道集团与广药集团的谈判也停顿了下来。

现在突然又冒出一个香港同兴药业，还是同样的诉求，不得不让刘新泉警觉起来。于是，广药集团在合同草案中临时增加了一条，规定同兴药业的股权不能转让，对方不干，最后采取了一个折中的办法，3年内不允许同兴药业股权转让。

意外的是，当双方准备在香港签署合同时，令人诧异的一幕又发生了。本来，广药集团在香港聘请了律师，但到签字那天，广药集团聘请的香港律师进入酒店会场后，看了一眼就走了，什么话都没说。这时，对方提出，是否把王老吉商标注入合资公司。广药集团的领导措手不及，不敢答应。对方又说，即使现在不注入，也应该签个承诺书，承诺以后将王老吉商标转到合资公司来。广药集团领导仍然非常为难，一是之前已经谈过，商标是不能注入合资公司的；二是这么大的事情，广药作为一家上市公司，不走上市公司流程也是不行的，集团领导决定不签。

这就使一件本是双方签约的好事变得非常尴尬了。更令人没有料到的是，在双方接触中，竟出现了广药代表不签字，对方就不让广药方面的人员离开酒店，硬是将广药集团的代表扣在酒店整整两天两夜。最后，还是广药集团从国内带过去的律师出了一个权宜之策，说如果符合中国内地的法律法规，可以考虑将王老吉商标于未来注入合资公司，并签署了一份这样的承诺书。此后，广药集团的代表才得以离开酒店。不过，这份承诺书最终没有发生法律效力，原因是国内政策不允许，而且只有个人签名，没有盖章。

幕后操手

不久之后，双方在广州锦汉会展中心再次举行仪式，签订合资协议。协议上没有注入王老吉商标内容，香港那份承诺书也就不了了之了。但是，一直参与谈判工作的广药人员都有这样的感觉，似乎对方所做的一切，有意无意间都是盯着王老吉商标，目标指向十分明显。

随着合作的深入，广药集团越发感到，同兴药业背后有一个特殊人物，是一切事情的实际操盘手。在这个操盘手的操纵下，合资的真正目的逐渐暴露出来。

本来双方签有协议，同兴药业股权3年内不得转让，可想不到的是，合资公司刚刚挂牌，同兴药业5大股东的股权就全部转让，卖给了英属维京群岛的一个陌生公司。事情变得严重起来，谁是真正的买家，目的到底为何？等到广药集团发现后，已经是2008年。广药集团通过香港律师核查，发现同兴药业股权早在2005年就已经转让，但此时早已过了两年诉讼期，股权关系也就更加扑朔迷离。

更多的疑点开始引起广药集团乃至社会媒体的关注。尽管在与同兴药业谈判、签约过程中陈鸿道从未出面，但同兴药业和加多宝公司之间的关系却有很多蛛丝马迹。业内的种种怀疑并非毫无根据：第一，合资公司刚一成立，加多宝营销主管陶应泽立即空降王老吉药业，后来一直做到王老吉药业的总经理；第二，同兴药业股权转让的全部交易都在英属维京群岛完成，而陈鸿道的鸿道集团就是在维京群岛注册的；第三，合资公司成立后，外方除了最初几年会关心一下公司利润，后来对利润就不太关注了，重点都是围绕王老吉品牌转入合资公司做文章；第四，广药集团希望同兴方在合资合同里承诺的买断王老吉香港商标一事，同兴药业一直百般阻拦，找出种种理由不予同意。

2005年，一则简短的消息暗示着同兴药业和陈鸿道之间的关系。据福建泉州石狮广电网报道，2005年，加多宝在福建石狮市祥芝镇投资建厂，投资金额3 000万美元，陈鸿道考察该项目投资时是由同兴药业董事、股东之一黄光汉陪同而去的。此外，同兴药业另一股东黄宜弘与黄光汉均为福建泉州人。知情人士据此分析，同兴药业与陈鸿道不可能没关系，该公司出资的股东多与陈鸿道相识相熟，甚至存在着网上所说的更进一步的关系。

等到2011年后，广药集团和鸿道集团因王老吉商标诉上法庭，更多信息被媒体挖了出来。2012年6月6日的《第一财经日报》在《董事长王健仪“搅局”　王老吉药业前途未卜》一文中写道：“加多宝的一位前员工告诉本报，在他还在加多宝公司任销售经理的2009年，加多宝内部就在传，同兴药业的实际控制人是公司董事长陈鸿道，陈鸿道的目的是通过控制同兴药业达到控制王老吉药业和获得王老吉商标话语权。”2013年4月18日，《时代周报》在《王老吉股东分裂：6名董事半数竟为加多宝高管》一文中，对同兴药业进行了深度挖掘：“同兴药业原名为采欣有限公司，注册成立于2004年7月28日。在成立不久的当年9月10日，公司名称改为同兴药业股份有限公司。此时，距2004年11月与广州药业达成协议也不过短短几个月的时间。如此推测，同兴药业更像是为了与广药合资而专门成立的公司。”更能说明问题的是，文中提到：“在成立之初的2004年8月30日，梁锦辉获任为同兴药业秘书。少人知晓的是，梁锦辉却是加多宝集团董事长办公室主任。”

业内行家评论，陈鸿道可谓用心良苦。先是通过行贿续签，得到多出10年的合同，再通过同兴药业曲线迂回，以合资为名套取王老吉商标，以便永久性地控制王老吉品牌，成为王老吉品牌的拥有者。虽然未能一举成功，但此举不可谓不深谋远虑。

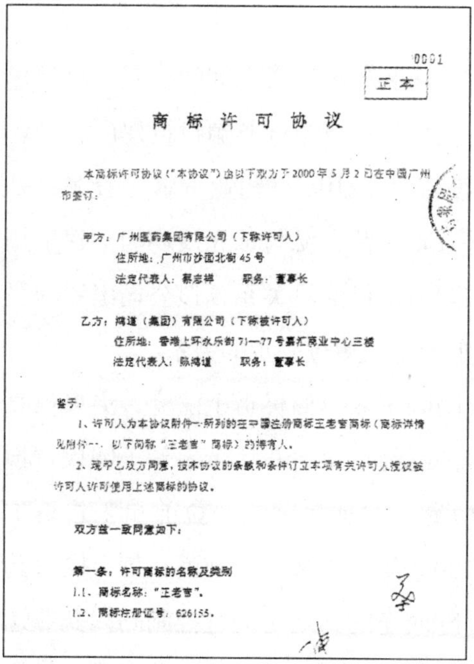

0001

正本

商标许可协议

本商标许可协议（“本协议”）由以下双方于2000年5月2日在中国广州市签订：

甲方：广州医药集团有限公司（下称许可人）
住所地：广州市沙面北街45号
法定代表人：蔡志祥　　职务：董事长

乙方：鸿道（集团）有限公司（下称被许可人）
住所地：香港上环永乐街71—77号嘉汇商业中心三楼
法定代表人：陈鸿道　　职务：董事长

鉴于：

1、许可人为本协议附件一所列的在中国注册商标王老吉商标（商标详情见附件一，以下简称“王老吉”商标）的拥有人。

2、现甲乙双方同意，按本协议的条款和条件订立本项有关许可人授权被许可人许可使用上述商标的协议。

双方兹一致同意如下：

第一条：许可商标的名称及类别
1.1、商标名称：“王老吉”。
1.2、商标注册证号：626155。

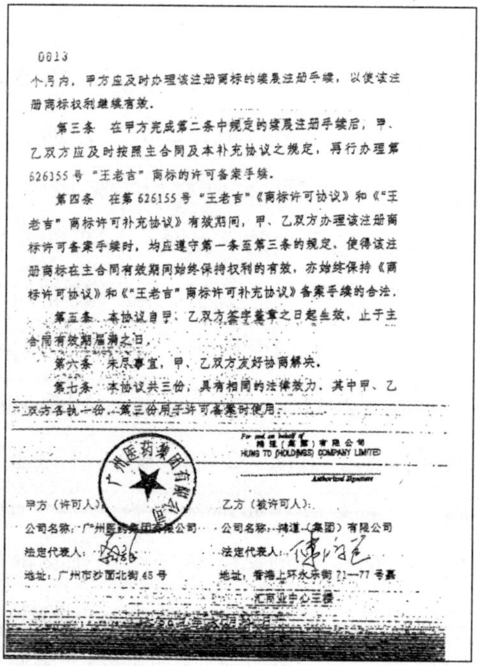

0013

个月内，甲方应及时办理该注册商标的续展注册手续，以使该注册商标权利继续有效。

第三条　在甲方完成第二条中规定的续展注册手续后，甲、乙双方应及时按照主合同及本补充协议之规定，再行办理第626155号“王老吉”商标的许可备案手续。

第四条　在第626155号“王老吉”《商标许可协议》和《“王老吉”商标许可补充协议》有效期间，甲、乙双方办理该注册商标许可备案手续时，均应遵守第一条至第三条的规定，使得该注册商标在主合同有效期间始终保持权利的有效，亦始终保持《商标许可协议》和《“王老吉”商标许可补充协议》备案手续的合法。

第五条　本协议自甲、乙双方签字盖章之日起生效，止于主合同有效期届满之日。

第六条　未尽事宜，甲、乙双方友好协商解决。

第七条　本协议共三份，具有相同的法律效力，其中甲、乙双方各执一份，第三份用于许可备案时使用。

For and on behalf of
鸿道（集团）有限公司
HUNG TO (HOLDINGS) COMPANY LIMITED
Authorized Signature

甲方（许可人）：
公司名称：广州医药集团有限公司
法定代表人：
地址：广州市沙面北街45号

乙方（被许可人）：
公司名称：鸿道（集团）有限公司
法定代表人：
地址：香港上环永乐街71—77号嘉汇商业中心三楼

2000年合作协议的首页与最后一页

第八章　兵临城下

国企不易做

陈鸿道以市场动作明攻王老吉品牌无效，暗取又铩羽而归，时间就这样一年一年过去了。眼看2010年5月2日这个首份王老吉商标租赁期限越来越近，对于这个期限，陈鸿道与广药集团的认知是不一样的，广药集团承认的是最初签订的首份合同，陈鸿道承认的却是已被追究刑事责任的广药集团原总经理签署的延长到2020年5月1日的那份合同。这个分歧造成了双方因对前景心里没底的焦虑。站在陈鸿道的立场上，为了保住这个一直以来为他带来巨额财富的商标品牌，决定走施压的路子，阻止广药集团按期收回王老吉商标品牌，当然，最好是能够永久使用甚至占有这一品牌。

2010年5月2日来临前，广药集团高层不止一次接到来自各方的电话，要求广药集团认真论证一下，可否转让王老吉品牌。广药集团高层很明白，这是陈鸿道背后做工作的结果。有些打招呼尽管没有直接表态，只是叫他们论证一下，将王老吉品牌转让给鸿道集团或是加多宝的可能性，但语气都有明显的倾向性。另外，加多宝也不时有人传话过来：“王老吉品牌1 000万元转让给我们怎么样？”

许多人总是天真地认为，当国有企业与外资企业或民营企业出现争端时，政府官员一定会偏袒国企。其实，实际情况往往并非如此，国企人员有苦自知。在理论上，国企是国有资产，是“共和国的长子”，政府官员维护国企权益责无旁贷。但外企或民企在资源运用上通常会比国企拥有更多的自主权，他们可以通过运用这些自主权，以各种方式影响政府官员，达到自己的目的，而国企是不可能有这种资源的。相反地，国企还承担着听从组织、服从领导的义务。常言道，领导说行，不行也行；领导说不行，行也不行。领导与国企是上下级关系，对国企管理层掌握着生杀大权；与外企、民企则是主客关系，不仅没有生杀大权，而且一般都会亲者疏，疏者亲。故外企、民企得罪得起领导，国企却得罪不起领导。因此，在现实生活中，一般的国企对外资或民企，往往不占优势，有时还会处于劣势。

鉴于上述原因，当年广药集团在与鸿道集团或加多宝打交道时，一直非常慎重。在王老吉商标租赁问题上，本意也是希望在合同到期之前好好谈判，商量如何搞好续租问题。此时，广药集团面临着三种选择，一是合同到期后继续租借，使用费根据市场价格进行协商；二是合同到期后不再续租，双方结束合作关系；三是双方对合同期限的分歧无法解决，只能通过打官司来裁决。

在如何选择解决方案的关键时刻，广州市委、市政府的支持和指导起到了决定性的作用。其实，王老吉品牌的走向一直受到广州市委、市政府的高度关注与重视。早在2004年，市委、市政府就向羊城药业提出明确要求，王老吉品牌的对外合作要依法依规，要注意切实保护好国有资产，保证国有资产的保值增值。2010年，广州市委、市政府以及市国资委多次明确指示，要求广药集团依法依规处理好王老吉品牌合同纠纷，对其中确实存在的问题，要依法追究相关责任。直到2011年初，市委常委会做出决定，成立王老吉专项工作领导小组，由市领导任组长，市国资委、市监察局领导任副组长，小组成员涵盖十多个部门，专门负责督办落实王老吉相关工作。当然，这是后话了。

对于前面列举的三种选择，广药集团最不希望的是选择第三种。“生不入公门，死不入地狱”，几千年的文化总是让中国人避忌打官司。即便是为企业而打，不到不得已也不想走这条路。既然合作了这么久，有什么事情不可以通过协商来解决呢？但是，解决问题的主动权不在广药集团手中，是打是和，还得看陈鸿道的态度。从多种迹象来看，陈鸿道似乎有恃无恐，一心只想着通过各种门道压广药集团拱手让出王老吉商标。

面对如此复杂的情况，广药集团领导层也不能不考虑得稍微复杂一点。他们考虑，若是陈鸿道以单纯市场主体的身份平等地坐在谈判桌上洽谈，谈判结果如何，主动权在自己手上，如果陈鸿道施展手段以上压下，自己一个基层企业恐怕难以顶得住，虽然责任不在自己，但作为几十年的国企员工，也不能这样就把国家与人民珍贵的历史遗产白白送给一个在英属维京群岛注册的外企。然而，硬顶不行，有什么办法可以软顶呢？这时，他们想起了国家商务部的一个规定：凡是中华老字号，企业在品牌转卖的过程中，一定要经过评估。参照这项规定，对照王老吉品牌，它在2007年已经获得了“中华老字号”称号，尽管当时尚未评估，但一旦评估，价值绝对不会低于百亿，有百亿门槛，无论任何领导恐怕都不会轻易表态，硬要广药集团转让给陈鸿道。反过来说，即便此时陈鸿道经营红罐王老吉饮料效益不错，但也未至于那么大方、那么有实力拿出100亿来购买王老吉这个品牌。

想到这些，广药集团还是没有把握，他们又再正式征询广州市国资委的意见。广州市国资委作为全市国企的资产管理部门，对此类事情的政策界限是非常清晰的：商标不能随便转卖，要经过评估。

真是个烫手山芋呀。继续推进自然十分复杂，利益矛盾大；但如果不作为，广药集团班子将面临渎职被追责。因此，依法依规按上级要求推进也就势在必行了。

先礼后兵

说话间，2010年5月2日已经过了，无论陈鸿道本人、陈鸿道控制的鸿道集团，还是其集团下属的加多宝都没有通过谈判解决问题的反应。想到拖下去也不是办法，广药集团决定先礼后兵，于2010年8月30日给鸿道集团发去律师函，告知合同时间已到，如要继续使用就应重新谈判。

然而，精通香港法律的鸿道集团早已想好了应对措施。广药集团先是发了一封挂号信，在律师事务所盖上公章，签上律师名字，挂号信的地址就是双方在合同上注明的地址，丝毫不差。但是，得到的反馈是“没收到”。广药集团又按鸿道集团留下的香港传真号发去传真，结果还是说“没有收到”。最后，广药集团的纪委书记杨秀微和副总经理施少斌亲自将函件送到香港。他们到达鸿道集团所在的香港中环皇后大道的总部，前台小姐却告知，老板不在，拒不接收信件。

律师函送不出，人也见不着，广药集团没有办法，既然坐下来好好谈一谈你不接受，那就只有通过法律渠道来解决问题，至少要通过法律方式将鸿道集团请到谈判桌上来。

当时广药集团致送鸿道集团的信函写得很清楚：我们认为2010年5月2日已经到期了，我们要停止你使用商标，如果你要使用，就要双方面对面地谈。但是对方没有理会。对方在没有理会的同时，仍旧按季度支付商标租借使用费给广药集团。意思也很明白，我每个季度都付钱给你，既然给你钱，就等于承认延期到2020年5月1日的合同有效，2010年5月2日到期的合同无效，你认为没有效是你的事。广药集团当然明白对方的心思，为了不给对方提供借口，凡是2010年5月后鸿道集团汇过来的钱，一律封存起来，分文不动。为保险起见，广药集团还将这笔钱做了一个公证，证明自己确实没有动过这些钱。送上门的钱都不要，广药集团准备动真格了。

神来之笔

不过，在动手之前，广药集团还是先做了应该做的事情，那就是开始对王老吉品牌进行价值评估。评估工作分配给市场部一直负责集团品牌维护的蔡涛。据蔡涛回忆，一开始广药集团联系了国内最有名的5家评估公司，经过比较，最后确定了“北京名牌评估公司”。为什么找这一家？主要是看中了它的权威性。这家公司从事品牌评估已有10多年历史，先后为包括海尔、腾讯、国美等100多家大型企业做过品牌评估，有着相当的公信力。

评估过程并不顺利，最大的障碍来自加多宝的不合作，不愿提供红罐王老吉饮料的销售数字。不过，这也难不倒经验丰富的评估公司。它们决定从其他渠道入手求证：一是根据王老吉药业盒装饮料的产销规模推算，当时是20亿元的年销售规模，从盒装发展的势头看，每年可以保持30%的增长速度；二是参照可口可乐的品牌价值，当时罐装可口可乐的世界品牌价值达到800亿美元，也就是5 000亿元人民币，从人口规模算，中国人口占世界人口总数的

国家非物质文化遗产证书：2006年，凉茶被列入“国家级非物质文化遗产名录”，广药集团对其所有的凉茶10—15号秘方、专用术语、独创工艺等享有专有权，受到国家保护

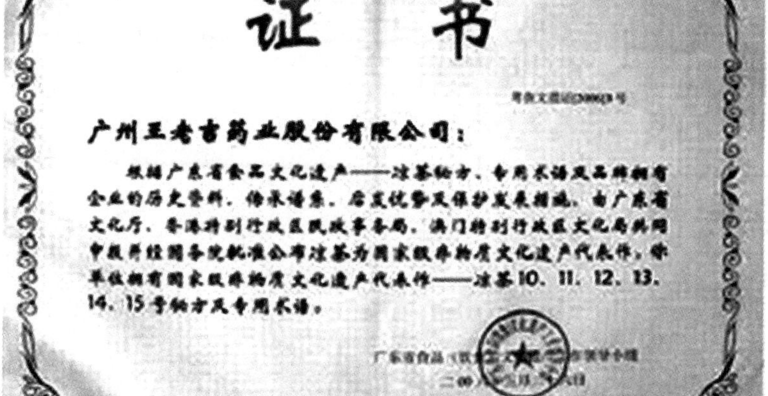
证书

广州王老吉药业股份有限公司：

根据广东省食品文化遗产——凉茶秘方、专用术语及品牌拥有企业的历史资料、传承谱系、启发优势及保护发展措施，由广东省文化厅、香港特别行政区民政事务局、澳门特别行政区文化局共同申报并经国务院批准公布凉茶为国家级非物质文化遗产代表作，你单位拥有国家级非物质文化遗产代表作——凉茶10、11、12、13、14、15号秘方及专用术语。

五分之一强，而据加多宝公布的数字，王老吉红罐凉茶在国内的销售已经超过罐装可口可乐，成为中国饮料第一罐，以此参照可口可乐，王老吉商标价值相当于可口可乐的五分之一，也就是1 000亿元人民币。加上王老吉饮料作为一种快销品，国内消费者众多，影响力巨大，根据以上因素，北京名牌评估公司最终确定，王老吉品牌价值为人民币1 080.15亿元。这个数字刷新了国内品牌价值评估的纪录，超过海尔之前创下的855亿元的评估价值，成为中国第一品牌。

2010年10月，广药集团与北京名牌评估公司在北京人民大会堂联合召开新闻发布会，宣布了这一轰动性的消息。中国传媒大学广告学院院长、媒体广告专家黄升民教授这样评论：品牌估价是一项很严肃的专业工作，既要求有客观依据，也会有一定的弹性。王老吉品牌估价为1 080亿元说明了很多，有历史的，有现实的，有市场的，有文化的，最大的内涵和意义是它从一个侧面说明了王老吉品牌的市场影响力。

不过，也有人对比加多宝公司之前对王老吉品牌所做的评估，当时的估价只有10亿元人民币，为什么两者之间差距那么大？有业内行尊揭开这层面纱，认为估价差异的背后其实涉及到王老吉品牌的归属问题，如果真按加多宝估计的只值10亿元，很可能王老吉这个百年老字号就会易主了。因为10亿元相对于加多宝一年几十亿元的广告费开支，不用说，肯定是一个不难接受的数字。由此猜测，加多宝宣布的10亿元估价，存在着为了买断王老吉品牌而故意压低价码的可能。

不管怎么说，1 080亿元的品牌估价的出现，还是中国经济界的一条大新闻，迅速引起了传媒与社会的广泛关注，各大新闻媒体和网站纷纷以《1080亿：王老吉成为中国第一品牌》为题刊登这一消息，就连中国最权威媒体《人民日报》主办下的“人民网”也滚动报道了这一轰动性的新闻。

人民网在题为《王老吉价值1 080亿元成中国第一品牌》消息中，开宗明义：“2010年11月10日，广药集团联合国家中医药管理局、国家食品药品监督管理局、中国中药协会、中国社会科学院知识产权中心等共同在人民大会堂举办‘中国知识产权（驰名商标）高峰论坛暨广药集团王老吉大健康产业发展规划新闻发布会’，北京名牌资产评估有限公司郑重宣布：广药集团旗下‘王老吉’品牌价值评估为1 080亿元，成为中国目前第一品牌。”

接下来的《广药集团老字号“王老吉”1 080亿元成中国第一品牌》，直接点评：“中国有很多的老字号，这些老字号具有鲜明的中华民族传统文化背景和深厚的文化底蕴，取得了社会广泛认同，形成了良好的信誉，使老字号品牌具有广泛的知名度和强烈的亲和度。广药集团是拥有最多老字号的企业，诸如敬修堂、潘高寿、采芝林、何济公等均享誉国内外。今年9月28日，广药集团旗下‘陈李济’还以410年历史被世界吉尼斯记录授予‘世界最长寿的制药企业’称号。”

在《广药打造世界最大植物饮料基地面向全球诚招总裁和合作方》中，更是对企业未来前景看好，认为：“广药集团王老吉凉茶今年销售预计可达150亿元，成为中国凉茶产业的开拓者和领军企业。广药集团提出了‘11X’的发展模式，即集团下属一个企业的优势放到上市公司平台，进而放到集团的平台上交由集团所有企业共享，从而使不同企业的优势资源在集团整体产业中发挥到极致。”“在‘十二五’规划中单列‘打造大健康产业’一项，充分利用王老吉的品牌资源，宣布将打造为‘全球最大植物饮料研发、生产基地’，利用植物饮料进行‘中药科普化’，为中药覆盖全球市场做好前期准备。”文章分析认为：广药集团旗下拥有“白云山”“广州药业”两个上市公司，旗下既有王老吉、陈李济这样的老字号，也有白云山和黄、白云山明兴、抗之霸等这样的现代中药企业。发布了白云山丹参首个中药基因成果、联合钟南山院士研发抗超级细菌中药，显示出其在科技方面强大的创新能力；而在中药资源上拥有20个中药材GAP基地，在全国各医药企业中最多；在人才上则拥有多位院士等权威专家资源以及国家重点实验室、博士后工作站等人才培养基地等等，所有这些将不但直接推动广药集团王老吉成为第一品牌，也必将与第一品牌形成更为强大的合力，积极推动广药集团王老吉大健康产业在“十二五”末实现500亿元销售目标。

有权威公司的认定，又有传媒的广泛报道，千亿品牌成为公共事件，谁也无法否认，得益最大的是广药集团；一来有利于王老吉产品的未来营销；二来可以堵住那些要求广药集团出让王老吉商标品牌的嘴巴。事情涉及1 000亿元，谁敢胡乱施压，逼广药集团将这么大一笔财富送给人家？当初提出将王老吉品牌拿去评估的主意，真是神来之笔。

Part Four

第四部分

品牌的攻守

第九章 激战前夜

官司该不该打

王老吉品牌公布千亿价值评估结果后，有人欢喜有人愁，敏感的媒体最先嗅到了一丝不安。两个星期后，一份叫《时代周报》的报纸发表了一篇署名梅岭的报道，题为《王老吉红绿之争升级，传广药拟与可口可乐合作》，文章这样描绘："2010年11月10日，北京一场普通的新闻发布会，意外点燃了低调的香港加多宝公司的怒火。两天后，加多宝公司一纸公告称：红罐王老吉为香港鸿道集团旗下的加多宝企业生产和销售，广药集团与加多宝企业之间无任何隶属关系。广药集团新闻发布会所使用的红罐王老吉图片、数据、广告语均未征求加多宝集团授权，对此公司表示遗憾。""正当媒体纷纷联系当事双方以求得最终洽谈办法之际，11月21日，有消息指出：广药集团正在与新的王老吉品牌全球合作伙伴进行签约，以取代加多宝集团。而这一新伙伴身份则为可口可乐公司。"

加多宝对王老吉品牌价值的最新评估表示不满，这是意料中的事，关于广药集团与可口可乐合作的传言，事后回过头去看，也是空穴来风的谣言。造谣的动机和意图是什么，迄今仍无法解开。但是，加多宝责怪广药集团盗用自己产销红罐王老吉的数字和资料，反而便宜了广药集团。广药集团一看，原来找你都找不到，现在终于又出来了，就跟对方说："既然你们开始关注我们这个事，那么我们能不能坐在一起谈谈，看看下一步怎么合作。"对方说："如果你们有诚意，就来北京。"广药集团说没问题，就派了副总经理施少斌去北京。然而，人到了北京，对方却不见，要求广药集团先把8月30日给鸿道集团的律师函收回去，然后再谈。广药集团一看不对劲，发出去的律师函是不能随便撤的，于是跟加多宝方面商量：看看我们谈哪些方面的事情，谈得差不多了，我们马上把律师函撤回来也不迟。加多宝断然拒绝，再一次把谈判的大门关闭。鉴于双方的态度差距太大，最后谈判不了了之。

既然无意谈判，剩下的就只能是对簿公堂了。

不过，在下决心诉诸法律之前，广药集团还是十分谨慎地再次向广州市国有资产管理委员会、广州市政府、中共广州市委员会汇报了有关情况，请求上级领导给予指示。中共广州市委也很重视，在2010年12月15日的市委常委会上专题研究了王老吉品牌的归属问题。会议反馈给广药集团的指示是，依法依规，好好沟通，解决好王老吉商标问题。

当然，广药集团对这样的结果并不是没有思想准备，在进行品牌评估的同时，他们就做了必要时打官司的准备。2010年9月，广药集团董事长、党委书记杨荣明召开会议，成立了一个工作小组，负责处理王老吉品牌的法律问题。因为王老吉商标续约合同涉及陈鸿道行贿、集团原主要领导受贿问题，小组就由集团纪委书记挂帅，各部门抽调一两个人临时组建而成。可惜的是，这个小组只是一个临时性议事机构，偶尔开会研究一下，大家碰碰头，互相表达一下自己的观点和想法，并无具体任务。直到品牌价值宣布后，官司越来越不可避免，大家才真正紧张行动起来。

广药集团的初衷一直是希望通过沟通，以平和的方式解决与加多宝的问题，不希望引起太大的动荡。但是，多种努力对方根本不予理睬，双方无法沟通。这个时候广药集团真的十分为难，一边是上级领导要求好好谈的明确指示，一边是连人都不肯见的闭门羹，叫人如何是好？广药集团高层议来议去，有的说："这个事儿跟合同没有关系，跟犯罪有关。你看，贪污行贿受贿该抓的都抓了，陈鸿道不是还在取保候审吗？那就该由纪检、公安去管，跟我们没关系。"有的说："咱们还是再谈吧，谁也不愿意把这事儿弄得太僵，可是怎么谈？谁去谈？连集团纪委书记和副总去都只能吃闭门羹，不要说谈成功了，就是面对面地谈判也没人能担保谈得了。"绕了一个大圈，最后都觉得谈判实在没法进行，还是倾向于打官司。

打有打的困难

可是，大家都知道，打官司可不是开玩笑的。怎么打？谁去打？有几分把握打赢？这些问题都不是这些平时满脑子只想着如何制药卖药的高管们能够回答得了的。既然回答不了，就去请教专家。

先是征求专业部门意见，希望能拿出一个好方案。工作组前后走访了公安、纪检、法院，还有广州仲裁委员会、工商、经侦、国资委、卫生、质监等，总共10多个部门。广州市国资委的态度很明确："必须要打，而且要打赢，不允许无形资产的流失，必须依法依规，必须要追回损失，维护应有的权利。"显然，如果广药集团不能有效维权，必定会追究高管的责任。询问怎么打时，对方回答："我们是出资人，我们要求你们保值增值。但这件事是你们企业自身的事，实体是你们。你们是独立法人，你们有权决定怎么打。"

其他部门也都表示会全力支持，但也从不同侧面具体提醒工作很有难度。到底有多难？最有代表性的是这样几个观点：

第一，时间。这案子是2005年判的，这都已经是2010年、2011年了，民事诉讼也就一年到两年的诉讼时效，你们超过这个时间了。

第二，合同。这是合同双方，第一份合同你认可，后面2002年、2003年签订的两份合同，只是把时间延长了，收费标准还是按照以前标准定的，你怎么认定2000—2010年就合理，2011—2020年就不合理呢？你怎么说得明白呢？

第三，知识产权。世界各国对此的裁量目前都很含糊，中国在这方面起步得晚，能收几百万就可以了。换句话说，如果对方把产品做砸了，一分钱卖不出去，他都要给你这个钱。那现在你说你亏了，当时你怎么不说亏呢？

第四，市场。有人说，你们要打官司，最后就会把产品打死了，信不信？你打完了之后，人家不做广告了，整个产品销量都下来了，对你们有什么好处呢？

广药集团的管理者们听着这些，想了又想。管理学上有个定律，如果对两方都有利的，那肯定是应该做；对一方有利，对一方不利的，要慎重去做；对两方都不利的，一定不能做。现在这事儿对两方似乎都很为难，能做吗？时任市场部负责人的医学博士倪依东是负责品牌事务的，他回忆说："当时自己对这个东西了解不多，觉得各专业部门说的都有道理，听来听去，也没听出什么问题，就是这回事。"

亮剑：以战求和

这就是当时摆在工作组面前的课题：一方面，有关部门从国有资产管理的原则出发，要求广药必须打这场官司，而且还要打赢；另一方面，广药却又被许多有经验的人告知，这种官司，恐怕是很难打赢的，打不得。真是左右为难。

在理性思考进行不下去的时候，感性直觉发挥作用了。当时的广药人上上下下都觉得非常憋屈，作为一个商标所有者，合作这么多年，现在合作期满，想跟租用者谈判，却连递信的资格都没有，明显的感觉是自己的脸都被人家踩到脚底下，一点自尊都没有了。"为了这点尊严，官司也是要打的！""我们要让全世界知道，中国的国企必须得到尊重！"——最终，广药人选择了亮剑。

如今回过头细想，当初那阵子，陈鸿道也好，加多宝也好，如果能够坐下来好好地与广药集团谈判，给广药集团一点尊重，结果可能不会像今天这样“赔了夫人又折兵”。然而，正是陈鸿道与加多宝的傲慢，激发了广药人的斗志，加上之前国资委的追责“预警”，使他们在斟酌何去何从的关键时刻，不但强化了为维护国有资产而战的责任，也产生了为国企尊严和荣誉而战的激情，这对陈鸿道和加多宝来说显然是料想不到和得不偿失的。

广药集团开始具体找律师咨询。找了几家有影响力的律师事务所后，听到了两种意见：一种意见是官司可以打，但因案情复杂，要想必胜，没有一两千万元的律师费拿不下来；另一种意见是官司打归打，但不一定有什么结果。

把上面两种意见拿回集团研究，大家觉得这两种可能性对广药集团都不是坏事，最多赢不了，至少不会输，既然如此，不妨一试。这么一来，大家心里就有底了。不过，接踵而来的问题是上千万元的律师费怎么办？这让广药集团感到非常为难，作为一个国企，拿出上千万元来打一场官司，是前所未有的事情。过去企业请个法律顾问，一年也就2万元，现在要一下子拿出这么多钱，而且输赢难定，谁也不敢拍这个板。无奈之际，只好在市领导的协调下找广州市司法局，看看有什么好办法。

司法局说，他们最多可以给广药集团推荐两个公职律师，不收钱。以前，公职律师都只代表政府出庭，而代表国企出面打官司，还真从来没有过，这次算是对国有资产的一个态度。公职律师的介入，令广药集团对商标官司信心大增。

2010年12月中旬，公职律师介入，开始着手准备诉讼的前期工作。

看完初步材料后，公职律师给出两个方案：一是告对方侵权，以赔偿为主；二是打官司判续约无效，合同终止。分析下来第二条对广药集团比较有利，只是难度也大。工作组将意见上报集团，集团征询国资委意见后倾向于第二个方案，判合同无效，如果对方想合作，那就重新谈判，按照公平原则重新协商规划新的未来。

广药集团选择了合同无效方案，便注定了是一场艰难的官司。事情经过的时间久远，原始材料分散，收集有难度，当事人很多已难找到，双方合作10多年，很多事情都已模糊，而且纠缠不清……再说，已经签订的两份合同白纸黑字写得很清楚，都写着合同期到2020年5月1日为止，租约、租期、租金也清清楚楚，也都有双方董事长签名。根据什么说第一份合同有效，补充合同无效呢？

当然，广药集团管理层心里是很明白的，之所以说补充合同无效，是因为其来路不正，是行贿弄来的，这是最重要的理由。可是，法律有法律的逻辑与理由，不能说你自己心里明白就可以拿到法庭上作为理据。

这个时候，律师的作用就显示出来了。他们说，合同无效的一个核心前提，即合同无效的理由只有一条，就是合同是对方通过行贿受贿，恶意串通签署的，因而它是无效的。不过，按照“谁主张，谁举证”的原则，广药集团必须拿出足够的证据来说明，这份合同与行贿受贿有着不可否认的联系。同时，还要通过对当前市场数据的分析预测未来市场，证明合同中商定的商标使用费存在着不合理的偏低。而偏偏红罐王老吉的销售数据在加多宝手中，对方肯定不愿提供，广药集团一方以什么数据来支持自己的主张呢？想到未来的每一步，每一招，都是那么困难重重，举步维艰，广药人的心头感到无比沉重。支撑他们的只有一个信念，既然选择了这条路，那就只能华山一条路，硬着头皮往前走。就这样，广药集团开始背水一战，部署人力收集材料，踏上了漫长的马拉松诉讼之路。

第十章 中国品牌第一案

仲裁通知进不了鸿道大门

2011年4月26日，经过一番准备之后，广药集团根据双方对合同纠纷处理的约定，在北京正式向中国国际经济贸易仲裁委员会提起仲裁申请，中国商标第一案就此拉开帷幕。

仲裁委立案后，照例向双方发送仲裁通知。广药集团之前遭遇的一幕再度上演：2011年5月10日，仲裁委秘书局给在香港的鸿道集团公司总部发送仲裁通知时，居然连门都找不着，快递公司多次投递都投不进去。原来，广药集团2010年8月发出首封律师函时，对方就将香港的工商注册地址变动了，怎么变不知道，新的地址在工商注册里找不到。广药集团只好委托自己在香港的公司去查找，最后确认鸿道集团将注册地点变换了楼层，却没有任何公告。正如鸿道集团最初在维京群岛注册一样，一直保持着它的神秘性，想找到它还真不容易。于是，广药驻香港的公司人员在鸿道集团门口拍照取证，提交给北京的仲裁委。

秘书局按照确认后的新地址，再次向鸿道集团发送仲裁书，结果还是送不到。不得已，仲裁委专门委托北京环球律师事务所，向鸿道集团寄送仲裁通知、仲裁申请书，并同时告知鸿道集团，如果地址发生变更应及时以书面方式告知。官司尚未开打，一个送达问题就如此艰难，后面的工作可想而知。

按照惯例，司法送达有几种途径：一是快递；二是挂号，挂号信的形式是有法律支持的，即使你没有签字也视为给你送到，但是在这种情况下，依然没有送到，而且在仲裁委员会要求将送达资料返回给仲裁委的时候，快递公司却意外地说，这个文件销毁了，所以至今还是一个不解之谜；三是委托律师事务所代送。律师事务所通常会这样做，假如快递公司需要一个星期的话，它会按照两个星期的时间来约定，两个星期之内，如果还没有回复的话，就视为送到了，由律师事务所出具证明，这件事就可以算是结束了。尽管如此，鸿道集团还是没有半点回音。

仲裁委决定，2011年9月22日在北京开庭审理此案，由于鸿道集团一直未露面，仲裁委给鸿道集团指定仲裁员，并向鸿道集团寄送开庭通知。倪依东回忆说："8月19日，我们收到开庭的通知，开庭时间是在9月中下旬。但谁也想不到的是，8月29日，我接到仲裁委电话，说开庭时间可能不确定。我的第一个反应就是说是不是对方浮出水面了，仲裁委员会秘书没有直接回答我，说过两天将会收到相应的通知。"

鸿道集团终于露面了。时间到了8月底前，突然一个电话从上海打到仲裁委，询问广药集团与鸿道集团的仲裁是否已经立案，在得到确定回答后，对方质问仲裁委，为什么他们没有收到通知。仲裁委当即回复："既然你什么都没有收到，你怎么知道我们已立案仲裁呢？"对方的理由是，是在上海市工商部门听到这个消息的，因此，他们来查询一下。仲裁是相对保密的，只有仲裁委、申请人和被申请人知道，对外是不公布的。对方说的上海工商部门怎么会知道呢？这是借口，还是另有隐情？不管怎么说，对手还是出现了。

对手终于现身，但双方的正式交锋并没有如期而至。广药集团面对的是对方一系列的"小动作"：8月30日，鸿道集团委派的仲裁代理人持"授权委托书"，向仲裁委员会提交了"申请"，称没有收到有关该案仲裁的任何通知和相关材料。仲裁庭决定再次将已经有效送达的材料提交给鸿道集团。9月6日，鸿道集团又提出要追加仲裁代理人；9月9日提出"取消9月22日开庭安排的申请"，要求由其自行选定仲裁员，重新计算答辩及反请求期限。在征得双方当事人意见后，仲裁庭取消了原定于9月22日的开庭审理。经过多次的书面往来的战术"较量"后，仲裁庭决定于2011年12月29日在北京开庭审理此案。

律师阵容众寡悬殊

2011年12月29日，中国商标第一案在北京开庭审理。

广药集团在开庭前以书面形式向仲裁庭申请公开审理，因为他们坚信正义是经得起阳光洗礼的，但鸿道集团却以涉及商业秘密拒绝庭审公开。尽管选择不公开审理是合法权利，但不愿公开审理却使人感到鸿道集团似乎不是那么“理直气壮”了。

审理虽然是非公开进行，但这里的一切还是牵动着太多人的心。广药集团作为申请人，鸿道集团作为被申请人，一对曾经合作了17年的伙伴，如今却要兵戎相见，现实究竟是严酷，还是公允？北京加多宝总部、香港鸿道集团、广州医药集团以及双方数万名员工，都在关注着最终的结果。几个月的厉兵秣马，双方备足枪炮弹药，只等信号发出，争战就会开始。

从律师出场的场面上看，这是一场力量悬殊的比拼。鸿道集团法律事务部自身拥有10多名法律专业人员，广药集团只有1名法律专业人员，并且还不是专职的。仲裁期间，鸿道集团聘请的外围律师团队总数达6家之多，来自北京、上海、广东、香港，都有丰富的实战经验。而广药集团出庭人数少得多，核心是两名公职律师，以前并没有多少相关经验，外聘律师团队2家，出庭律师加起来共6人。

从资金上看，鸿道集团销售王老吉饮料多年，有着雄厚的资金实力，而且向来出手大方，为求事成，往往不惜一掷千金。广药集团作为一家老牌国有企业，制度约束太多，根本不可能拿出一大笔钱来打这个官司。事后统计显示，整个仲裁过程，广药花费的律师费用只有100多万元。

至于诉讼经验，鸿道集团纵横市场多年，熟悉香港、大陆两边法律，也解决过不少品牌方面的纠纷，实战经验丰富。而广药集团在此之前，还从未打过这种官司。

当然，还有双方背后的较量。广药作为国有企业，或多或少会有一些政府的资源和背景；而鸿道集团经营多年，有着深厚的社会背景和人脉资源，这是中规中矩的国有企业难以望其项背的。据广药集团谈判人员回忆，有一次对方有意无意地显摆，他们的汽车可以畅通无阻地进入中南海。此话真假难辨，但有一点是可以肯定的，加多宝起步在广东，总部却设在北京，其用心如何，不得而知。

幸而，在所有这些差距的后面，最终还是要靠法理取胜。是非曲直，相信仲裁委会有一个公正的裁决。

第一回合：行贿所得合同是否有效

中国国际经济仲裁委仲裁庭的审理开始了，现场气氛有点压抑。仲裁员扫视了一眼会场，双方代理人各有12名，都屏声静气，推敲着接下来的每一步棋以及对方的出招。

高手过招，不一定刀光剑影，比的是内功，比的是抓住对方的死穴然后致命一击。风暴的中心往往波澜不惊。

庭审中，广药集团作为申请人陈述了仲裁请求及所依据的事实与理由，鸿道集团作为被申请人进行了答辩。双方分别对己方提交的证据进行了说明，对对方提交的证据进行了质证，回答了仲裁庭提出的问题，就法律问题进行了辩论，并进行了最终陈述。

广药集团首先举证，锋芒不露但理据扎实，剑锋直指续约合同涉及行贿受贿，属于恶意串通，按照《中华人民共和国合同法》第五十二条，应判无效。鸿道集团则避实就虚，回避正面，从侧面迂回反击。双方辩论的焦点主要集中在几个方面：

第一个焦点：行贿所得合同是否有效？

广药集团认为：2001年至2003年间，广药集团原总经理收受鸿道集团董事长陈鸿道300万元港币在前，签订《“王老吉”商标许可补充协议》和《关于“王老吉”商标使用许可合同的补充协议》在后，在这两个补充协议中，约定的许可使用费严重低于注册商标许可使用权的市场价值，同时两个补充协议还将许可使用期限延长10年至2020年5月，明显是一种收取他人财物后利用职务便利为他人谋取利益的犯罪行为，属于恶性串通。

为了证明这一点，广药集团专门出具了2005年7月1日广州市中级人民法院对原总经理李益民的判决书：2000年至2003年，被告人在担任广州医药集团公司副董事长、总经理期间，利用职务之便，在广州医药集团有限公司与香港鸿道（集团）有限公司签订《“王老吉”商标许可协议》的过程中，先后三次收受香港鸿道（集团）有限公司董事长陈鸿道贿送的港币共300万元。

广药集团还出示了2005年9月26日广东省高院的终审判决书：2000年至2003年，上诉人（即李益民）在担任广州医药集团有限公司副董事长、总经理期间，参与决策同意将广州医药集团有限公司所享有的王老吉商标许可给香港鸿道（集团）有限公司经营使用，香港鸿道（集团）有限公司因此取得了王老吉商标的使用权。其间，上诉人先后三次收受香港鸿道（集团）有限公司董事长陈鸿道贿送的港币共计300万元。

广东省高院终审判决书的结论是：上诉人（即李益民）身为国家工作人员，利用其职务上的便利，非法收受他人财物，为他人谋取利益，数额特别巨大，其行为已构成受贿罪，依法应予惩处。

举证至此，陈鸿道以300万港币行贿广药集团原负责人，证据确凿，无可争议。问题的核心是行贿与合同之间有无直接关系。

对此，加多宝方面认为：尽管双方确有300万港元的收受关系，但受贿人收受贿金的动机是为女儿治病，与补充协议的签订无关，故不存在“恶意串通”的主观故意。而且，在广东省高院终审判决书上确有这么一段：“收受贿赂的行为绝大部分发生在其女儿意外受伤后，与其辩称的为女儿治病的动机一致，其没有因为接受他人贿赂而直接给国家和企业造成重大经济损失。”

据知情人透露，当时广药集团总经理的女儿在澳大利亚读书，一次在游乐场游玩时出了意外受伤，治疗中多次手术。虽然她有保险，但赔偿可能需要一段时间，手术费用只能自己先垫支。陈鸿道看准这个机会，向总经理提议：“你女儿这么大的事情，没有钱怎么办，我先给你。”后来他真的分三次，每次100万港元打到总经理的香港账户上。不过，这笔钱总经理没有用，也没有打到澳洲去。

也许，当初收到这300万港币时，总经理确有为难之处，毕竟女儿在异国他乡突遭变故，心理脆弱，遇到有人施以援手，犹豫之间没有坚决拒绝，后来觉得不妥，又舍不得退回，半推半就之间就留了下来。至于陈鸿道那么大方地拿300万出来，究竟是出于一种同情，还是为了引诱对方签署王老吉商标的续约合同，就看仲裁员如何认定了。仲裁员不是神仙，自然无法回看陈鸿道当时的心思，不过，广药集团原总经理已是被法庭裁定为犯有受贿罪的人。

尽管加多宝方面一再声称300万港币的行贿受贿与合同绝无关系。但是，当广药集团出具广州市检察院当时对广药集团原总经理以及陈鸿道的询问记录时，加多宝的律师们也只能用沉默来面对。

广药集团出示的广州市检察院2004年8月17日的笔录中，原总经理承认，陈鸿道之所以给他钱，是为了感谢他对自己工作上的支持，也是为了表达自己能够继续使用王老吉商标的感激之情。如果没有使用王老吉商标的前提和希望继续使用并谋求更大利益的目的，陈鸿道是不可能送钱的。况且，当时受贿所得并未用于女儿治病，而是用于在香港的投资理财。

广州市检察院对陈鸿道的讯问笔录也写道：“从长远利益考虑，要求将红罐‘王老吉’的商标使用权使用期追加10年，并给了原总经理港币300万元。”事实上，陈鸿道就是因为行贿被广州市人民检察院立案侦查，2005年10月2日被广州公安拘留，2005年10月19日，广州市检察院准予陈鸿道取保候审。之后，陈鸿道弃保潜逃，至今未抓捕归案，案件仍在侦查中。

广药集团出示的证据还表明，从陈鸿道与原总经理行贿受贿及签订补充协议的时间看，两者有着惊人的一致性。陈鸿道是分三次送钱给原总经理的，一次是在2001年8月，一次是在2002年8月，一次是在2003年6月，每次100万港币；补充协议的签订一次是在2002年11月，一次是在2003年6月，行贿受贿的时间和补充协议订立的时间高度契合。

这些充足的法律依据，证实了陈鸿道行贿广药集团原总经理300万港元的主观动机和客观效果，都是为了延长王老吉商标品牌的使用年限。在一系列有力证据面前，加多宝请来的律师团队只能罔顾左右而言他。第一回合的较量，加多宝明显处下风。

第二回合：续约合同是否合理

仲裁庭上的交锋进入第二个焦点问题：陈鸿道签订的10年续约合同本身是否合理？

加多宝在第一回合失分之后，试图通过将行贿受贿与合同签订分开，挽救颓势。

他们的律师辩护说：就算双方存在着行贿受贿关系，也不等于合同本身就有问题。

广药集团反驳说：广药集团和鸿道集团合作17年，双方总共签署了8份商标租赁合同，从1995年2月20日的第一份合同开始，到2003年6月30日的最后一份合同。其他合同双方都没有什么不同意见，唯一的分歧是2002年、2003

年的补充协议。为什么会这样？主要是因为这两个合同的内容存在不合理之处。如果这两份合同本身是合理的，广药集团未必会深究签署背后的玄机。

比方说2000年签订的合同，当时双方经过品牌估计和市场分析，10年的品牌使用费相对固定，第一年为450万元，最后一年为491.4万元。尽管后期的收费，相对于王老吉上百亿元的市场销售规模明显不成比例，但广药集团并无异议。集团现任副总经理倪依东谈道："中国的知识产权法和商标法是个新事物，当时企业经验不丰富，中国加入WTO以后才慢慢地与国际接轨。所以，到了2010年，我们发现租给陈鸿道的商标使用费比市场一般水平要低，也没有反悔。因为合同是依法签订的，从历史的角度看，内容也是合理的，本着大家都要尊重契约的精神，你赚你的钱，我收我的钱，我们没有任何怨言。"

可是，2002年、2003年的补充协议就不同了。2002年的合同是当年11月27日，离合同还有8年才到期的情况下，由陈鸿道与广药原集团总经理签署的，名称为《"王老吉"商标许可补充协议》。这份合同把商标使用年限一下子延长了10年，一直到2020年5月1日为止。可是，商标使用费却基本没变，仍是每年500万元左右。据参与2000年王老吉商标许可谈判的广药集团经贸处处长项志行回忆，按照商标许可惯例，一般签约期为10年，因为商标本身10年一次续展，而陈鸿道当时也没有提出签约20年，为什么两年后突然要把签约期再延长10年呢？这里头不可能没有猫腻。现在看来，关键是王老吉罐装饮料销量的上升。

当时，陈鸿道可能是最早意识到王老吉罐装饮料蕴藏着一个海量市场的人之一。王老吉罐装饮料的起势是2000年后出现的，加多宝提供给仲裁庭的数据显示："1996年至2000年，红罐王老吉凉茶的年销售额一直没有突破1 000万元，直到2001年红罐王老吉凉茶一年的销售额就达到9 730万元人民币。"从2000年前的不足1 000万元，到2001年接近1亿元，红罐王老吉的市场规模一下子增长了十倍。

正是看到了这种趋势，陈鸿道才急于设法延长合同期限。但在延长合同期限时，因为利益关系，又没有相应地提高商标使用代价，结果导致合同内容出现了明显不合理的条文，引起了广药集团的强烈不满，加上合同签订过程中存在行贿受贿行为，最终，这些不合理的内容成为北京仲裁庭上广药方面的证据。

广药集团认为：补充合同无效，除了和行贿受贿有关之外，合同本身的极不合理，进一步说明了行贿受贿双方的“恶意串通”。

广药方面举证的合同签订“恶意串通”包括以下三种表现：

一是程序上的不合理。

广药认为，2000年签订合同时，双方都成立了专门的谈判小组，广药专门指派一名副总经理牵头，对于商标评估、市场情况有过详细的论证和分析，按照当时红罐王老吉预期的销售规模，参照国际惯例4.5%的折半收取，确定按每年450万元收取商标使用费，这样一个标准，在价格上是合理的，在程序上也是规范的。

对于2002年的补充协议，广药方面指出，事前没有任何测算，鸿道集团也未派人参与任何谈判，只是广药集团原总经理派人签订了补充协议。参与签订补充协议的项志行出具的《情况说明》也透露，关于合同期限，第一次签订协议时是严格按照国家关于商标注册10年有效的规定，只签了10年期限，鸿道集团也没有签20年的考虑；费用方面，第一次签订许可协议是经过一些测算的，考虑了鸿道当时的销售额和比例，第二次只是在集团原领导授意下完成的，费用上并没有重新测算。

二是价格上不合理。

2002年，广药与鸿道签订补充合同，第一年上交商标使用费506.14万元，相对2010年递增3%。广药认为，这个合同签订的时候，红罐王老吉市场已经开始较快增长：2000年市场销售额达1亿元，而到2002年就达到3亿元的规模，而到期后的2003年，更是达到6亿多元，在这样的一个市场背景下，商标使用费却与2000年相差无几。这还不包括物价上涨的因素，打个比方，就好比2000年450万元可以买一栋楼，而到了2020年450万可能只能在北京二环内买一个厕所。

从品牌的估计也能发现这种差距，“王老吉”商标的品牌估价，1999年12月31日为14 700万元，2001年达到33 000万元，两次签约的前后品牌价值已经翻了一番，而商标使用费却基本持平。

广药认为，横向比较明显不合理，纵向比较更能说明问题。王老吉商标除授权鸿道集团外，还授权给了广药集团旗下的子公司王老吉药业股份有限公司，一个生产红罐，一个生产绿盒。广药授权王老吉药业，按销售额的2.1%收取商标使用费。如果按照双方合同测算，2011年—2020年10年的商标许可费，鸿道集团为5200多万元，王老吉药业为2.2亿元，两者相差1.6亿元，而王老吉药业绿盒市场规模小于鸿道的红罐王老吉。市场规模10倍于绿盒王老吉的鸿道集团，上交的商标许可费却只有绿盒的四分之一。

就拿同是鸿道签订的2000年、2002年两份合同比较，明显地，补充合同的条件更为优惠。2000年协议约定的10年期中有两个年度许可费有增长，分别为第3年增长5%、第7年增长4%。2002年补充协议规定的第2个10年期中分别有两个年度许可费有所增长，分别为第4年增长3%、第8年增长3%。第一个10年期许可费总体增长了9.2%，而补充协议规定的第二个10年期许可费总体增长了6.1%。另外，补充协议约定的20年许可费平均年增长率为0.93%，低于原合同平均年增长率。

而从之前王老吉合同的变更不难发现，基本上每一次新合同的续签，商标使用费都呈现明显大幅上调的趋势。1995年合同履行到1997年时，许可费标准是10万元，但1997年合同将1997年的许可费变更为200万元，向上调整了19倍。1997年合同履行到2000年时许可费应当是250万元，但是2000年协议将许可费变更为450万元，向上调整了80%。这说明王老吉品牌的价值在迅速提升。反观2002年的续约合同，只是象征性地做了一下上调，甚至上涨幅度不及前一个10年。

如此明显的使用费偏低问题，自然引起了广药的强力抗议，也引起了仲裁委对2002年补充协议的质疑。毕竟，签约双方都是大型企业的负责人，不可能对市场趋势毫无察觉，盲目地签订这样一个有悖于常理的合同。

对此，鸿道集团认为：商标许可使用费的高低，并没有相关法律法规约定，也没有一个具体的收费标准，完全取决于双方对未来市场的把握，是双方民事协商的结果。而对于未来的市场发展，谁都难以预料。所以，不能采取“事后诸葛”的方式，以今天的现状推断过去的情况。而且，鸿道集团采取的方式与王老吉药业不同，红罐是定额上交，绿盒是按比例提成，前者本身要承担一定风险，对于鸿道集团来说，面临着市场不确定性带来的挑战，特别是凉茶作为广东的传统性饮料，能否被国内其他地方的大部分消费者接受，具有很大的风险，因此鸿道集团面临的商业风险极大。而王老吉药业是比较没有风险的一种收益，所以，两者不具有可比性。

鸿道方面还解释，采取这种定额和延长10年的合同，有助于“进一步促进双方的合作”“共同打造王老吉品牌”的目标。正因为这种长期合作关系，所以鸿道集团在宣传、市场、生产上投入巨大，客观上做大了王老吉品牌。

三是期限上的不合理。

按照商标许可的惯例，一般合同最多10年一签，因为商标10年一次续展。而鸿道与广药签订两份共计20年的合同，跨了两个商标续展期（2003年、2013年），这在商标许可上是非常罕见的。

2010年合同本来写得很清楚，合同到期前6个月的时候，双方重新谈判。而2010—2020年的补充合同，却是在离原合同还有8年时间到期的情况下签订，完全不正常，不能不让人怀疑其中存在问题。

而且，2002年补充协议的签订，正是红罐王老吉销售额快速增长的时期，广药集团原总经理和陈鸿道都是本行业大型企业的决策人，对本公司和对方公司以及市场信息的掌握和对如何经营的判断应有较为丰富的经验。在2000年协议刚刚履行不过两年多时间里，红罐王老吉凉茶销售额不断快速增长，在2000年协议远未到期的情况下，以对广药不利的条件和明显不同于以前费用调整的方式来确定远未到来的下一个10年期的许可费标准，这不得不让人产生是否存在正常商业活动之外因素影响的质疑，产生是否存在为一方谋取利益而损害另一方利益的质疑。

广药集团强调：只能将这一情况与广药集团原总经理受贿和陈鸿道行贿以及他们签订了补充协议联系起来，才可以得到合理的解释。

第三回合：续约合同是否会造成国家重大损失

仲裁庭上交锋的第三个焦点：陈鸿道与广药签订的续约合同会不会给国家带来大的损失？

广药集团认为：补充协议的签订，固然会使企业蒙受损失，但国家的损失更大。数据是：2010年，鸿道集团下属企业加多宝生产销售王老吉凉茶达到150亿元，按5%—30%的国际惯例收取商标许可费，即使是下限5%，一年也有7.5亿元，10年总额应为75亿元。而根据补充协议，10年商标使用权鸿道集团只需交缴纳商标许可费5000多万元，连零头都不到。更何况，王老吉凉茶的市场还会不断向上增长，所以，补充协议的签订，对于广药集团所代表的国有资产来说，是一种极为巨大的损失。

鸿道集团认为：双方合作期间，鸿道集团投入大量资金用于王老吉品牌的宣传与推广，其中2003年一次就投入数亿元巨资竞投到中央电视台3个黄金时段的“标王”广告播放权，此后又一连数年不断地在中央台投放广告。此外，自1997年至2000年间，鸿道集团在东莞长安建厂生产红罐王老吉，成本高达4亿多元；2003年至2010年又先后续建5个工厂，总投入逾20亿元。尤其是2008年汶川地震发生，公司捐款达1亿元，使王老吉品牌在国内家喻户晓。

所有这些，都大大提升了王老吉的品牌价值。

他们的律师还拿出广州市旅游局老字号发展状况调研课题组的《广州老字号发展状况调研报告》，报告显示：广州有不少老字号，但它们的经营状况普遍不好；广药集团旗下有众多老字号品牌，如陈李济、潘高寿、敬修堂等等，发展速度也比较一般；王老吉的主业是药业，经营状况也不突出；没有一种产品发展到王老吉饮料这样上百亿元的市场规模，可见王老吉品牌有今天的价值，鸿道集团功不可没。因此，续约合同的签订，对于广药集团和国有资产来说，谈不上利益受损，相反是大大增值了。

广药集团反驳：在王老吉品牌发展过程中，鸿道集团有贡献，这一点大家并无异议。但是，也应看到，鸿道集团在王老吉品牌身上也获利不少。鸿道集团获得王老吉品牌授权之前曾经做过多个产品，结果无一成功，只有在经营王老吉后才有所收获，这也说明王老吉这个百年老字号的市场号召力和品牌价值是客观存在的。

鸿道集团利用这种客观存在的品牌效应取得巨大利益，然后再投入到品牌宣传上，目的和效果都是为了自己获利，既然赚了钱，按照市场惯例调升使用费，天经地义。可是，陈鸿道利用王老吉品牌每年赚取几十亿元之后，采取不正当的手法获取续约合同，规避了本应增加的品牌使用费，怎么能说没有损害国家利益呢？换一句话说，鸿道集团租借王老吉品牌，赚了钱却不肯承认这个品牌的价值，在续约合同中不合理地压低品牌的价值，无疑是对王老吉品牌的所有者——国家造成了严重的损害。

广药集团乘势追击，继续从另外一个角度解剖续约合同给国家带来的损失。他们指出，分析续约合同所定价格合不合理，不光要看价格本身，更重要的是，要看签订时间。按照原来合同，本来应该是在2010年到期前夕再续签的，广药方面至少可以多观察市场走势8年，那样的话，肯定会比早早就在2002年签订看得准些。你用不合法的手段提早8年就签订续约，等于剥夺了广药方面8年观察市场的时间，这当然是不合理的。事实上，2002年签订补充协议时，王老吉凉茶已经开始快速发展，按照那种趋势，到2010年10年合同期满时，市场发展到什么样的规模，根本无法想象。过早续约，意味着广药集团丧失了2010年到2020年的10年机会成本。如果按原计划在2010年到期后续签，双方根据市场情况重新测算与谈判，商标许可的费用绝对不可能还是停留在500万元一年的水平，而应该是一年几亿元的商标使用费。据此，广药方面坚持认为，补充协议的签订，毫无疑义是国有资产的重大损失。

第四回合：是否超出诉讼时效

仲裁庭上双方交锋进入第四个焦点：广药集团这次提出的诉讼是否已经超过了诉讼期？

鸿道集团重金聘请的律师团队并非浪得虚名，他们在前面几次交锋中没有得到什么便宜后，又祭出了“有效诉讼期”这个撒手锏。

鸿道集团指出：按照《中华人民共和国民法通则》第一百三十五条规定：“向人民法院请求保护民事权利的诉讼时效期间为2年，法律另有规定的除外。”因而，在一般情况下，民事权利受到侵害的权利人请求人民法院予以保护的诉讼时效期间为2年。而广药集团起诉鸿道集团涉及的补充协议，从签订起计，已经超过8年，远远长于2年的有效诉讼期，因此，广药集团的起诉应属无效。

鸿道集团的律师认为，补充协议签订于2002年和2003年，与合同有关的所谓行贿受贿，也在2005年终审判决了。在长达8年的时间里，广药集团不但从未提出过异议，还一直主动地通过合同备案、收取许可使用费、出具书面证明、合作开展商业活动、合作保护知识产权等方式，认可鸿道集团是王老吉商标的授权许可使用人。即使在2005年广药集团原总经理的《刑事判决书》发出后，广药集团还于2008年和2009年分别向政府有关部门出具证明，证明鸿道是王老吉商标授权使用人。2008年12月，鸿道集团所属的加多宝公司与广州亚运会组委会签订协议，成为2010年11月12日至27日举办的亚运会高级合作伙伴关系，王老吉凉茶成为广州亚运会的指定饮料。广药集团明知商标第一个10年合同将在2010年5月到期，也未提出反对，反而连续致函，就规范王老吉商标的使用问题与鸿道集团协商。这一切都说明，之前广药对王老吉商标的合法使用权是认可的。现在，《刑事判决书》过了6年之后，广药集团才突然提请仲裁，以恶意串通，损坏国家企业利益为由，提出续约合同无效，逻辑上说不过去。

鸿道方面还提出，根据《民法通则》第一百三十五条和第一百三十七条的规定，当事人提出保护其民事权利的诉讼时效为2年，有效诉讼期从知道或者应当知道权利被侵害时起计。据此，广东省高院关于广药集团原总经理的《刑事判决书》的终审时间为2005年9月26日，而广药直到2010年8月30日才发出关于“补充合同无效，要求收回王老吉商标”的律师函，早已超过2年法定诉讼时效，因此，广药对鸿道的起诉无效。

据现场人士回忆，仲裁现场气氛持续紧张激烈，环环紧扣，一波又一波。为了争取自身的利益，鸿道集团一度在庭上出示了一份由同兴药业提供的王老吉药业2001—2010年的财务报表。尽管此举未能得偿所愿，但对于一直坚称与同兴药业“无任何关联”的鸿道集团、加多宝集团用了什么“法术”获得这样的企业内部机密报表，还是让内行人感到十分蹊跷的！

终于到了这一刻，双方围绕前面几个焦点问题充分发表了各自的意见，在场的人员或者出于自身立场，或者出于个人思考，仁者见仁，智者见智，大家都希望听到仲裁员的意见。

仲裁员按照程序谈了自己的意见，他指出：补充协议的签订属于明显的恶意串通，按照《中华人民共和国合同法》第五十二条第（二）项“恶意串通，损害国家、集体或第三人利益的”合同是无效的。

仲裁员对此给出了六点理由：首先，根据广东省高级人民法院的终审判决书的认定，可以确认申请人公司的副董事长、总经理与被申请人公司董事长陈鸿道之间存在着三次受贿和贿送共计300万元港币的事实；其次，根据该判决书的认定，可以确认上述受贿和贿送事实的发生时间是在2000年至2003年之间，补充协议签订于2002年11月和2003年6月，受贿和贿送的时间和补充协议订立的时间契合；第三，陈鸿道贿送300万元港币的目的是谋求补充协议的订立，这一点，在检察院提供的笔录中非常清楚；第四，现有证据可以证明，广药集团原总经理存在利用职位之便为被申请人谋取利益的行为；第五，广药集团原总经理为陈鸿道担任董事长的被申请人谋取的利益是补充协议的订立；第六，补充协议的订立既损害了申请人的利益，也损害了国家利益。

至于鸿道集团提出的已经超过2年的有效诉讼期问题，仲裁员认为："无效合同具有违法性，不受法律保护，因而不能因为时间因素或任何形式的履行行为使自始无效的合同成为合法有效的合同。"

不过，陈述上述观点后，仲裁庭对本案的处理意见最后并未做出，最终结果需要通过书面判决做出正式裁决。

第十一章 庭外暗斗

无形攻防

北京的中国国际经济贸易仲裁委员会仲裁庭上，鸿道集团与广药集团各自陈述意见，辩论激烈。而在法庭之外，则有另一种暗流在涌动，进行着无形的攻防。

就在广药集团全力以赴准备仲裁的时候，中共广州市纪律检查委员会接连收到多份举报材料，揭发广药集团某个主要领导包养一名女大学生，材料后面还附上了广药集团高管的照片。收到材料后，有关部门进行了调查。结果发现，照片纯系电脑合成，而信中所说的女大学生，事实上也不存在。有关部门虽然没能查出是什么人在背后捣鬼，但其用意不难推测。

其实，这只是广药集团感受压力的冰山一角。在后方，集团领导人遭受暗箭；在前线，办案人员遭遇的更是赤裸裸的威胁。作为王老吉商标案的首席联络员，广药集团副总经理倪依东至今记忆犹新。他回忆说，好几次出差去北京，刚下飞机，一条短信就发来了，“你们上北京找谁谁谁，是没有用的”。这样的行程都被别人提前知道，电话遭到监听，巨大的无形压力从四面八方包围过来。不得已，工作组的同事只好同时配上几个手机，而且所有信息都只能是单向的。每次出差，谁同去，几点钟出发，只能提前两小时告知。以至于仲裁庭开庭那天，广药集团谈判人员所有的日程安排，所住的酒店都要全部加密，通讯工具断网，包括交通路线的设计、餐饮等等都处于绝对保密状态。时间一到，全体人员心无旁骛，直奔仲裁庭，免得横生意外。

倪依东谈起这段经历，非常感慨：“那时候我不得不做最坏的打算，因为我们在明，人家在暗，我们只有防守，没有办法出击。虽然市领导要求公安局的同志对企业做好必要的安保工作，但我们感到信息的保密对企业更为重要。甚至到后来，我出差的时候，也是在最必需的时候告诉领导自己在哪里，其他时候能不报告就不报告，因为实在没有办法。”诉讼在这样一种背景下进行，气氛与压力可想而知。

大赌局

庭审结束后，就在广药集团苦苦等待裁决结果的时候，意外接到仲裁委秘书局的一个电话，询问有无庭外调解的可能，广药集团意向如何。广药方面一直保持好好谈判的原则，故第一时间明确回复："可以。我们愿意调解，只要对方有诚意。"

为了准备搞好此次调解，广药集团专门成立了一个8人小组，并由集团纪委书记杨秀微、集团总经理助理陈伟平和广州药业总经理吴长海领队，专门负责赴京谈判。按照双方约定的时间，2012年3月14日9点整，广药方面的8人谈判团来到北京仲裁委，但是对方却没来人；9点30分还是没人来。加多宝这次爽约，后果是严重的。这次协商未能成功，让加多宝与王老吉失之交臂，合作了17年的伙伴只好分道扬镳。

事后，作为广药方面代表之一的吴长海对此十分遗憾，他说：如果鸿道集团愿意坐下来谈判，能通过和谈而不是判决去解决问题，岂不更好，本来自己已经做好了思想准备要好好商谈的，包括合作的架构、比例等，都想好了。但对方不来，那也没办法。

其实，此时的鸿道集团也是进退维谷的，因为仲裁结果如何，鸿道集团也没有底，可能会赢也可能会输，但从仲裁庭的初步意见来看，鸿道集团的赢面不太大。一旦输了，也就意味着摇钱树——王老吉品牌将要拱手还给广药集团，过百亿元的王老吉饮料市场将会重新洗牌。可是，真要和谈，就得面对广药集团开出的一年数千万或数亿元的商标许可费，这种代价值不值得，更重要的是，长此下去，他们将永远无法获得垂涎已久的王老吉品牌。

这不能不是一个痛苦的选择。2012年2月初，鸿道方面一度答应和谈，而到了临门一脚的时候，却又选择了放弃。他们的内心可能还是抱有一丝幻想，如果仲裁庭把王老吉重新判给他们再使用10年，岂不是可以省掉好多亿元的使用费。显然，鸿道集团决心赌一把大的，看看王老吉品牌何去何从。

王老吉命运藏在信封里

等待的日子是漫长的。

2012年5月8日，倪依东再次前往北京，心想至少要打听到什么时候能够出判决结果。打电话给仲裁委，对方回复还没出来，他习惯性地既无奈又失望。5月9日，他准备回广州了，抱着不死心的念头，又给仲裁委打了个电话，本不抱什么希望。没有想到对方说“你可以过来一下”。这让他朦胧中似乎看到了一线希望，他马上退掉机票赶了过去。一闯进门，看到秘书处工作人员正在装订邮寄裁决书，他一下子明白过来，判决终于出来了。380多天的心血和劳累奔波终于有了结果，大家的辛劳总算没有白费。但是，判决书里写的是什么，他不知道。他心急火燎地想看到里面的内容，于是向秘书处的工作人员提出，能否让自己直接带回广州去。对方回答说不行，双方的判决书要公平对待，将同时以特快专递的方式寄出。他忍了半天没忍住，终于还是试探性地问对方结果，对方并不回答，但是不经意地流露出一丝笑意，凭直觉，倪依东感到有希望了。

他离开仲裁委之后，马上打了一辆出租车直奔机场。

第二天起来，倪依东做的头一件事，就是查询判决书的邮递快件到了没有。在北京时，他特意记下了邮件的编码，他按编码查询，还没到。第三天再查，回答说已经到广州了，在邮政中心。再接着查，又答道，已经分送到多宝路了。不过，当天是周末没人投送，去拿也不行。倪依东心里七上八下，一直牵挂在那份裁决书上。好不容易等到第四天，是星期一，他一大早就赶到多宝路的邮政分拆点，顺便给集团领导去了个电话，领导幽默地说："你今天拿不到快递，就不用回来上班了。"看来，着急的远不只他一个人。

万幸，快件终于拿到手了。没错，发自北京，投寄人是中国国际贸易仲裁委员会。倪依东拿在手里，觉得还是有点不保险，更不敢打开，也不知道里面写的是什么结果。只好马上往单位赶，回到单位，时间是8点10分。广药集团总经理李楚源已经坐在办公室等着了。让人吃惊的是，平常穿着朴素的他那天居然穿着一袭整齐的西装，打了一条鲜红的领带，这一切无疑是为了迎接仲裁书的到来。李楚源接过厚厚的邮件，也没敢立即打开，带着倪依东一起到了董事长杨荣明的办公室，还叫了集团纪委书记杨秀微，四个人围着仲裁书，慢慢地打开。当他们小心翼翼地翻到最后一页的时候，在场的四个人都屏住了呼吸，没有一个人说话，沉默了好长好长一段时间……

50多页的仲裁书，最后一页有三条简要的内容，牵引着无数人的心，凝聚了无数人的心血。它这样写道：

仲裁庭对本案做出裁决如下：

（一）《"王老吉"商标许可补充协议》和《关于"王老吉"商标使用许可合同的补充协议》无效。

（二）被申请人停止使用"王老吉"商标。

（三）本案仲裁费为人民币928 517元，由申请人负担50%，即人民币464 258.5元；被申请人负担50%，即人民币464 258.5元。鉴于本案仲裁费已由申请人全额预缴，被申请人应向申请人支付人民币464 258.5元以补偿申请人代其垫付的仲裁费。申请人所缴纳的仲裁员实际费用人民币8 000元，由于并未实际支出，将由仲裁委员会全额退回。

以上被申请人应向申请人支付的款项，被申请人应于本裁决做出之日起30天内支付完毕。

本裁决为终局裁决，自做出之日起生效。

涉及1080亿元巨资，历时385天，牵动了中国商界的中国商标第一案，终于有了定论，王老吉商标品牌的归属在法律层面上有了一个结果（详见附件4：中国国际经济贸易仲裁委员会裁决书），广药集团的4万员工和亿万消费者一道迎来了一个合理合法的公正裁决。

且退且扬名

面对这一结果，鸿道集团不愿意接受。他们仍在用“拖字诀”：他的后续动作是策划“王老吉改名加多宝”，想趁着广药集团的产能没跟上、铺货跟不上的空当，在消费者心里制造“王老吉改名”的事实。为此，鸿道集团不惜以诉讼的方式为下一场战役争取时间。

鸿道集团随即向北京市第一中级人民法院提起诉讼，要求撤销中国国际经济贸易仲裁委员会的裁决。

在民事领域，双方、多方对纠纷的解决方式一般有两种：仲裁和诉讼。广药集团与鸿道集团在合同中约定的方式就是仲裁。一般情况下，仲裁都是“一裁终局”，也就是仲裁裁决一经仲裁庭做出即发生法律效力。但在王老吉的商标战中，鸿道集团并没有遵循这一惯常的做法。2012年5月17日，北京市第一中级人民法院受理了鸿道集团的诉讼申请。

鸿道集团的申请理由有：

鸿道公司向仲裁庭提交了大量的证据和材料，但仲裁裁决对此未有任何体现，说明仲裁庭完全忽略了鸿道公司的相关陈述意见；

仲裁庭将鸿道公司的辩论、发表意见时间限定为15分钟，实际上剥夺了鸿道公司陈述案情的机会，既不合法也不合理；

仲裁员没有向双方当事人发问任何问题，说明审理方式不是询问式审理，仲裁员也未允许双方当事人相互提问，对辩论的时间和轮次做出苛刻要求，也绝非辩论式审理，违反了《仲裁规则》第二十九条第（三）项的规定；

…………

由于这是一起涉外仲裁，法院执法特别严谨。北京市第一中级人民法院在5月16日立案后，立即按照法律程序严格执行。

一周后，广药集团接到法院听证通知，说鸿道集团提出了新证据，称对广药集团原总经理李益民的行贿案检察院已经“终止执行”。

鸿道集团是否有对广药集团原总经理行贿？行贿案是否真的已经“终止”不再追究？这无疑是广药集团在仲裁后的第一场民事官司中极为重要的法律支点。

为了弄清事实，广药赴京工作组的同志当天立即返回广州，向上级汇报，并根据领导要求核实情况。

很快，情况便水落石出——李案并未“终止”，只是“中止”；也就是说并非最终结案了，只是中途停顿一下。为正视听，广州市检察院于6月25日正式发出了《关于原广州市医药集团总经理李益民涉嫌受贿及陈鸿道涉嫌行贿犯罪的情况说明》，内里清楚表明：“2004年6月，我院对陈鸿道涉嫌行贿犯罪进行调查，陈鸿道供述其贿送了港币三百万元给李益民，但陈鸿道随后下落不明。2004年12月27日，我院对陈鸿道涉嫌行贿犯罪立案侦查并对其采取边控追捕措施，后广东省公安边防部门将犯罪嫌疑人陈鸿道抓捕归案，我院于2005年10月2日对其采取刑事拘留措施，随后我院对犯罪嫌疑人陈鸿道采取取保候审强制措施，但此后犯罪嫌疑人陈鸿道弃保长期潜逃，2008年12月15日我院决定对该案中止侦查，现我院已恢复侦查，并依法追捕陈鸿道，以确保刑事诉讼程序顺利进行。”

法庭审理一讲证据，二讲法理。在北京开庭时，广州医药公司这样答辩：鸿道公司申请撤销仲裁裁决的理由均不能成立，仲裁庭依据《仲裁规则》审理案件，组织广州医药公司和鸿道公司对证据进行了充分的质证，听取了双方对于案件事实和法律观点所发表的辩论意见，并征询了双方最后陈述意见，接收了鸿道公司提交的庭后代理意见，在程序上并无错误，不存在鸿道公司所谓“剥夺”其质证权利、辩论权利和最后陈述权利的情况，也不存在鸿道公司所谓仲裁裁决所依据的证据未经质证的情况；广州市人民检察院明确对陈鸿道案件系中止侦查，目前仍在依法追捕陈鸿道。鸿道公司提出的所谓新证据不能成立，也不属于本案申请撤销仲裁裁决程序可以得到认可的证据。

法院最后认定，鸿道集团所提交的证据，均不予采信，驳回鸿道（集团）有限公司提出的撤销中国国际经济贸易仲裁委员会做出的“中国贸仲京裁字第0240号仲裁裁决”的申请。针对只有15分钟发表意见时间的申诉，法院认为仲裁庭给双方当事人辩论及发表意见的时间是对等的，鸿道公司的该项理由依据不足，不予采信。针对未允许当事人相互提问，法院认为，《仲裁规则》并未规定仲裁庭在庭审中必须允许双方当事人进行相互提问，故鸿道公司的该项理由没有事实及法律依据，不予采信（详见附件5：北京市第一中级人民法院民事裁定书）。

至此，王老吉商标案画上句号。

第十二章 风云再起

红罐战场

2012年5月9日，中国国际经济贸易仲裁委员会裁定加多宝停止使用王老吉商标后，一般人认为，广药集团与鸿道集团、加多宝之间的品牌大战大概可以停止了。没想到，时隔不足两个月，广药集团与加多宝公司之间又再一次交火。这次交火的战场是法院，起因还是与品牌有关，不过，不是王老吉商标，而是王老吉凉茶饮料的包装、装潢——红罐。

原来，自从仲裁庭裁定加多宝不得使用王老吉商标后，广药集团发现，光是停用王老吉商标还不足以真正制止加多宝侵权使用王老吉品牌。因为一直以来市场上销售的王老吉凉茶饮料都是用红罐包装的，久而久之，红罐与王老吉凉茶已经融为一体，消费者一看到红罐就会联想到王老吉凉茶，一提到王老吉凉茶就容易想起红罐。现在，加多宝不再享有王老吉商标的使用权，按照知识产权保护法规中有关“知名商品的包装、装潢是商标的一部分”的原则，加多宝应当同时停止使用红罐。

在另一边，加多宝也有自己的立场。他们认为，知名商品的商标和包装、装潢是可以分开的，在红罐王老吉凉茶饮料这个商品中，虽然商标权判给了广药集团，但是，红罐包装、装潢却应该属于其设计者和首先使用者——加多宝。因此，从今以后，加多宝可以使用红罐，广药集团则不可以使用红罐。

鉴于不同观点和立场背后牵扯到的经济利益过于巨大，对立双方的立场实在难以协调，最后，大家都选择了打官司。与上一次不同，这次双方对打官司都不再陌生了。

2012年7月6日，广药集团在广州市中级人民法院起诉广东加多宝公司。同日，广东加多宝公司在北京第一中级人民法院起诉王老吉大健康公司，两边起诉的理由都一样，直指对方在红罐饮料的包装、装潢上侵权，要求停止侵权行为和补偿相应损失。无巧不成书的是，广药集团7月4日向法院申请立案的，交款是7月6日，而加多宝也是在7月6日这一天立案，不知是纯属偶然还是另有原因。

这是一个重大且无先例的商业诉讼案，它的独特性，吸引了国内无数法律界和知识产权界的专家学者。他们根据自己的认知自动分边站队，各执一端，竞相为说。新闻媒体也高度关注，追踪报道，“中国第一罐”之争成为记者笔下的绝好题材，也吊足了读者的胃口。广大消费者则以看客心态旁观，似懂非懂地看热闹。只有广药集团与加多宝在法庭内外绞尽脑汁，斗智斗勇。

在他们的交锋中涉及一系列法律概念和范畴，这些概念和范畴不仅一般老百姓听得不多，有些连专家学者都陌生。按照法律规定，在本案中，红罐特有装潢归属知名商品所有。然而，知名商品应指什么？是加多宝凉茶，还是王老吉凉茶？其次，商标和装潢是否可以分开？装潢是独立的知识产权，还是依附于商标之中的不可分割的一部分？再次，一般知识产权“谁设计，谁使用”“谁在先，归谁所有”的原则，是否适用于本案的商标授权？这一切，在中国，之前均无先例可循，法律上也没有明确的具体解释，只能由法庭来裁定。在法庭裁定之前，留给各方面想象的空间非常大。

有媒体把这次红罐之争称为中国知识产权的“活教材”，这也是中国市场经济发展必然要面对的崭新课题。30多年来，中国一直处于从农业社会进入工业社会的转型之中，知识产权问题也在这个过程中相伴而生，过去不被重视而忽略的东西，今天开始显现出它的价值所在。因此，如何在一个公平、透明、理性的环境下，处理好红罐之争，成为中国知识产权界共同的呼声。

不过，对于红罐之争的当事企业来说，就不是学术探讨那么简单了。在这个官司的背后，蕴藏着巨大的商业利益。2012年，王老吉凉茶与加多宝饮料销售合共超过200亿元规模，对于饮料这样的快消品行业，这个规模无疑是巨大的。而这个规模又与红罐密切相关，没有了红罐装潢，无论对王老吉还是对加多宝都将是一个致命的打击。从这个意义上来说，红罐之争，实际上也是王老吉与加多宝的“兴衰之争”。

站在广州王老吉大健康产业有限公司的立场上说，尽管在2012年5月9日，经中国国际经济贸易仲裁委裁决，从鸿道集团手中收回了王老吉红罐红瓶凉茶生产经营权，但问题并没有彻底解决。红罐装潢归谁所有？仲裁委和后来的北京法院都没有给出一个明确的答案。当初授权的时候，广药集团自己留下了绿盒王老吉，把红色罐装和瓶装装潢连同王老吉商标一齐授权给鸿道集团使用。现在，广药收回王老吉品牌，除了加多宝不能打王老吉牌子外，红罐装潢是否应该一并收回？如果装潢不收回，广药收回王老吉商标的意义将会大大降低。况且，加多宝还在要求王老吉凉茶停止使用红罐装潢。一正一负，落差太大，不可以放任不管。

对于加多宝来说，使用红罐已经17年了，王老吉商标停用后，只剩下红罐这个装潢可以将消费者对王老吉凉茶的喜爱移植到加多宝身上，如果不能使用红罐，加多宝这个日子尚浅的品牌，根本无法延续以往王老吉凉茶在老百姓心中的形象，以后的日子恐怕就难过了。

尽管广药集团与加多宝公司都对红罐情有独钟，但对双方的市场影响还是略有差异的。广药集团拥有王老吉这个厚重的历史品牌，能用红罐装潢，可以锦上添花。万一不能用，也不至于兵败如山倒。对加多宝来说就不一样了，他们对外宣称过去为了推广王老吉红罐花费了300多亿元做广告，倘若就此失去红罐装潢，不仅这300多亿元通通会打水漂，以后也很难让消费者继续保留以往的残存记忆了。正因为如此，他们知道，必须不惜一切代价保住红罐。为此，他们采取了下面这些措施：

2011年10月，鸿道集团推出了一面写着“加多宝”，一面写着“王老吉”的红罐凉茶装潢。

2012年5月，鸿道集团将装潢中原来写着“王老吉”的一面改为“加多宝”三个字，推出了一种两面都写着“加多宝”的新包装。这种新包装在北京首先面市，与旧包装相比，除了改动“王老吉”三个字外，其他与原来的王老吉红罐完全一样。精明的生意人都明白，加多宝这是在用一种渐变的手法，逐渐以加多宝品牌代替王老吉品牌。显然，这是加多宝在不得已的情况下，能够采取的唯一措施。

作为应对，广药授权广州王老吉大健康有限公司生产的红罐王老吉凉茶于2012年6月3日在万里长城的城墙上举行公开面市的首发式。这次首发的红罐凉茶装潢，整体风格与原有的王老吉红罐基本一致，只在细微之处做了一些改动。

与此同时，加多宝也不甘示弱。他们再投巨资发动了规模空前的改名攻势。一时之间，“王老吉改名加多宝”“全国销量领先的红罐凉茶改名加多宝”的广告语布满了各大媒体。加多宝此举，意在通过改名攻势尽可能迅速地将王老吉的品牌价值转移到红罐载体上。

一个小小的红罐，交织着如此巨大的利益冲突，一场红罐之争的大活剧就此开演。

教授打擂台

鸿道集团及其下属公司加多宝预感到红罐之争将会十分激烈，决定先下手为强，在诉诸法律的同时，尽力争取学术界的支持与同情。

2012年9月1日，由中国人民大学知识产权学院、中国人民大学知识产权教学与研究中心牵头，组织国内40多名研究知识产权法的专家学者齐聚北京，举行“知名商品特有包装、装潢法律问题研讨会”。尽管作为组织方的中国人民大学知识产权学院院长刘春田教授一再表示“这个案件不仅是广药和加多宝之间的争执，更是一个公共事件，知识分子、学者应当是社会的良知，应该在专业领域发出专业的声音，提出专业的意见，把事实和道理讲清楚，这是读书人的公德，也是国民赋予我们的职责”，然而，谁组织谁有理的效应再一次出现在这个研讨会上，到会人士的意见出现了明显的一边倒。多数人认为：红罐应该属于加多宝。

北京大学国际知识产权研究中心主任郑胜利教授指出：“红色的包装、装潢权实际上在合同中已有约定，因为双方已经约定不能使用对方的颜色，而红色易拉罐是加多宝设计并做了大量投入的一个很重要的包装、装潢，那么这个权益显然应该归属加多宝。”郑胜利认为，按照“种瓜得瓜，种豆得豆，谁付出了劳动就应该得到收获”的原则，红罐应该属于加多宝。

其他专家也提出，根据司法实践中通行的公平原则，谁创造，就应谁受益，在广药没有付出投入的情况下，加多宝17年来投入300亿元创下的包装形象无疑应当属于加多宝。

中国政法大学费安玲教授也认为：“商标与知名商品的特有包装、装潢是可以分开的，两者不能一概而论。”也有专家指出，加多宝只是从广药租用了商标，而包装、装潢是加多宝最先设计、最先使用，故属于加多宝，无可争议。

还有人从情感上判断，加多宝为红罐付出了很多，红罐应该属于加多宝。南开大学讲师向波谈道：“现在我们要讨论它的归属，肯定要按照谁创造出特有包装、装潢的价值，谁就应该获得它带来的利益的原则来判定。换句话说，一个企业没有对这个特有包装、装潢做出任何贡献，另外一家企业投入了大量的人力、物力、财力，才使它具有了巨大的市场价值，如果就这样把它归于没有做出任何贡献的企业，这是大家能够接受的吗？”

会上的情况很快就在媒体上出现了。一篇题为《红罐之争再受关注，法学专家力挺加多宝》的文章把各位专家的意见转达出来，通篇强调红罐装潢与品牌无关，加多宝自己设计、自己使用、自己花巨资打造的红罐应该归属加多宝所有。专家意见通过媒体发表后，对公众产生了一定的影响，一些消费者因此也倾向于认为红罐当属加多宝。

加多宝一招见效，决定乘胜追击，以巩固和扩大战果。2012年12月19日，加多宝再次组织专家论证会，邀请中国人民大学、北京大学、中国政法大学、西南政法大学等高校的30多名专家联合签署了一份《法律意见书》，如果说上一次研讨会的主要目的是争取民意，这一次研讨会的目的则是希望影响法庭。意见书说：

根据加多宝提供的证据材料，经认真研究和论证，专家就本案涉及的知名商品特有的包装、装潢的性质、权利归属以及广药使用与之相近似的包装、装潢是否违法问题形成了以下四条法律意见：

一、商品知名是其特有包装、装潢受法律保护的前提。加多宝根据王老吉在香港的传人授权的配方生产经营的凉茶是本案的知名商品。加多宝与广药生产经营不同的凉茶，却共有一个商标，因此，加多宝在其凉茶上独家使用的红罐包装、装潢就成为广药凉茶相区别的显著标志，这是市场早已认可的事实。

二、本案涉及的包装、装潢是加多宝的重要财产，受《反不正当竞争法》的保护，并在2003年就被我国司法判决认定。

三、"王老吉"商标权与知名商品的特有包装、装潢分别属于广药和加多宝所有，合同无效或解除后，广药只能拿回商标，包装、装潢仍属于加多宝所有。

四、根据我国法律和大量的司法判例的一贯精神，广药擅自使用与加多宝知名商品包装、装潢近似的包装、装潢之行为，构成不正当竞争。

尽管同年7月立案的诉讼法院尚未判决，但加多宝组织专家联名签署的《法律意见书》已经俨然像一个正式的司法判决，流传于世了。不过从《法律意见书》开头的一句话中，人们还是看到了意见书的软肋，这句话是"根据加多宝提供的证据材料"，也就是说，专家的意见是基于加多宝提供的证据材料得出的结论。“兼听则明，偏信则暗”，仅凭加多宝一方资料就得出“包装、装潢仍属于加多宝所有”，显然有点软弱。不管怎么说，要想做出一个正确的判决，怎么也要看看广药集团和王老吉大健康方面的证据吧？仅仅就此而言，谨慎的法学专家是不会随波逐流的。事实上，在加多宝邀请到会的43名专家中，参与签名的只有30名，还有13名没签。最高法院知识产权庭原庭长蒋志培就是其中之一。有时，真理是掌握在少数人手中的。

有理不在声高

既然对方已经出手，广药方面也不客气了。2012年12月28日，广药同样在京举行“‘王老吉’知名商品特有名称及包装、装潢保护研讨会”，人数很精简，只请了11个人，其中有几个是参加过加多宝组织的研讨会的。尽管人数不多，但都有相当的代表性和影响力，如中国社会科学院知识产权中心主任李明德、中国政法大学知识产权研究中心主任张楚，还有清华大学陈建民教授、西南政法大学知识产权学院张玉敏教授、中山大学周林彬教授等。广药提供了一系列资料，包括授权鸿道经营王老吉品牌时，曾规定鸿道只能生产红罐、红瓶王老吉，加多宝的红罐是在王老吉的授权范围之内。广药方面提供的资料还包括2003年广东省高院曾经判决过的一个案件中，曾确定王老吉红罐凉茶为知名商品，而且是广药授权加多宝去打的官司，等等。

研究这些材料后，与会专家认为，知名商品不应该是加多宝生产的红罐凉茶，而应是红罐王老吉。他们说，一个连名字都没有的产品是不可以叫作知名商品的，这是常识问题。本案在法院立案时，加多宝推出才刚刚一个多月（2012年5月28日—7月6日），怎么可以叫知名商品？包装、装潢与商标可以独立使用，但如果其产品的装潢设计中商标起到了决定性的“特有辨识”作用，则为密不可分状态。并且，包装、装潢属于商标商誉的一部分，不能分享，更不能在商标收回后破坏商标的商誉。

李明德主任认为，包装、装潢与商标是不能分开的，本身就属于商标的一部分，“商品的包装、装潢就是‘立体’商标，它是孳息物，它就该属于我，那由此而产生的商誉就是王老吉的，不可能由他人去分享”。

中国首位商标法博士黄晖认为：“红罐归谁，从最早的1995年协议、1997年协议到2000年协议，里面都有说法。为什么鸿道集团没有弄出个黄罐、绿罐，只是出了个红罐？因为这是当时的合同规定了的。不是像加多宝说的，是他们自己创造并选用红罐包装。红罐是合同约定的，是在合同框架下推出的。”他的结论是，红罐的产生是在协议中早就定下来的，加多宝设计一说站不住脚。

最高法院知识产权庭原庭长蒋志培认为，不管是红罐还是绿盒，都是统一在王老吉商标之下，知名商品就是王老吉凉茶，这是一个客观事实。“本案所指的知名商品是王老吉这个知名商品，它的外包装、装潢、它的商标都是王老吉的，外包装、装潢也是原来商品上的。”脱离王老吉谈知名商品很难成立，而红罐装潢离开王老吉也就失去了特色。

与会专家详细了解该案细节，对该案例的材料进行了细致分析，最后，11名专家提出了四点意见：

一、“王老吉”在双方签订许可使用合同之前就已经是广州市和广东省的著名商标，因此，可以判断王老吉凉茶自那时起在广东省已经是知名商品。根据广药集团和鸿道集团方面之间3份商标授权许可协议，在前者进行商标授权并指定产品包装特定颜色的事实背景下，后者作为商标被授权人进行了一个时期的市场运营并取得了令人瞩目的商业成功。在这一过程中，王老吉凉茶产品既有的知名度得以发扬光大，王老吉凉茶是知名商品并无争议，王老吉则是该知名商品的特有名称。该产品使用的包装、装潢是一贯的，因此成为该产品的特有包装、装潢。同时，王老吉商标本身就具有一定的知名度，因此作为知名商品，王老吉凉茶，以其特有的包装、装潢，更容易通过该商标在消费渠道内、在消费者中，建立辨识度及建立商誉。

包装、装潢作为一种可识别标志，根据《TRIPS协议》和我国《反不正当竞争法》的规定，只要具有特有性就可以受到保护，同时具有显著性，也可以作为商标受到保护。根据既定事实，作为王老吉凉茶商品的包装、装潢，红罐包装的显著性是建立在“王老吉”商标的许可使用基础上的，在长期的使用过程中与王老吉凉茶无法分离。

具体来说，王老吉红罐凉茶包装、装潢的主体部分由红底色和黄色、特定字体的“王老吉”三个字组成，其中，给消费者留下深刻印象，具有识别作用的，主要是“王老吉”三个字。作为装潢组成部分的“王老吉”三个字无论颜色还是字体，与作为注册商标的“王老吉”完全一致。该装潢的知名度和区别商品来源的功能是通过将红罐与黄色“王老吉”结合使用产生和积累起来的，如果没有“王老吉”，仅红色罐，因为缺乏显著性，又不好呼叫，很难在消费者中建立起知名度。

综上，在广药集团与鸿道集团之间商标授权协议终止，王老吉商标回归广药集团之后，鸿道集团方面无权继续使用原王老吉红罐凉茶商品特有的包装、装潢，因为这可能会使被许可方继续免费使用许可方的商标权益，违背《反不正当竞争法》有关商品特有包装、装潢保护的法律规定，同时也会造成消费者对商品或服务来源产生混淆误认，违背商标法相关规定。

二、作为凉茶商品中的知名商品，王老吉凉茶特有的红罐包装、装潢具有较高的显著性与可识别性。根据客观事实，在时间跨度至少超过8年以来，在凉茶行业中，“红罐”“红罐凉茶”等文字称谓即已与王老吉凉茶这一知名商品建立了唯一对应关系。因此，他人将“红罐”红罐凉茶”等文字作为凉茶产品宣传文字进行商业化使用，涉嫌构成对王老吉凉茶这一知名商品商誉的攀附，涉嫌不正当竞争。

三、知名商品的特有包装、装潢作为一种事实上的非注册商标存在，应视为商誉的载体之一，其信誉应归于商标所有人或商标许可人。知名商品特有包装、装潢产生的商誉附属于该知名商品所有，一般不能由他人去分享；除非该商标所有人许可，该商誉自然也无法被他人分享，否则将受到《商标法》《反不正当竞争法》的规制。因为《商标法》《反不正当竞争法》不仅仅要保护市场竞争者，它的终极目的是保护消费者免于对商品或服务来源产生混淆误认。

四、专家们认为，广药集团和加多宝公司方面目前所存纠纷的属性应当属于《反不正当竞争法》下的问题，所适用的法律应为《反不正当竞争法》。在这起争议中，双方通过对王老吉商标的授权许可使用，加多宝方面获取了包括利润、销售渠道、客户群等多重商誉内容的分享，而广药集团方面因许可而获得商誉以及对知名商品特有装潢的权益。

广药组织的专家研讨会，观点与之前加多宝组织的《法律意见书》很不相同，11名专家一致认为：红罐凉茶所指的知名商品为王老吉凉茶，而非加多宝生产的凉茶；红罐的特色包装、装潢属于王老吉商标的孳息物，是与王老吉商标密不可分的，不能单独分离出来；授权经营期间，加多宝获取了自己的利润、渠道和客户市场，广药通过王老吉品牌获取了商标的商誉，其中包括红罐包装、装潢，按照《知识产权法》，商誉是不能分享的；红罐的归属是王老吉而不是加多宝，加多宝继续使用将涉嫌侵权。

这份《专家意见书》出自专家之手，但其影响远远超出了专家学者的范围，广大消费者通过传媒和其他渠道获知了先前未知的商标保护法律知识，改变了单凭直观感觉判断是非的局面，开始以一种更为理性的角度看待红罐之争了。

民意天平

加多宝一直试图通过打“悲情牌”左右公众的判断。其中，2013年5月举行的“媒体说明会”和2013年3月全国人大和全国政协两会期间分发的“万言书”，加多宝就是以一副弱者的姿态出现：一方面不断强调自己的“民企”身份（其实是母公司在英属维京群岛注册的外资企业）；另一方面不断重申“养大的孩子被人抢走了”。此举赢得了许多不明真相的消费者和媒体受众的同情。正因为如此，红罐之争初期，不但公众，也有专家学者，对加多宝的境遇深表同情，是非的天平不自觉地倒向加多宝。

随着红罐之争法院开庭审理临近，加多宝的举动变得更加激烈。2013年4月15日开始，加多宝官网、微博等官方平台全部更换为红罐主题色，并加注“呼唤公平，红罐之争见分晓”的标识。加多宝一再表示已无路可退，并呼唤司法公正，希望社会公众能一起见证红罐诉讼案的审判。2013年4月底5月初，加多宝在北京、武汉、石狮、杭州、绍兴、清远、东莞7个地方的工厂的员工举行大规模的声援活动。员工们纷纷表示没有加多宝就没有红罐凉茶，只有加多宝才能发展壮大凉茶产业。在成都春熙路，加多宝员工发起“保卫红罐大行动”，只要签名留影支持加多宝即可免费领取一罐凉茶。2013年5月15日，红罐案在广东省高院开庭审理，加多宝原计划运载几车员工前往声援，被公安部门制止不得不取消。

与加多宝大造声势相比，各类媒体和公众的情绪显得理性多了，没有出现之前一边倒支持加多宝的现象。央视财经评论员马光远认为，红罐之争很正常，打官司是企业维护自己权益的一个很正当、合法的手段。对企业来讲，这个权利必须搞清楚，只有搞清楚以后，投放在市场上的那个红罐大家才能搞清楚，所以这个官司本身打得还是比较正当的，打得也是有必要的。只是希望涉事企业双方保持“最基本的法律和伦理的底线”。

公众与网民的反应，从一边倒支持加多宝，转为一部分支持加多宝，一部分支持王老吉，并且各有自己的判断和理由。人民网在庭审次日，做过一个网上民意调查：“你认为‘红罐包装’应该属于王老吉还是加多宝？”一天多的时间，59万人参与投票，有六成网民支持王老吉。该网在2013年5月17日下午挂出的调查报告如是说：

> 5月15日，王老吉和加多宝对簿广东省高级人民法院，双方对红罐的最终归属进行了激烈的法庭辩论。而在法庭之外，很多网友也旗帜鲜明地站在了自己支持的凉茶品牌阵营之中。
>
> 人民网财经频道5月16日推出了“你认为‘红罐包装’应该属于王老吉还是加多宝？”的调查之后，受到了网友的普遍关注。截至17日15点整，网友投票已突破了59万次，其中365 543票认为红罐包装应属于王老

人民网上关于红罐之争的公众调查结果显示：
六成网友支持王老吉

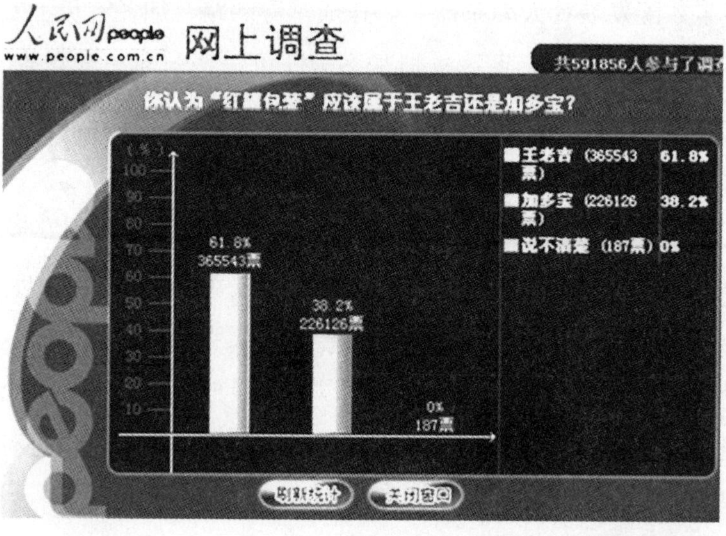

吉，占总票数的61.8%；而投给加多宝的赞成票为226 126票，占总票数的38.2%。另外，还有网友对此事持观望态度，有187票投给了“不太清楚”。

在随访中，记者了解到，投票给王老吉的网友认为，“装潢跟着知名商品走，起到保护知名商品品牌的作用”，“王老吉是民族品牌”；投票给加多宝的一部分网友认为，“加多宝每次地震都捐款上亿”，“加多宝对王老吉的投入很多”。

网民的态度，也从某种程度上反映了公众的理性回归。以事实为依据、以法律为准绳，在一个公平、公开、透明的理性环境下，处理好红罐之争，既是个案的需要，也是中国民主法制进程中必不可少的一课。

第十三章 火爆互诉

反诉对本诉

2013年5月15日上午，红罐之争在广东省高院开庭审理。由于之前双方在广州、北京相互起诉，考虑到广药和加多宝的公司所在地都在广东，由最高人民法院出面协调，将两起案件合并审理，并指定广东省高院负责审理。与之前的专家研讨会相比，法庭上双方的交锋则是刀光剑影，火爆得多。

持续9个小时的庭审，引起了国内媒体的极大关注。来自广州、北京、上海等全国各地的新闻记者纷纷来到现场，广东省高院开通微博现场直播，号称“中国第一罐”之争的司法诉讼就在这样的背景下拉开了帷幕。

双方互诉对方包装、装潢侵权，依据的都是同一款法律条文，也就是《中华人民共和国反不正当竞争法》第五条第（二）项：“擅自使用知名商品特有的名称、包装、装潢，或者使用与知名商品近似的名称、包装、装潢，造成和他人的知名商品相混淆，使购买者误认为是该知名商品。”

相同的法律条文，几乎相同的商品，双方的律师如何阐述自己的立场？法官如何认定证据，如何做出裁决？这不能不说是中国司法实践中绝无仅有的案例。

在这一次交锋中，双方辩论的焦点主要围绕三个问题：知名商品是谁？红罐装潢属于谁？商标和装潢能否分离？

一辩：知名商品是谁

双方对抗的第一个焦点就是知名商品是谁：加多宝凉茶，还是王老吉凉茶？

加多宝公司认为：在2013年4月15日及5月8日法院组织的证据交换中，广州医药集团有限公司及大健康公司的共同代理人明确表示，其提交的主张构成知名商品的实物是由加多宝公司生产销售的红罐凉茶。加多宝公司多年来生产销售的红色罐装凉茶商品是知名商品，这是此前法院已经判决并已认定的事实。广东高院（即本案审理法院）〔2003〕粤高法民三终字第212号民事判决书认定："涉案王老吉罐装凉茶饮料……属知名商品；王老吉罐装凉茶饮料上的装潢具有显著的区别性特征，并非为相关商品所通用，为该商品所特有，应为知名商品特有的装潢。"

广药集团反驳：知名商品是王老吉凉茶，商品是凉茶，知名是王老吉。知名商品的特有包装、装潢是有"王老吉"三个字作为核心要素加以特定色彩、图案组合成的包装、装潢，三个要素融为一体，不可分割，构成了特有包装、装潢的识别性、显著性，能够起到识别作用，构成相关法律规定的特有包装、装潢的全部构成要件，且该包装、装潢不是所有该类商品通用的包装、装潢，是特有的。关于该包装、装潢是否特有，佛山市中级人民法院及广东省高级人民法院已经做出认定，是不争的事实。

为了说明这一点，参加庭审辩护的广药集团副总倪依东现场放了一个PPT：

1828年，王泽邦在广州市十三行路靖远街开设了第一间王老吉凉茶铺，专营大水碗凉茶，得名"王老吉"，百年品牌，自该时设立。1982年，广州王老吉凉茶厂改名为广州羊城药厂，在1992年改制为股份制企业——广州羊城药业股份有限公司。1996年，广药集团正式成立，王老吉商标等无形资产划归广药集团持有。2004年，羊城药业更名为广州王老吉药业股份有限公司。2012年，广药集团成立全资子公司——广州王老吉大健康产业有限公司，授权经营王老吉红罐凉茶。

与此同时，王老吉凉茶系列也在经营过程中不断创新，不断演变。1956年，王老吉联合制药厂生产的凉茶包，开始使用凉茶称谓。1987年末，广州羊城药厂在冲服凉茶的基础上，推出了王老吉广东凉茶颗粒冲剂（含蔗糖）。1990年，羊城药厂研制成功冲服凉茶不含糖颗粒冲剂，命名为王老吉广东凉茶颗粒（无蔗糖）。1991年5月9日，羊城药厂与广州市轻工研究所签订技术开发合同书，研发王老吉牌凉茶饮料，于次年获得广东省食品新产品批文，首次使王老吉凉茶完成了从药品类到食品类的转变。l991年，广州羊城药厂、羊城滋补品厂携手广州市轻工研究所共同开发王老吉牌盒、罐、瓶装凉茶饮料，并成功研发了预包装凉茶产品。

其中1995年至2010年，授权许可经营红色罐装及红色瓶装凉茶。2006年，凉茶被列入“国家级非物质文化遗产名录”，广药集团对其所有的凉茶10—15号秘方、专用术语、独创工艺等享有专有权，受到国家保护。

王老吉系列商标演变历程明确显示，1936年11月19日，由王老吉远恒济王远珍在广东省商标局注册的“王老吉公孙父子图”商标，并于1939年在国家商标局注册了该商标。1993年，广州羊城滋补品厂经核准注册了第626 155号王老吉商标。1993年9月，该商标核准变更注册人为羊城药业。1995年，羊城药业与鸿道集团签订商标使用合同，许可鸿道集团在一定期限内生产经营罐装和红色纸包装王老吉凉茶。1997年8月，羊城药业将该商标转让给广药集团。2003年3月，广药集团授权鸿道集团对侵犯王老吉商标进行法律诉讼的授权书有用印记录能够证明，若无广药集团授权，加多宝公司的维权将会缺乏相关依据。

1992年至2010年，王老吉商标被依次评为广东省著名商标、广州著名品牌、广东省著名品牌、中国著名品牌、中华老字号、中国驰名商标，并在2010年以价值1 080.15亿元成为目前中国第一品牌。

广药和大健康公司认为，本案的知名商品是指带有王老吉商标的王老吉凉茶。

《最高人民法院关于审理不正当竞争民事案件应用法律若干问题的解释》对知名商品所下的定义是“在中国境内具有一定的市场知名度，为相关公众所知悉的商品”。王老吉凉茶历史悠久，在广东省及东南亚几乎家喻户晓，产品行销全国，有良好的口碑，受到消费者的青睐。反观加多宝凉茶，在2012年7月6日起诉时，刚刚起步，根本就称不上是知名商品。

二辩：红罐装潢属于谁

下午的庭审进入第二个焦点：涉案知名商品包装、装潢权归谁所有？

加多宝认为：**加多宝公司对涉案知名商品特有包装、装潢享有知名商品特有装潢权，无论是装潢的设计、使用、宣传推广都是由加多宝完成的。**

加多宝的理由主要有以下几点：

一是由于加多宝公司通过大规模生产、持续性的市场推广、广泛的媒体宣传和积极参与各种公益活动，同时凭借涉案红罐凉茶的优良品质和独特口感，连续多年稳居全国罐装饮料销量首位，成为知名商品。

二是涉案知名商品包装、装潢是由陈鸿道先生提出创意、委托设计并申请外观设计专利，进而被加多宝公司作为凉茶商品的包装、装潢使用的。

三是加多宝公司生产的涉案知名商品是市场上第一个也是本案争议发生前唯一一个红色罐装凉茶商品，故加多宝公司是涉案红罐凉茶知名商品特有包装、装潢权的权利人。早在王老吉第626 155号商标核准注册前，加多宝公司的创始人陈鸿道先生就已经开始依据王泽邦后人的正宗配方生产销售红色包装凉茶商品。并且红罐凉茶是陈鸿道委托设计并于1995年、1996年向国家专利局申请了专利，一直沿用至今。

四是加多宝公司生产的红罐凉茶知名商品是传承王泽邦后人的正宗配方，消费者对于广药集团委托生产的绿盒凉茶和加多宝公司生产的红罐凉茶业已形成明确的区分识别，应当尊重并确认这一事实。

五是查看涉案知名商品的实际包装、装潢具体内容，消费者仅能识别该商品的生产者为加多宝公司，没有任何信息反映与广药集团存在任何关联。

六是加多宝公司是涉案知名商品特有包装、装潢的权利人已经经过生效判决确认。广东高院〔2003〕粤高法民三终字第212号民事判决书明确认定，原文为："可以认定广东加多宝饮料食品有限公司对其使用的'王老吉'罐装凉茶饮料的装潢享有知名商品特有装潢权。"据此，在没有相反证据推翻该生效判决的情况下，该认定可以直接作为定案事实。广药集团及其下属企业从未生产或委托生产过任何一罐红罐凉茶，亦没有对涉案知名商品的生产和宣传做出任何贡献，故无权针对涉案知名商品享有任何权利。

在这一轮法庭调查中，加多宝提出了"四说"：一是"设计说"，涉案包装、装潢是陈鸿道委托设计，陈鸿道授权加多宝使用，因此加多宝公司具有涉案包装、装潢所有权；二是"使用说"，包装、装潢不是申请注册产生，而是使用产生，加多宝公司是涉案知名商品实际生产者和销售者，并实际使用了涉案包装、装潢，因此具有涉案包装、装潢的所有权；三是"投入说"，加多宝公司认为在17年的生产过程中大量投入，培育了品牌和产品，理应获得产品带来的包装、装潢的权利；四是"判决说"，加多宝大量引用了广东高院的判决内容，认为该判决认定加多宝公司具有涉案包装、装潢权。

针对加多宝的"四说"，广药集团代理人金杜律师事务所的史玉生律师进行了集中反驳。

第一，关于“设计说”

广药集团认为：

1. 本案争议的是知名商品特有包装、装潢权而非其他，作为具有识别功能的权项，包装、装潢不是单纯的法律意义上的智力成果，这是学界的通识，有别于商标权、版权、著作权，不能简单套用谁设计谁拥有权利的理念。

2. 就设计本身而言，涉案的包装、装潢是不是真的第一时间由加多宝设计创作，而广药没有任何参与呢？事实并非如此。实际上，包装、装潢的一个特点即商标的竖排使用在解放前就有，并非由陈鸿道首创。陈鸿道申请的两个专利，一个专利自动失效，一个专利被宣告无效，否则加多宝公司就不会依据《反不正当竞争法》而是应该依据《专利法》主张专利侵权了。再有，涉案装潢的设计理念也非陈鸿道独创。设计能否推向市场需要广药集团的确认和批准，如果广药方不批准，加多宝公司就不能使用，因此，不能说该设计就是你方单独创作产生的。广药集团的参与无可否认。

3. 不少专家学者对“独家设计说”发表了相反的意见，例如中国社会科学院的黄晖博士就说过：“1995年、1997年、2000年的协议都对红罐有着明确约定，换言之，双方协议约定的产品包装是红罐……属于合同约定，其包装、装潢的约定均是在此框架下进行的。”清华大学法学院教授陈建民也认为：“产品包装是罐的形式，罐体是红颜色，这就是包装、装潢的基调，也是双方约定的。”

第二，关于“使用说”

广药集团认为：

最高院法释〔2002〕22号《关于产品侵权案件的受害人能否以产品商标所有人为被告提起民事诉讼的批复》的司法解释中指出：“任何将自己的姓名、名称、商标或者可资识别的其他标识体现在产品上，表示其为产品制造者的企业或个人，均属于《中华人民共和国民法通则》第一百二十二条规定的‘产品制造者’和《中华人民共和国产品质量法》规定的‘生产者’。”因此，从法律层面上说，只要商标打印在商品上，商标所有人就应当认定为法律意义上的制造者。

第三，关于"投入说"

广药集团认为：

加多宝公司一直主张多年来做了大量投入，对此并不否认加多宝公司在商标许可合同履行期间对商品进行了大量投入，但是其投入不能否定广药的投入。事实上，无论是在商标许可合同签订之前还是之后，广药都对王老吉凉茶进行了大量投入，包括直接和间接投入。涉案知名商品的包装、装潢使用了王老吉商标，因此该商标在涉案包装、装潢的认定上起到重要作用。自20世纪70年代开始，广药集团就对王老吉产品的商标做出了大量投入。

由于装潢和知名商品都离不开商标，对商标的投入也属于对包装、装潢的投入，商标的知名度直接影响到商品及包装、装潢的知名度，这种投入是不能被否定的。由于广药集团对王老吉商标进行了大量投入，使王老吉商标于2009年被国家工商总局商标局认定为"驰名商标"，商标驰名导致了商品的知名，这无疑是促进的关系。加上王老吉商标是老字号，其深厚的历史基础对涉案装潢的知名度当然是有巨大帮助的。

广药集团认为，加多宝提出"投入说"是为了表达一个观点：进行了大量投入而不享有包装、装潢权不公平。加多宝公司在王老吉凉茶的实际经营中获得了大量利润，他们自己也承认其经营成功，获取了大量利润。仅2012年，加多宝公司的销售额高达200亿，利润为14.6亿，如果算上经营17年合计的利润，数额更为巨大。因此，如果单纯从亏不亏、是否公平的角度，加多宝公司已经超水平实现了预期利润，该拿的都已经拿到了，不该拿的就应当留下，否则对广药也是不公平的。

第四，关于"判决说"

广药集团认为：

2003年之前广药与加多宝之间保持着良好的合作关系，没有分歧。发生纠纷时，无论广药还是加多宝，都一致对外。当时有人对王老吉商标侵权，是广药授权加多宝在佛山中院提起诉讼的，所以，加多宝的诉讼行为实际上是代表广药在作为。事实上，维权行为在商标许可合同中是有明确约定的，在1997年合同的4.2.3条中就有明确约定。

本来，装潢权作为识别性权利，与商标权属于同一种类，更何况本案的装潢中还含有商标，如果有人使用了该包装、装潢就有可能侵犯了商标权，授权商标维权也等于维护了装潢权，因此没必要将维护装潢权单独列出。关于装潢权权属，当时没有分歧，所以在合同中没有特别写明。但是，根据当时的情况及装潢、商标权属的相同性，可以合理推断，凡是跟商标有关的，不管是直接还是间接侵权，都应当在授权范围内。而且2003年加多宝起诉侵权方时，法院征询了广药集团的意见，询问加多宝是否有权维权，广药为此专门出具了授权委托书。可见，即使是法院，也是把涉案装潢权的权属归于广药集团的。

广药方面最后说，综上所述，对方的四个说法不能成立。

王老吉大健康公司方面也认为：涉案商品的特有包装、装潢是以“王老吉”三个字作为核心要素加以特定色彩、图案组合而成的包装、装潢，三个要素融为一体，不可分割，构成了特有包装、装潢的识别性和显著性，能够起到识别作用，构成相关法律规定的特有包装、装潢的全部构成要件，且该包装、装潢不是所有该类商品通用的包装、装潢，是特有的。关于该包装、装潢是否特有，佛山市中级人民法院及广东省高级人民法院已经做出认定，是不争的事实。

尽管红罐王老吉装潢为陈鸿道先生委托设计并申请过外观设计专利（该专利已于2007年过期），但不能因此就认为该专利为陈鸿道个人专有。因为装潢中“王老吉”三个字是产品特有名称，是从王泽邦那个刻有“王老吉”三个字的铜葫芦中得来的，几行小字则是王老吉凉茶历史和功效的特别描述。

对于消费者而言，看到包装、装潢核心要素“王老吉”三个字时，就知道商品来源，具有特定指向。显然，商标是装潢的核心要素，装潢并未脱离商标，因此，与商标指向的市场经营主体应当是相同的。仲裁委的裁决已经判令王老吉商标归于原告所有，如果判令涉案包装、装潢归被告所有，势必割裂消费者心目中商标与包装、装潢的唯一指向，导致消费者混淆与误认，直接损害消费者的合法权益，间接损害原告的合法经营权。

针对装潢的所有权属问题，双方在法庭上进行了一轮交锋，广药集团的律师后来回忆谈到了这一段针锋相对的质问：

广药：请对方明确，你方在本案中主张的权利是所有权还是使用权？

加多宝：在《物权法》上探讨所有权，如果套用《物权法》上的所有权的概念，我方毫无疑问拥有涉案包装、装潢的所有权。

广药：目前在中国有六个加多宝公司，还有一个生产基地，那是否六个加多宝公司都拥有所有权？

加多宝：只有本案当事人广东加多宝拥有所有权。

广药：你方提交的最有力的证据就是评估公司对于凉茶销售第一的评估，而在2007年之前另外五家公司已经成立，那么这五家公司对此是否做出贡献？

加多宝：做出贡献。

广药：那么为何包装、装潢权归属于你方而不是另外五家公司？

加多宝：这不是事实问题，我方不予回答。

广药：这是事实问题，涉及到你方是否有权起诉。你方庭审时一再主张消费者通过口感识别产品，可以当庭做个实验，遮盖住双方生产凉茶的配方，你方是否能够区分出两者？

加多宝：这不是事实问题，我方拒绝回答。

广药：你方能否举出一个你方代理人喝的另外的饮料的例子？

加多宝：不是事实问题，我方拒绝回答。

广药：在1995年商标许可之前，羊城药业生产的王老吉凉茶的产品知名度与1995年之后你方生产的王老吉凉茶的知名度是否有联系？

加多宝：不是事实问题，我方拒绝回答。

三辩：商标与装潢可以分离吗

庭审在继续。法庭对第三个争议焦点进行调查：双方涉案知名商品特有的包装、装潢能否与王老吉商标或加多宝公司相分离？到底谁构成侵权？

仍然是加多宝方面先发表意见。

加多宝认为：商标权与知名商品的特有包装、装潢权是相互独立，分别行使的。广药集团和大健康公司主张涉案知名商品包装、装潢与王老吉商标不可分离，既缺乏法律依据，又违背了本案基本事实。

他们声称，我国现有的关于规范知名商品的特有名称、包装、装潢权的法律法规，均无以商标权作为知名商品特有名称、包装、装潢权保护的条件或前提，二者相互独立，不能互相移植。《最高人民法院关于审理不正当竞争民事案件应用法律若干问题的解释》中明确规定了知名商品的含义，即在中国境内具有一定的市场知名度，为相关公众所知悉的商品，应当认定为《反不正当竞争法》第五条第（二）项规定的知名商品，在列明的认定知名商品需要考察的各项因素中，亦没有提及商标权，知名商品的认定并不以商标著名或驰名为先决条件。只要某商品符合《反不正当竞争法》中关于知名商品的认定条件，即使该商品上没有标注商标，也丝毫不影响其构成知名商品。同一个商标可以在不同的多种商品上使用，可以与多种装潢配合使用，同一个商品上也可以使用多个不同的商标，因此根本无法在商标和装潢之间建立起唯一的对应关系，商标权与知名商品包装、装潢权显然不能互相移植。

当同一个商标分别使用在不同商品上，即同一个商标与不同的包装、装潢配合使用，特别是使用在同一类别的不同生产者的商品上时，商标标识商品来源的作用实际上已经不可避免地弱化了。例如，本案中加多宝公司和广药集团下属企业分别生产红色罐装和绿色盒装凉茶产品。此时，商标已经无法单独起到识别商品来源的作用，消费者必须依靠商品的特有包装、装潢来识别商品。商标权及知名商品特有名称、包装、装潢权属于不同的商业标记，是两种相互独立的权利，具有各自独立的识别功能，并非必须同时组合使用，知名商品特有名称、包装、装潢权更不能成为商标权的附随权利，否则相关法律制度对于知名商品的特殊保护就缺乏必要性了。故此，广药集团虽然拥有涉案商品的商标所有权，但与本案知名商品特有装潢权无直接关联性。

加多宝方面还认为：虽然在部分市场经营行为中，商品生产者是商标权人，同时自行设计包装、装潢，并将自己的商标标注于包装、装潢上，此时商标权和知名商品特有包装、装潢权为同一主体享有。但是，市场实践中存在着比比皆是的商标权人和实际生产者并非同一主体的情形，客观上形成了商标权与知名商品特有包装、装潢权相互分离的现状。本案中，这两种情况同时存在，即广药集团在其下属公司生产的绿盒包装上同时使用其自有商标以及广药集团自有的绿盒包装，而加多宝公司生产的红罐凉茶则在包装上印有王老吉商标和自有红罐包装、装潢。消费者在识别过程中，无法仅凭王老吉商标判断商品来源，却能将凉茶口味—红罐包装、装潢—生产者加多宝公司形成认知。又如，大健康公司提交的王老吉早期使用的部分证据显示，同一商品包装上显示多达4个商标，消费者依据生产厂家的记载才能从众多商标中识别出谁才是真正的生产者。由此可见，商标并非标识商品来源的唯一途径。事实上，无论商标能否识别商品来源，包装、装潢的识别功能均不受影响。据此，广药集团主张其为涉案知名商品特有包装、装潢权利人，应该提供证据证明其实际设计、使用了该装潢，但事实上广药集团根本没有参与设计也没有资格使用该装潢，其根本提不出任何证据，故转而偷换概念，以商标权主张涉案装潢权，这显然是毫无根据的。

广药集团和王老吉大健康对此进行了反驳：本案诉争标的物形成的特殊性，决定红罐王老吉凉茶特有装潢与王老吉商标具有不可分离性。

1. 本案涉案包装、装潢从产生之日起就涵盖了商标，商标是包装、装潢的核心要素和组成部分。商标的知名带动了包装、装潢的知名，因此在判定包装、装潢是否具有显著性时不能抛开商标。

2. 商标与包装、装潢能否分割，法院认定时必须考虑到消费者的角度。长期以来，“王老吉”三个字就在涉案包装、装潢中，从未分离，在消费者心目中，看到红色包装想到的肯定是同一个主体而不是两个主体。经过十多年，消费者心目中包装、装潢与商标已经不可分离，如果认为可以分开，只能造成消费者的混淆和错认，看到红罐包装想到的是王老吉，这是消费者多年以来形成的指向，而其上出现的却是加多宝，一定会造成误认。从保护消费者的角度来讲，二者不能分割。涉案包装、装潢在消费者心目中已经形成了识别体系，首先是王老吉的商标、字号，长期使用已经变成了红罐凉茶的商品名称，我们常说的是王老吉凉茶。本案诉争的包装、装潢的组合已经形成了一个识别体系，在消费者心目中形成了固定认知，不能随意分割。

3. 援引《商标法实施条例》第二十六条第二款的规定，表面看商标权人如果拥有十个商标，转让多少、转让给谁是商标权人的权利，那么实施条例为何如此规定，立法的立意就在于避免相同或近似的商标由不同人持有，消费者看到这样的商标所想到的是一个市场主体，势必造成消费者识别上的误认，而事实上却不是同一个主体。为了防止这种情况的发生，实施条例才做出了这样的规定。从这点来看，商标也应当与装潢指向同一个主体，一旦分离，会导致消费者误认。

4. 对方引用的赛立信公司的调研报告，对方反复说70%以上的消费者靠红色来识别商品，对此我方予以认可，但是该报告第32页的研究结论显示：“80%以上的消费者认定红罐凉茶品牌就是王老吉”“85.55%的受访者在购买红罐凉茶时均会明确提出请给我一罐王老吉，仅0.7%的消费者会说请给我一罐加多宝”。可见消费者在购买凉茶时普遍认为他们想要的凉茶就是王老吉红罐凉茶。该报告的结论称：“综合以上调查结果可知，在大多数消费者心目中，王老吉商标与红罐装潢是密不可分的，红罐装潢几乎就等同于王老吉凉茶。”这个结论说明红罐凉茶与王老吉商标密不可分，也可以说这个结论是消费者得出的。在消费者看来，商标不能从装潢中分离。

5. 如果就一个商品而言，既有厂家又有包装、装潢、商标等，消费者依据什么来识别，当然会选择更为容易的识别标志，“王老吉”三个字一定会成为消费者识别的首选，在此情况下，消费者怎么会枉费心机地使用厂家或者配方作为识别标识。因此站在消费者的角度来看，识别标识一定是“王老吉”三个字。

王老吉大健康公司也提道：虽然王老吉品牌商誉同时也在不断提高，其价值也越来越高，商品品牌所有权人占有商品商誉，但经营者可以在经营期间同时也获取其无形价值，提高产值和销量。经营期间的投入，鸿道集团实际获取了丰富的对价，并无吃亏。为什么广东加多宝能在诉二十四味案中胜诉？因为加多宝所享有的装潢权产生的法律基础是广药集团与鸿道集团之间的《商标许可协议》，是广药集团授予了鸿道集团使用王老吉商标的权利，在基于王老吉商标使用权的基础上，其装潢权在其合法经营期间才会得到佛山中院和广东高院的支持，否则加多宝公司在起诉时没有必要向法院提供《商标许可协议》来证明其是红罐王老吉凉茶的经营者。而两级法院之所以认定广东加多宝享有装潢权，主要是基于鸿道集团有广药集团的商标许可，而广东加多宝是鸿道集团投资设立的。

庭审中，广药方面的倪依东打了一个比方，香港租赁给英国，从一个无名渔村变成繁华的“东方之珠”，其间英国人未必没有出过力，但到了1997年7月1日，中国政府依法收回香港，英国是否可以说自己100年来为香港做了很多事情，就可以赖着不归还香港呢？即使归还，也不肯把附着在香港的各种好东西归还呢？显然不行。由此可见，本案涉案包装、装潢与知名商标王老吉是不可分离的。

两级法院的旧判决

在庭审过程中，双方都提到佛山市中院和广东省高院两级法院的一个旧判决，并据此认为省高院判决红罐装潢归自己所有。那是怎么一回事呢？原来，那是2003年这两级法院审理过的一个案件。

2003年，三水华力饮料食品有限公司曾经生产过与王老吉红罐类似的包装凉茶“二十四味”。广药集团授权加多宝公司起诉二十四味凉茶。结果，佛山市中院一审和广东省高院终审判决，都判加多宝胜诉。判决书写道，二十四味凉茶因为红色包装和王老吉红罐凉茶高度相似，被判违反《反不正当竞争法》侵权，要求三水华力饮料食品有限公司停止使用红罐包装、装潢，并赔偿加多宝损失10万元。

这确是一个可以参照的案例，问题的关键是省高院的判决书〔2003〕粤高法民三终字第212号是这样认定的：

首先是法律依据，根据的是《反不正当竞争法》。该院认为：本案属知名商品特有装潢权侵权纠纷。根据《反不正当竞争法》第五条第（二）项规定，构成侵犯知名商品特有装潢权应具备两个要件：一是权利人享有知名商品特有装潢权；二是被控侵权装潢的使用造成与他人知名商品相混淆，使购买者误认为是该知名商品。

然后是知名商品的确定，到底谁是知名商品。广东省高院终审判决是这样认定的：王老吉凉茶历史悠久，多年来在国内外市场享有盛誉，在广东及东南亚地区几乎家喻户晓，并且产品行销全国各地，凭其可靠的产品质量，受到消费者的青睐，并且王老吉商标于1992年和1998年被评为“广东省著名商标”，1993年和1998年被评为“广州市著名商标”，2002 年4月10日被国家体育总局体育器材装备中心授予在其形象宣传、广告、品牌推广和产品包装上使用“中国体育代表团专用标志”“第十四届亚运会中国体育代表团合作伙伴”称号、“第十四届亚运会中国体育代表团唯一专用茶饮料”称号。对此，被告华力公司也无异议。因此，王老吉凉茶是在市场上具有一定知名度，并为相关公众所知悉的商品，应确认为知名商品，那么罐装王老吉凉茶饮料作为王老吉凉茶系列产品中的一种，与知名商品王老吉凉茶具有不可分离性，并且东莞鸿道公司从1996年已开始使用该装潢，并投入大量的广告宣传，因此其亦应是知名商品。

从省高院以上判决中可以看出，罐装王老吉凉茶之所以是知名商品，是基于王老吉凉茶固有的知名度而推导出来的。既然知名商品已经确定，那么罐装凉茶的包装、装潢又该如何确定？该院又指出：王老吉罐装凉茶的装潢是否为该商品所持有，按照国家工商行政管理局发布的《关于禁止仿冒知名商品特有名称、包装、装潢的不正当竞争行为的若干规定》第三条第二款规定：“本规定所称特有，是指商品名称、包装、装潢为非相关商品所通用，并具有显著的区别性特征。”本案中原告加多宝公司在其产品王老吉凉茶饮料上的装潢，在文字、色彩、图案及其排列，寓意明确，设计独特，该装潢底色、图案与其名称融为一体，具有显著的区别性特征，且非为相关商品所通用，为该商品所特有，应确认为知名商品的特有包装、装潢，应受法律保护。

知名商品特有的装潢权是随着其特有的装潢在商品上使用，当该商品成为知名商品时，而产生的一种排他使用的民事权利，该权利与知名商品密不可分，由知名商品的合法经营者享有，并随知名商品的经营者的变化而可由新的合法经营者继受。

通过以上分析，可以认定广东加多宝饮料食品有限公司对其使用的王老吉罐装凉茶饮料的装潢享有知名商品特有装潢权。

广东省高院的终审判决书认为，王老吉罐装凉茶的装潢、文字、色彩、图案及其排列具有显著性特征，应当受法律保护。因此判决三水华力饮料食品有限公司装潢侵权，加多宝胜诉，“可以认定广东加多宝饮料食品有限公司对其使用的王老吉罐装凉茶饮料的装潢享有知名商品特有装潢权”。

这最后一句话，如今成为加多宝的依据，认为广东加多宝享有该知名商品的特有装潢权。但是，看完整份高院判决书，就会发现有两个问题：

一是广东省高院判决的依据，是先确定王老吉凉茶为知名商品，然后再推定王老吉罐装凉茶为知名商品的，接下来才是王老吉罐装凉茶装潢的特有性和可识别性。无论知名商品还是装潢的特有性，都是建立在王老吉凉茶的基础之上。

二是当时加多宝对三水二十四味凉茶的起诉，作为授权经营方，必须取得授权方广药集团的授权，是代表广药集团打的这场官司，广药还专门出具了法律授权书。尽管判决书上写着："通过以上分析，可以认定广东加多宝饮料食品有限公司对其使用的王老吉罐装凉茶饮料的装潢享有知名商品特有装潢权。"但这是针对被告三水华力饮料食品有限公司而言的。这一点，省高院在判决书的开头说得很清楚：

"2000年5月2日，再次变更后的商标权人广州医药集团有限公司与鸿道（集团）有限公司又签订了商标许可协议，约定将王老吉注册商标许可给鸿道（集团）有限公司及其投资（包括全资或独资）的企业独占使用，并授权鸿道（集团）有限公司在浙江省、广东省范围内对侵犯王老吉注册商标的侵权行为可采取法律手段给予制止。"

也就是说，2003年的官司，是广药授权加多宝去打的。一是说明侵权的法律主体是广药集团的王老吉凉茶，而不是加多宝凉茶或加多宝生产的凉茶；二是说明官司打赢了，是王老吉凉茶胜诉，加多宝只是代表王老吉凉茶方，享有知名商品特有装潢权的是广药而不是加多宝。

从2013年5月15日开庭，红罐之争已经过去一年多了，法庭如何判决，结果尚在等待，相信法律自有公断，到时就可以看到红罐之争花落谁家了。

第十四章 舆论战场

免费大广告

双方在开展法律诉讼的同时，还在舆论战场上开辟了第二条战线。

为了博取社会舆论的同情，加多宝使出的招数是大打“悲情牌”。通过大众媒体，加多宝接连抛出了“养了17年的孩子被人抢走了”“对不起，我们只会卖凉茶，不会打官司”“民企遭遇国企公权力打压”等言论，2013年初，还到北京全国两会上散发致代表与委员的“万言书”。在其攻势下，国内舆论一度被局部误导，加多宝人乘机宣传：“广药赢了官司，输了人心！”然而，真实情况又是如何的呢？

就在仲裁委的结果出来不到一个星期的2012年5月16日，加多宝在京召开媒体说明会，面对来自全国各地的300多家媒体，加多宝一边为新品造势，一边大打感情牌，博取媒体和消费者的同情。

加多宝集团品牌管理部副总经理王月贵对大家说，鸿道集团被迫停止使用王老吉商标，“这一结果对我们加多宝来说是一个沉重的打击，对此我们深感失望与遗憾”。接着话锋一转，“作为民营企业，纵使我们很努力按照国家法律和仲裁规则争取公平裁决，但我们始终力量微薄，无法如愿。痛定思痛，希望相关单位、部门保持冷静克制，共同维护凉茶行业来之不易的大好局面”。

对于未来的发展，加多宝表现了自己的大度与信心。“我们无意纠结于过去的事情，我们要面向未来。加多宝将以永不言败的精神，推出加多宝正宗凉茶，继续为消费者生产高品质凉茶。”

其实，这次新闻发布会并无“新闻”，因为加多宝败诉，王老吉回归的消息几天前已由广药集团通过上市公司发表公告了。当时媒体关注的事情，是裁决后加多宝的赔偿金额。有人算了这样一笔账：2010年和2011年间，红罐王老吉的销售额多达160亿元至180亿元，按照国际惯例，商标使用费应该是销售额的5%到30%，即便是广药下属的合资公司王老吉药业，每年都要按销售额的2.1%缴纳商标使用费，如果加多宝也按照2.1%的比例给广药集团，按照其160亿元的销售额计算，至少要付3.3亿元的费用，两年就是七八亿元了。

新闻发布会上有多家媒体追问加多宝生产的王老吉还有多少库存，怎么妥善处理，加多宝发言人避实就虚、闪烁其词，只是大谈加多宝对王老吉的贡献，以及新红罐加多宝凉茶的推出，新闻发布会变成了广告推广会。

这个不能说完全没有效果，就连一向特立独行的《21世纪经济报道》也笔下留情："在其租赁王老吉品牌时，该品牌只是闻名于岭南，年销售额也不过2亿元。加多宝接手后，投入大把资金用于宣传，'怕上火喝王老吉'的广告语深入全国大街小巷。王老吉这一品牌的评估价值，更是高达千亿元。此时将王老吉拱手让人，对于加多宝来说，自然是苦不堪言。"

媒体的理性

不过，媒体终究还是理性的，凤凰财经一针见血地指出：加多宝的新闻说明会，其本质就是借王老吉做最后的营销。换句话说，就是借媒体的嘴巴做一次免费宣传，也可以叫作"借刀杀人"。原文如下：

加多宝败诉说明会引数百媒体　借王老吉做最后营销

2012年5月16日　凤凰财经记者　权基正

凤凰财经讯　5月16日消息，中国商标第一案价值1 080亿元王老吉商标之争有了定论，广药集团胜诉夺回“王老吉”。沉寂多日的加多宝于今日召开败诉说明会，本次发布会共吸引了300多家媒体到场，有网友调侃，这是意在借媒体免费之笔，继续宣传“更名”事件，注定将再次写入三年后的营销案例教科书。

王老吉品牌之争最终以广药胜出尘埃落定，不过加多宝输了官司后并没有消沉，而是举着“正宗凉茶加多宝”的旗帜到处打广告。今日举行的败诉说明会更是吸引了150余家平面媒体、50余家网络媒体、近百家电视媒体，共300多家媒体到场。

在败诉说明会中加多宝表示，作为民营企业，努力争取公平裁决，但始终力量微薄无法如愿，并对仲裁结果表示遗憾。同时，强调加多宝凉茶没有任何改变，仅仅只是换掉了标志。

主持人匆匆结束了媒体提问环节，并宣布抽奖环节，来场的三位记者可以获得加多宝最新包装的一罐凉茶。趁大家混乱之时，加多宝三位负责人“着急”离场。

其中，参加此次发布会的一名媒体记者在微博中抱怨，发布会没有一点实质的东西，对于多次被问及如何部署渠道以及怎样做出有影响的营销事件，加多宝都敷衍过去。

…………

安邦咨询医药行业研究院边晨光曾对媒体称，加多宝此前已经预料到结果，利用打官司拖延，就是给自己的营销调整找时间，比如通过一年多的纷争，消费者已经知道红罐的王老吉是加多宝公司生产的，绿盒的王老吉是广药生产的。而且“加多宝”三个字，也从名不见经传，变成了大家熟悉的品牌，为王老吉换装赢得了时间。

本次败诉说明会或许又是加多宝的营销事件，不管真实与否，加多宝吸引了300多家媒体，成功地向大众宣传了王老吉更名事实。不过，这也将是最后一次利用王老吉做营销，未来加多宝能否重塑品牌，还有更长的路要走。

相对于媒体的理性，网上出现的一些力挺加多宝的言论，则显得有点出格，就连陈鸿道行贿这样一件黑白分明的事情，在网民那里都变成了“行贿无罪，理所当然”：

“我觉得行贿不应该属于犯法，谁愿意把自己的钱拿给别人啊，到政府机关、国企办事，你能不意思一下吗？”

“我提议行贿无罪，处罚行贿就是保护受贿，没有谁是心甘情愿去行贿的。”

“支持加多宝！加多宝在王老吉上的投入，大家是有目共睹的，不管商业贿赂怎么样，我觉得广药应该反省一下！”

网络言论使广药集团被铺天盖地地指责，不明真相的人被误导，离真实情况越来越远。

加多宝是真正的民企吗？其实，它是鸿道集团在内地投资的企业，而鸿道集团则是在英属维京群岛注册，再投资到香港成立的企业，从源头上看，应属英资企业。即便以香港鸿道集团的身份出面，也是港资，无论从哪个角度看，都不可以称之为“民营企业”。

“贼喊捉贼”

英属维京群岛是北美洲的一个小岛国，位于大西洋和加勒比海之间，距波多黎各东海岸100公里，原始土著居民为印第安人。1493年，哥伦布抵达该岛，1672年被英国兼并，现为英国属地。鸿道集团不远万里到维京群岛注册，成为外资公司，为的就是可以用外资身份进入大陆，享受外资优惠政策，规避更多监督。这一点，对于一个企业来说，不难理解。但是，既然享受了外资企业的好处，一旦与国有企业发生纠纷，就不应不顾事实和法律规定硬说自己受了什么欺负。你说你现在受了欺负，你怎么不说当初作为外资企业得到了多少好处？

一位长年从事企业法律事务的律师说了这样一件事，2013年5月，红罐之争在广东省高院开庭时，庭上广东加多宝公司和王老吉大健康广东公司出具了各自的账目，时间从2012年7月9日到2013年3月19日。通过比较这两份账目，发现了一个很不公平的现象：加多宝在广东销售额是23亿元，王老吉是21亿元，但是广东加多宝的纳税总额只有王老吉的四分之一。怪不得有网民质疑："都是在广东这个省份，都是在中国加入WTO多年后，按理所有的税项应该统一的，怎么会有这么大的一个差距？"很明显，要么就是加多宝作为外资企业享受了"超国民待遇"，要么就是有偷税漏税之嫌了。

如今在王老吉官司中，加多宝突然摇身自封"民营企业"，利用公众的不知情和对国企的偏见，回避法律事实，大打悲情牌，博取公众和舆论的同情，可谓机关算尽，用心良苦。

"广药集团是国企没错，但凉茶是一个充分竞争的行业，不存在所谓的垄断。" 有知情人提供了这样一组数据，整个广药集团2013年销售额是540亿元，2012年是430亿元，2012年广药集团纳税总额30多亿元，利润也才16亿元。

对于所谓的国企与公权力勾结问题，一些企业老人也大倒苦水：作为一家国有企业，我们不可能为了打赢官司去送礼和搞关系，无论送礼还是请客都要用公款，既是公款，就必然会留下账目，留下账目总有机会被审查、被揭露，谁肯为公家的事情背黑锅，坐大狱？我们背后有强大的纪委监察部门在监督。反倒是一些外资企业、民营企业、个体户没有那么强大的约束机制，他们才更有可能运用各种手段影响各级官员和法律人士，试图影响公权力。所以，我们每一次开庭都只能寄望于法院的公开、公正、公平审判。2011年，中国国际经济贸易仲裁委员会开庭审理王老吉商标案，我们这一方是主动要求公开审理，但对方死活不同意，如果我们真的与公权力有勾结，怎么敢主动要求庭审公开、透明呢？反过来，对方坚决不让公开庭审，害怕什么呢？这里头是不是存在着"贼喊捉贼"？这是善良的人们不能不深思的。

事实上，2013年5月15日红罐之争在广东省高院开庭审理，就是现场直播的，广药集团方面很高兴法院能这样做，因为这样能让更多的人了解事情的真相。

第十五章 血统小插曲

傀儡传人

法庭上的一再受挫，使加多宝很不甘心，不过，他们也还有办法。千思百虑之间，又祭出了一个希望可以反败为胜的法宝——请出一个消失多年的人物，由她来证明，加多宝比王老吉更“王老吉”。

2012年5月28日，加多宝被裁定必须停用王老吉商标两周半后，该公司在北京隆而重之地举行了一个“加多宝凉茶全国上市启动仪式”。这场大秀除了惯常的造势以外，一个人物的亮相，引起了媒体的关注。她叫王健仪，是王老吉的第五代玄孙女。王健仪在现场发表了一个声明：“王氏家族独有的王老吉正宗凉茶祖传秘方已经独家授权给加多宝集团。”与此同时，王健仪也没有漏掉称赞加多宝对王老吉品牌做出的贡献：“在加多宝经营王老吉品牌的17年中，他们投入大量的心血、人力、物力，一步一个脚印地将王老吉打造成为今天具有千亿价值的品牌。我非常感激加多宝集团对王老吉品牌所做的贡献。”

从这段人们耳熟能详的加多宝式标准说法中，明眼人不难看到，王健仪是有备而来的，她要给失去了王老吉商标的加多宝正名。在场的加多宝负责人怕人家听得还不够明白，干脆说得更直接一些：今后的加多宝仍将继续使用王老吉凉茶创始人王老吉的“祖传秘方”，加多宝凉茶产品的配方、工艺、口味等核心属性也都会保持不变。

王健仪是香港居民，作为王老吉的后人，她属于境外的一支。如同上文提到的，王老吉有3个儿子，1840年前后，分别开设了“王老吉成记”（王贵成）、“王老吉祥记”（王贵祥）、“王老吉远恒济”（王贵发）3家分店。王老吉于1883年辞世后，凉茶业务由贵成、贵祥、贵发3个儿子继续经营。王贵发创立的远恒济最终继承了祖铺和凉茶秘方，并传给3个儿子王恒裕、王恒瑞和王恒辉，其中王恒瑞和王恒辉留在广州继续发展，也就是今天王老吉药业的前身。

1911年，王贵发去世，为了避免3个儿子之间发生冲突，王贵发的妻子李念慈于1912年12月24日订立分产家约，1913年分家协议正式生效。香港的生意分给王恒裕打理，而广州祖铺的生意则由王恒辉、王恒瑞打理。分家协议中特别强调划分范围后“彼此不得侵越范围”，当时的媒体报道对此都有记载。

20世纪50年代中期，王老吉企业实行了公私合营，后来并入了现在的国企广药集团。相比广州王老吉的兴旺发达，1897年远赴香港发展的王家第三代王恒裕一支，却非常坎坷。从20世纪50年代末至70年代初，因经营不善，香港王老吉凉茶经历了一段低潮期，凉茶店被迫关闭，连王老吉的招牌也被迫出让筹钱还债。直到1984年，王家第四代王豫康病逝，经过3年完成领取遗产手续，直至1988年末才重新经营王老吉业务。2003年，王老吉因“非典”横行，市场呈现井喷之势。2004年，有人找到王健仪，希望联合王健仪和广药王老吉，将王老吉打造成一个“世界性的民族品牌”。了解内情的人清楚，同兴的背后是鸿道，王健仪作为一只棋子，被鸿道集团看中，开始纳入其囊中。初时，这只棋子还派不上用场，只是陈鸿道的一着闲棋。

随着2010年5月1日临近，广药和鸿道因品牌之争突显，关系日渐微妙，王健仪开始派上用场。2010年3月25日，王健仪被捧为香港同兴药业董事长。后来人们又知道，也是在2010年，王健仪出任加多宝集团名誉董事长，不过，这一消息直到2012年才出现在加多宝网站上，之前广药并不知晓。2011年1月10日，香港同兴药业与广药合作，同兴药业派其出任广州王老吉药业股份有限公司董事长。

回顾这段前因后果，不难理解为什么王健仪一边倒地支持加多宝，为其站台。2011年3月22日，王健仪在媒体上刊登了《将王老吉药业打造成世界性的民族品牌》一文，公开谴责广药集团未如约转让王老吉商标。2013年3月26日，王健仪携8名家族成员在深圳召开“凉茶创始人王泽邦后人媒体见面会”，公开指责广药集团“祖传秘方”造假。2013年5月，王健仪代言加多宝凉茶《传人篇》秘方广告，再度声明：“我是凉茶创始人王泽邦第五代玄孙王健仪，我在90年代已经将祖传凉茶秘方独家传授给加多宝，从未授予其他企业或个人，过去是，现在是，将来也是。”

诈骗者终被弃置

王健仪的表演太过分了，广药集团方面忍无可忍。广药集团方面认为，王健仪此举与其身份不符。王健仪作为广州王老吉药业股份有限公司的董事长，却公开地为竞争对手加多宝“背书”，涉嫌违反《公司法》。王健仪站在加多宝一边打压诋毁王老吉，本身就是对王老吉品牌的极大伤害，也有悖于王健仪自称的“将王老吉药业打造成世界性的民族品牌”的口号。

对于王健仪提出的没有将“祖传秘方”传给广药集团的说法，广药集团明确地指出，王健仪一脉早在100多年前就去了香港，与广州王老吉100多年来无任何经营关系。在20世纪50年代的公私合营过程中，广州王老吉药厂继承了凉茶始祖王老吉的祖业。目前，广州市公证处已经从王老吉家族的谱系传承、王老吉秘方、工艺、王老吉第四代后人的档案等各方面进行了公证。10份公证权威证明了王老吉从王老吉凉茶祖铺到广州王老吉之间是一脉相承的，广州王老吉拥有王老吉凉茶的独家秘方。

倪依东指出：“广州王老吉所有的印章，企业在民国时候的字号原件，我们都有，照片也有，实物也有。包括配方，我们申请了国家非物质文化遗产，第11号到第16号都有配方”。

对于王健仪所说“将独家秘方授予加多宝”，生产出“正宗凉茶”，倪依东强调，这是睁着眼睛说瞎话。首先，王老吉凉茶祖传秘方生产的凉茶，味道很苦，完全不是现在这种味道。根据药食同源的道理，第一个将王老吉凉茶从药品改造成为饮料的，是1992年时的广州羊城药厂，当时还把包装从原来的颗粒冲剂变成今天的盒装和罐装。正因为有这个开始，才会有今天凉茶饮料的广阔市场。广州王老吉药业股份有限公司生产的盒装王老吉，至今仍保持着改良后的配方与工艺，而在这之前，香港王老吉根本没有这种工艺。而加多宝生产凉茶，是1995年3月28日经广州羊城药业授权后才生产的。按照时间先后，广药王老吉使用在前，加多宝在后，到底谁是“正宗凉茶”，一目了然。

更为关键的一点是，有媒体进一步探究发现了一个秘密：2008年，王健仪曾因诈骗案被香港法院判决履行社会服务240小时并被罚款17.5万港元，香港、内地的报纸对此均有刊载。事情的起因是这样的：1997年10月6日，王健仪利用一张虚假发票，向广安银行（后易名为“星展银行”）诈取了9万港

A9 港聞　　大公報

以女兒患紅斑狼瘡病　博官同情

王老吉後人騙貸　輕判社服

【本報訊】有一百七十八年歷史的香港老牌涼茶「王老吉」第五代傳人王健儀涉嫌在生產機器交易中偽造帳目，訛稱出售多部生產機器給「香港王老吉國際」，騙取銀行信用狀借貸及分期付款貸款逾一百四十萬元，被廉政公署控告七項偽造帳目罪，早在區域法院審訊後被裁定全部罪名成立，昨獲輕判二百四十小時社會服務令及罰款十七萬五千元。主審法官王興偉宣判時指，考慮到被告求情時表示女兒患有紅斑狼瘡病，而且其之前沒有刑事紀錄，遂判處社會服務令。

2008年，香港媒体对王健仪涉嫌诈骗信用信贷的报道

元的信用信贷。1998年2月12日至2003年3月28日期间，王健仪又通过改动总额为136.33万港元的发票，获得英利信用财务有限公司批出的6笔分期付款贷款。前后7次诈骗，只为区区140来万港元。为何堂堂王老吉后人竟会做出如此败笔？据了解内情的人士透露，王健仪有个女儿患有红斑狼疮需要治疗，而王健仪自己没什么钱，不得不出此下策。如果真如王健仪所说，20世纪90年代初她就已将王老吉独家秘方授予陈鸿道，按照加多宝的销售与陈鸿道的出手，应该有一笔稳定可观的收入，何至于为区区100多万港元铤而走险？

一个有着诈骗案底的人，说话的可信度自然是要大打折扣的。媒体上的揭露，对王健仪和加多宝来说，一击致命，无可挽回。很快，王健仪的代言就从媒体上消失了，这只棋子被毫不留情地放到了一边。

法院发出“诉中禁令”

王健仪这只棋子不好用，加多宝又使出了大肆宣传“王老吉改名”的新招数。不明就里的一般消费者信以为真，以为王老吉真的改名为加多宝了。加上广药王老吉大健康在罐装王老吉方面一时之间产能未跟上，无法第一时间全面供应各地销售点，不少地方只见加多宝不见王老吉，以至常有顾客说买一罐王老吉，结果送到手上的却是加多宝。品牌的混淆使王老吉十分无奈，他们知道，如果处理不及时，将给王老吉品牌带来一系列后遗症。

不得已，广药集团只好向广州市中院提起诉讼，于2012年12月7日立案，加多宝对王老吉商标侵权。2012年12月27日，广药集团向广州市中院提出的“诉中禁令”申请举行听证。2013年1月31日，广州市中院发出“诉中禁令”，要求加多宝立即停止 “王老吉改名为加多宝”“全国销量领先的红罐凉茶改名加多宝”的广告宣传。与此同时，广药王老吉认为，加多宝的改名广告严重侵害了王老吉的权益，对王老吉品牌造成了很大的伤害。2013年3月初，广药集团向法院追加两项诉讼请求：一是请求法院判定加多宝虚假宣传，构成不正当竞争行为；二是要求加多宝做“王老吉从未更名”及“全国销量领先的红罐凉茶即王老吉从未更名”的正面广告宣传。“如果加多宝拒不履行或不完全履行，则由王老吉代理实施上述广告宣传，所产生费用由加多宝承担。少则几亿元，多则上十亿元。”广药代理律师温旭对外界这样表示。

不过，从2012年6月到2013年1月，加多宝推出的“王老吉改名”广告已经宣传了半年时间。业内人士分析，改名广告完全违背事实，明显有违职业道德和有关法规，无须争辩，都是加多宝不对。但对于加多宝来说，半年时间铺天盖地的广告宣传，已经在一定程度上达到了自己的目的，他们明知法院迟早要禁止，甚至可能罚款，但相对宣传效果来说，还是得远远大于失。

当然，加多宝还有很多“攻心计”。就在“诉中禁令”发出没几天，2013年2月4日，加多宝在其官方微博上一连发出了4条主题为“对不起”的微博，并配以4张幼儿哭泣的图片：

> “对不起，是我们无能，卖凉茶可以，打官司不行。”
>
> “对不起，是我们出身草根，彻彻底底是民企的基因。”
>
> “对不起，是我们太自私，连续6年全国销量领先，没有帮助竞争对手修建工厂、完善渠道、快速成长……”
>
> “对不起，是我们太笨，用了17年的时间才把中国的凉茶做成唯一可以比肩可口可乐的品牌。”

这一边自嘲的表述尚未结束，微博上又出现了王老吉版的反嘲，同样是4条微博，不过，主题是“没关系”，配图则是4个可爱的幼儿脸庞：

“没关系，是我们要赢，凉茶要卖好，官司也不能输。”

“没关系，是我们出身优越，但不改一颗自立的决心。”

“没关系，是我们太大度，连续十几年让你们放手去做，没有介入日常经营、渠道建设，在背后默默付出。”

“没关系，是我们太囧，费了17年的时间才懂得祖宗留下中国的凉茶需要自己细心经营。”

这些微博是否为王老吉大健康公司所为，该公司既没有肯定也没有否定。不过，这次加多宝确实遇到了对手，轻轻一挡，将加多宝的悲情化为无形，仿如变成了一部春节期间的另类搞笑“贺岁片”。

“对不起”与“没关系”“无所谓”

煽情的万言书

法院对加多宝发出的“不准使用王老吉改名加多宝”广告口号的禁制令，实事求是，合法合理，但仍引起了加多宝方面的强烈反弹。继网上过招无效之后，加多宝这次用的是“万言书”。

2013年的3月初，每年的此时，全国人大、政协“两会”照例在京召开。3月12日，会议快要结束的时候，加多宝在其官方微博上发表了一封致全国“两会”代表、委员的“万言书”。文中直指“非公经济”遭遇“公权力打压”，加多宝被索赔人民币10亿元，面临被“赶尽杀绝”之困境，呼吁代表、委员的关注与支持。

文章发表后，不少新闻网站转载，一时万众瞩目，成为舆论关注的焦点，几乎上升为政治事件。加多宝的文章中有那么几句非常煽情的话：“起初，他们强行夺回商标的时候，我们抗争了，但是没有用——我们换新品牌；后来，他们叫停更名广告的时候，我们哭了，还是没有用——我们改新广告；现在，他们又想天价索赔10亿——这次我们不想再屈服，我们再无退路。请帮忙转发让‘两会’代表看到。”

加多宝的“万言书”不是一份简单的在商言商的自白书，俨然是一份替全国非公经济鸣冤叫屈的政治宣言书。它从非公经济是中共的执政基础说起，指出非公经济“占中国GDP总量的60%，税收占比超50%，就业机会提供占80%”，以图让人从中共执政地位稳不稳的高度看待加多宝的问题。

加多宝的“万言书”，又是一份斥责国有企业“勾结公权力”的批判书。它一方面指责“地方权力与当地国有资本牢固的联盟”是对非公经济不平等的“玻璃门”；另一方面则把加多宝自身的遭遇说成是“翻云覆雨，赶尽杀绝”的境地。

加多宝的“万言书”，还是一份以退为进的“通牒”，“希望权力和地方政府的局部利益能够远离法庭，让‘非公企业’加多宝和国有企业广药能够平等地站在法庭上，接受公正的裁决”。

“万言书”一再煽情地陈述，是加多宝通过17年的努力，“将‘红罐王老吉’苦心培育为无形资产价值千亿，在国内有望与可口可乐比肩的知名品牌，用现代商业理念，为发扬光大日渐式微的中国传统老字号闯出一条生路，并将凉茶这种岭南地域性饮料，拓展为在全国乃至世界范围内拥有广泛消费者的健康产业”。如今，“17年心血所系的商标一夜之间被无条件褫夺”，“求告无门，呼号无地”，不得不忍痛放弃使用了十几年的王老吉商标，从头再来。

…………

五问加多宝

加多宝的“万言书”对“两会”代表和委员有否造成影响不得而知，在媒体上倒是有一些反应。但是，这一次，广药没有留给加多宝多少机会，在公众情绪尚未被调动起来，民意尚未开始发酵之时，他们就已做出了回应。

就在加多宝推出“万言书”的当天，广州王老吉大健康产业有限公司（以下简称“王老吉大健康”）在其官网上发布了“五问加多宝”，认为利用悲情影响“民意”，违反了“法律面前人人平等”的基本准则。

王老吉大健康指出，王老吉商标的收回，是因为加多宝母公司鸿道集团董事长，为了获取超额利润行贿续签，导致续签合同无效。陈鸿道的违法犯罪行为，本身就是对法律的极大亵渎。“改名”广告的叫停，更是因为加多宝赤裸裸地宣称“王老吉改名”，对王老吉品牌造成了无法弥补的伤害，王老吉大健康不得不依靠法律进行维权。而且，加多宝以“民企”的虚假身份博取公众的同情，也是对公众的欺骗和极不尊重。在本质上，市场经济就是法制经济，在法律面前，人人都是平等的，不管国企、民企还是外资，概莫能外。

王老吉大健康驳加多宝“万言书”的《王老吉五问加多宝》是这么说的：

> 中国社会发展到今天，最大的进步之一就是法制的进步。法制才是市场经济的精髓和灵魂，它保证了各种不同性质的企业主体能够有公平、公正的市场环境，我国经济能够有今天的巨大成就，正是得益于法律对市场的呵护和保障。不论国资、外资还是民资，都是平等的社会竞争主体。其行为必须受到法律的约束。任何违法行为都将受到法律的制裁。
>
> 1. 加多宝为何要租王老吉品牌？王老吉品牌创立于1828年，至今已有185年历史，王老吉就是凉茶的代名词。王老吉商标的所有权属于广药集团，“抢商标”一说纯属子虚乌有！1992年，王老吉创造性地推出罐装和盒装王老吉凉茶，这是中国最早的凉茶饮料，没有王老吉的这一创新和百年历史文化积淀，就不会有现在如火如荼的凉茶产业。正是看中了王老吉这一百年老字号和王老吉凉茶饮料，加多宝才会租用这一金字招牌。如果能够做好自主品牌，加多宝为何要租用王老吉商标？
>
> 2. 为何加多宝会输掉官司？1995年，加多宝母公司鸿道集团通过租赁形式获得罐装和瓶装王老吉商标的使用权，而盒装王老吉凉茶则由王老吉药业一直经营至今。所谓陷入停产一说，纯属胡编乱造。另外，需要特别指出的是：2002年至2003年，加多宝母公司董事长陈鸿道通过多次行贿，以300万元的超低价格获得王老吉商标的使用权，这本身就是对我国法律的藐视和挑衅，法律不会因为加多宝对王老吉品牌的发展有功，就容忍陈鸿道行贿事件可以逃离法律的监管和制裁。广州市检察院

去年6月对外宣布，陈鸿道潜逃海外，至今仍在抓捕当中。

3. 是谁在制造不公平的市场竞争？广药集团收回红罐王老吉经营权之后，加多宝通过签订排他性条约等各种手段阻止王老吉的成长壮大，并耗巨资打造“王老吉改名”这一虚假广告，已经给王老吉品牌造成了严重的伤害。广州市中级人民法院依法依规做出“诉中禁令”，正是为了维护公正、公平的市场环境。

4. 谁在扮演“弱者”？业内法律专家指出，法制社会法律面前人人平等，违法行为必将受到法律的制裁，加多宝的所谓公开信正是想通过引导社会情绪来博取同情。其一边在市场上通过捏罐、制造流血冲突等行为强势掠夺王老吉的市场，一边扮演“弱者”博取民众同情，本身就暗含了想要获得“超国民待遇”的内在冲动，而这种冲动的基因是违背法律面前人人平等的基本原则的。

5. 谁才是真正的“影帝”？在这里更需要指出的是，加多宝并非民企，其通过外资身份在中国获得了土地、税收的优惠，却以民企身份多次试图掀起不同性质企业之间的矛盾，这既不利于凉茶产业的发展，更不利于社会的和谐进步和中国经济的发展。

我们呼吁企业竞争应尊重法律、尊重事实，任何捏造、诽谤最终都将自食其果。感谢广大消费者对王老吉的支持和信任，我们会全力以赴，做大做强凉茶产业。

就在双方针锋相对之时，一个网民的介入，让此事的论战变得更加热闹。2013年3月12日，一名自称是“南海王老吉”的网民在“东方财富股吧”上发布了《给中国同胞暨王老吉竞争对手的一封信》，引起各方的高度关注。

这位网民说：“今天，通过某网站看到了《JDB集团致两会代表委员的一封信》，内心无法平静。决意动笔写点东西！”

“在准备写这封《给中国同胞暨王老吉竞争对手的一封信》之前，我想过这样做可能会带来的后果：一方面，JDB作为一家外资集团公司，拥有庞大的‘资产’，壮观的‘员工’，深层次的‘社会背景’，会不会招来‘杀身之祸’？看过之前JDB对王老吉员工的殴打、动刀毁容……一系列黑社会性质行为，内心还是生出一些后怕和担心（不过想想社会无论再怎么复杂，我还是相信中国的法律始终会保护和支持正义！在中国这个社会主义法制国家，我始终还是坚信光明会战胜黑暗！）；另一方面，看看有关涉及到JDB与王老吉争议的相关评论，怎么就一边倒呢？只要是涉及到广药集团王老吉的信息，基本是‘谩骂’声，而涉及到JDB的，80%以上都是‘支持’？这是真实的民意吗？”

他在列举了加多宝注册、运营的实际情况后，一针见血地指出，加多宝并不是民企，“万言书”开篇就讲“非公有制经济”如何如何，无非是想转移大众视线，获得“同情”。正是有了中国的改革开放，才有了包括加多宝在内的外资企业在中国的生根、发芽、开花，并收获了投资果实；才有了1995年羊城药业与鸿道集团签订的租赁合同，约定授权鸿道集团在一定期限内生产经营红色罐装和红色瓶装王老吉；才有了加多宝在中国内地把王老吉做大、做强的基础；也才有了加多宝通过王老吉的历史文化沉淀、良好的市场营销手段以及借助四川汶川地震采取的独到品牌推广，获得了数不清的利益。当然，也让国人认识到了凉茶是怎么回事，我想包括现在经营王老吉的广药集团及相关做凉茶的企业应该记住和感谢，中华民族是一个懂得感恩的民族。所以，中国市场的开放，并没有排除包括加多宝这样的外资企业在内的“非公有制经济”。没有国有企业的胸襟与开放，加多宝怎么能获得那么多利益？

这位网民认为，王老吉商标从诞生、成长、一度出租，到最后回归广药集团，过程很漫长。人们看到，广药集团对王老吉商标的收回是公正、合理、合法、光明正大的。在广州市中级人民法院做出判决，发出“诉中禁令”后，加多宝非但没有立即执行，还继续进行侵权行为，这哪里是“尊重法律”的表现？他发出质问，难道在中国可以鼓励企业不遵守中国法律？可以不尊重事实？可以动刀捅人？可以撕毁别人的广告？可以虚假宣传？可以误导消费？可以签署排他协议？可以雇佣水军污蔑竞争对手？可以用双层包装？可以……

这位网民在网上发出的呼唤是尊重事实，遵守法律！

这个自称“南海王老吉”的网民真实身份究竟是什么？从立场上看，不会是加多宝方面的“粉丝”，只能是王老吉方面的“拥趸”，或中立的关注者；从言辞上说，又不像是机构内部经过审慎把关的作品；从内容上说，观点鲜明，不少材料发掘得比较深，掌握得比较广，显得相当专业。所以，这个人应该不是偶然加入的好事之人，而是一个早就关注此事的商界人士。

第十六章 缓兵之计

移花接木

自与王老吉打官司以后，加多宝审时度势，自知胜算不高，早就做好了两手准备。一边是竭尽全力打官司，能取胜更好，赢不了也可以借官司增加加多宝的知名度；一边以且战且退的办法，尽量拖长诉讼过程，争取时间将加多宝品牌推上来接替王老吉品牌。

在使用这一招“移花接木”的策略中，如何尽量利用王老吉品牌的残留痕迹，包括拖长做大王老吉品牌官司，为自己造势，把加多宝这个牌子早一点推向市场，让更多人知道，就成了他们一段时间里的工作重点。

重庆市中院开庭审理加多宝诉王老吉“怕上火喝王老吉”广告语涉嫌不正当竞争案，法庭认定：“怕上火喝王老吉”与商标一起属于商标使用者或拥有者，王老吉公司作为王老吉商标的合法使用人，对“怕上火喝王老吉”广告语享有合法利益。法庭宣判：驳回原告加多宝的诉讼请求，明确了王老吉使用“怕上火喝王老吉”这一广告语的合法性和合理性

在这个策略施行中，最重要的一点是死死黏住王老吉，无论是宣扬自己与王老吉拥有良好血缘关系也好，宣传自己与王老吉斗得不可开交也罢，都可以起到提升加多宝知名度与美誉度，转移和削弱王老吉品牌价值的作用。在加多宝看来，缠着王老吉，只有好处，没有坏处。

怎么缠？第一步行动是将加多宝说成是王老吉改名后的同样产品。从2011年11月王老吉商标开争后，加多宝就已开始“去王老吉化”。2012年初，消费者发现原来的王老吉凉茶红罐的另一面出现了“加多宝”三个大字，“双名王老吉”正式入市。2012年3月29日，加多宝发布官方声明，红罐王老吉启动全新包装，强化“加多宝”品牌，广告语也从以前的“怕上火喝王老吉”变更为“正宗凉茶，加多宝出品”。2012年4月，尽管裁决结果尚未出来，加多宝已经抢先行动，“怕上火喝正宗凉茶”的广告随写着“加多宝”字样的红罐，一起出现在各大城市的地铁、商场、超市里。据媒体报道，2012年4月加多宝广告投入高达4亿元，为新品牌造势不惜血本。一向高调的加多宝官网已难寻“王老吉”字样——一切都在悄然变化之中。

2012年5月9日，中国国际经济贸易仲裁委员会裁决结果出来，鸿道集团必须停止使用王老吉商标。加多宝很快做出了反应，加多宝集团品牌管理部负责人王月贵谈道：“5月12日接到通知，5月13日，加多宝集团上下两万人，就实现了硬件、软件的‘加多宝化’。只用了一天的时间，那三个字在我们的集团再也找不到了。”

“去王老吉化”本来就是仲裁庭的要求，加多宝这样做，似乎无可厚非。可事实并非如此。在加多宝2012年5月16日召开的媒体说明会上，面对着台下300多家媒体单位，加多宝开始了自己新品牌的路演与推广。如何让新的加多宝品牌被消费者了解和接受，加多宝品牌管理部总经理庞振国打了个比方：“比如我是不是正宗的庞振国？我今天穿的是黑色的西服，我明天穿另外一件西服，你凭什么判断我是不是正宗的庞振国呢？你是看我这个人，内在的东西并没有变，变的只是它的外在。所以加多宝凉茶自始至终一直有它正宗的特色。”生怕记者还不够明白，他进一步强调：“加多宝就是原来的王老吉。”

第二天，果然有媒体受到启发，刊发了“王老吉改名加多宝”的文章，这就是加多宝想要达到的效果。很快，配合性的宣传开始铺天盖地而来。“王老吉改名加多宝”“全国销量领先的红罐凉茶改名加多宝”“全国销量遥遥领先的红罐凉茶改名加多宝”“原来的红罐王老吉凉茶改名为加多宝凉茶了”“加多宝生产的红罐凉茶不再使用过往17年沿用的商标，现更换为加多宝凉茶”等广告语，加上煽情性的宣传，“还是原来的配方，还是熟悉的味道”。一夜之间，过去陌生的品牌开始闯入消费者的视野。到了6月中旬，除了电视、报纸、网络的空中轰炸外，户外LED、候车亭到处都是加多宝的广告。据加多宝方面介绍，改名广告铺到了全国300万个终端。还是原来的经销商，还是相似的红罐，一些不明真相的消费者真的以为王老吉改名为加多宝了。

王老吉大健康分管宣传的副总经理赵敏说：“当时真的很气愤。”因为刚接手时，王老吉红罐凉茶产能一时跟不上。“我们是6月3日上市，6月到8月这个时间段内，产能确实缺口较大，有很多地方供不到货。加多宝趁机在媒体大量投放改名广告，造成了消费者的严重混淆。”

王老吉并不想挑起事端，但加多宝咄咄逼人，唯有被迫应战。从这个意义上说，广州市中院2013年发出的“诉中禁令”，要求加多宝停止改名广告的宣传，实际上是加多宝自己逼出来的。

偷梁换柱

王老吉是王老吉，加多宝是加多宝，硬把加多宝说成王老吉，就是不顾事实，不惜突破法律和道德的底线说谎。加多宝之所以这样做，目的何在？

在改名广告推出前，加多宝专门对自己的广告口号做过一个说明："全国销量领先"，表明加多宝的实力；"红罐凉茶""改名加多宝"将过去经营的红罐王老吉与加多宝连在一起；"还是原来的配方，还是熟悉的味道"，表明产品内涵未变，一尝就知道；"怕上火喝加多宝"，承接前面的话语，内涵没变，功能肯定也不变。在加多宝心目中，这是一个完美的宣传文案，想说的、该说的都有了。说白了，加多宝就是原来的王老吉，只是改了一个名字而已，其他的包括生产厂家、配方、功能都没有变化。

通过改名广告的宣传，转移王老吉品牌的价值，最大限度地为加多宝所用，为自己的品牌开路，这就是加多宝改名广告的目的所在。作为一个新品牌，加多宝如果不搭上王老吉这辆顺风车，很难在短时间内为公众所接受。

当初，加多宝对改名广告的要求有三个：一是承接原来红罐凉茶的忠实消费者；二是给渠道和终端信心；三是最大限度地承接品牌原有资产，降低品牌转换成本。通过半年多的宣传，加多宝在一定程度上达到了自己的目的。

然而，加多宝所做的虚假宣传总归难逃法律制裁。2013年12月20日，广州市中级人民法院对王老吉"被改名案"做出一审判决：判令被告广东加多宝饮料食品有限公司立即停止使用"全国销量领先的红罐凉茶改名加多宝""原来的红罐王老吉凉茶改名为加多宝凉茶了"等广告语，并立即销毁使用了上述广告语的宣传物料；加多宝公司赔偿原告广药集团经济损失人民币1 000万元，并支付广药集团合理的维权费用81万元；在主流媒体上进行公开赔礼道歉。

尽管法院判处加多宝赔偿1 000万元，但是偷梁换柱，相对于上千亿品牌价值的王老吉商标，加多宝在长达半年多时间里"偷鸡借用"，对王老吉品牌的损害还是远远补偿不了的。王老吉代理律师温旭表示，一审仅仅判赔1081万，远远无法弥补王老吉的经济损失。加多宝公司通过长期虚假宣传非法转移王老吉无形资产，给王老吉造成的直接经济损失至少超过30亿元。实际上，王老吉品牌因为加多宝"更名广告"而遭受的损害，是难以用金钱来衡量和弥补的。

加多宝的行为也引起了社会公众人士的反感。清华大学法学院副教授崔国斌指出：“作为一份有关商标许可的协议规范，当该许可合同终止之后，被许可人在原封不动地将商标返还的同时，不应做出损害商标及该商标商品、商誉等事关商标许可人商业利益的有关行为。”加多宝的改名广告宣传，不仅是通过欺骗的手段侵犯了王老吉的商誉，而且超出了市场道德的范畴，触犯了法律底线。

被伤害的南粤人的集体记忆

祖籍广东，从小在广州城里长大的中国传媒大学广告学院院长黄升民教授对王老吉品牌有着天然的感情，但他对王老吉和加多宝的品牌争端却是从专业的角度，看得很深很远。他说：“我本来是同情加多宝的，因为我觉得它很辛苦，但加多宝提出更名之后，彻底颠覆了我的想法。因为它这样做使成千上万的广东人成了傻帽，我们从小喝的凉茶突然间换成加多宝了。”

黄升民认为，加多宝的改名宣传手法“太拙劣了”，对于华南一带尤其是南粤人来说，加多宝的行径已经极大地损害了他们的集体记忆和原始认知，百年来延续的王老吉文化被贸然切断，对百年老字号王老吉造成巨大的伤害。

“加多宝集团在商标纠纷前后的作为与对外传播行径对王老吉的损害是难以修复的，直接将两者互换概念的后果就是大众对加多宝接受能力的强化，以及对王老吉凉茶品牌认知的模糊与扭曲。”

黄升民认为，加多宝的所作所为，颠倒了事实黑白，已经严重影响了公众的正常判断。为了让公众对王老吉与加多宝之争有一个客观的评价，能理性看待，他和同是研究市场广告营销的刘兰博联手，专门写了一篇文章《审视加多宝，思考王老吉》，发表在《国际品牌观察》上，引起了网络和公众的普遍关注。文章迅速被网络转发，现摘要如下：

一考：王老吉前世今生，品牌基因何在?

常说伟大的品牌拥有伟大的基因，王老吉作为具有百年历史的中国老字号，更是有着鲜明的历史烙印与文化基因。

1828年，王泽邦在广州开设第一家王老吉凉茶铺，王老吉的百年品牌就此诞生。1925年，王老吉凉茶还曾代表中国民族品牌在伦敦参展。因此从“王老吉”三个字，我们看到的不只是一个凉茶商标，还是一位悬壶济世、救死扶伤的老中医践行医德的故事。

不过，由此谈开来，王老吉并不仅仅局限于王泽邦个人化的品牌属性，它还有着强烈的地域属性与中国文化特色。凉茶是广东、广西地区一种由中草药熬制的具有清热去湿等功效的药茶，这种凉茶在岭南尤为普遍，渗透着浓厚的南粤文化色彩。

此外，王老吉作为凉茶的代表，凝聚了鲜明的中医文化特色。因此，从背后的历史文化渊源来看，王老吉是凉茶饮料的商业品牌，更是蕴含着中国传统文化基因的百年品牌。

二考：王老吉风雨百年，品牌归属何在?

王老吉品牌历经百年的发展，最终归属于谁?

2012年5月9日，中国国际经济贸易仲裁委员会做出裁决：广药集团与加多宝母公司鸿道（集团）有限公司签订的两个补充协议无效，鸿道（集团）有限公司停止使用王老吉商标。

至此，二者的纷争告一段落，王老吉商标完全归还广药集团所有，不再允许加多宝使用王老吉商标。但我们应该明确，无论“贿赂”的商业原罪是否发生，商标租赁关系基础上的品牌归属都没有发生转移，一直是广药集团所有，而这一原罪只是加速了商业合作关系的终结。

三考：加多宝的保姆角色，有功即可僭越？

品牌终究归还了广药，纷纷扰扰中很多看客将同情票投给了加多宝。它在王老吉品牌的成长中扮演的又是何种角色？

对王老吉的品牌崛起而言，加多宝功不可没。把王老吉从岭南推向全国，突破药物的局限做成快消饮品，实现过千亿的品牌价值，离不开加多宝的营销功力。

王老吉的成功，离不开加多宝的付出，然而，如果因此声称王老吉就是加多宝，只能是一种僭越行为。主人与保姆的身份区隔始终存在，如果保姆的手伸得过长，就越过了法律的红线。

四考：欲盖弥彰广告术，加多宝狂撒钱为哪般？

如果租借了他人的东西，要归还时却千方百计地对所有者及其物品本身进行破坏，是否已经违背了一些基本的道德与法理？

作为租赁者的加多宝似乎正在重复这条路。加多宝利用其在法律诉讼期间，将情理上的弱势展现到极致，收获了多数看客的同情，各路媒体记者也为其高呼。加多宝在对王老吉占有无果后，开始对消费者发动广告攻势。

推出新品牌加多宝凉茶初期，一直以王老吉的更名为核心诉求，将“加多宝”就是原来的王老吉这一概念灌输给消费者，混淆了大众的视听，完全无视已经完全归属广药的正宗王老吉品牌的存在。加多宝的轮番广告战通过偷换概念，宣称自己就是原来的王老吉，对王老吉商标造成了严重的损害。

抛开法律事实，加多宝或许可以成为一个经典的营销案例；但如果更坦诚地说，加多宝所依循的其实就是专制强权一贯信奉的传播暴力逻辑：金钱可以改变事实，谎言重复千遍即成真理。

五考：非物质文化遗产，公有品牌如何保护？

王老吉不只是一个新时代的商业品牌。在这块牌子的背后，有180多年的南粤医药历史，有传承了世世代代的医学文化；承载的不仅是王氏后人的家族荣光，还凝聚了每一代南粤人几十年的成长记忆。

基于凉茶文化的集体记忆串起了南粤几代人的生活，王老吉从来都不是时代性品牌的昙花一现。这种公共属性的宝贵的文化财产需要全社会公众的保护，更需要广药的积极努力与加多宝的尊重。

六考：实用主义开路，加多宝商业属性难推文化传承。

对于为其创造价值的王老吉商标及广药集团，加多宝采取的始终是一种实用主义的态度，这在其转向加多宝新品牌运作的过程中体现得尤为明显。在法律纠纷尚未尘埃落定的间隙，加多宝奋力挣扎，企图争夺对王老吉品牌及其品牌增值部分的占有；在法律给出最终判决之际，加多宝又开始以混淆视听的广告战模糊两个品牌之间的关系与区隔。

审视过去几个月纷争中加多宝的表现与其经营王老吉品牌十几年来的作为，我们看到的是中国企业发展的典型缩影：一方面是企业迅速发展中单一化的利益导向下的盲目性；另一方面则是习惯先行后思，事后收拾残局甚至“狗急跳墙”的狼狈。

作为一个纯商业公司，加多宝追求的自然是经济利益最大化，这一点无可厚非。若加多宝凉茶能够顺利发展下去，最好的结果就是为世界贡献新的凉茶品牌。但我们无法忽视的是，这一新的商业品牌如若成功，充其量只能是中国民族品牌崛起的代表之一，并不能够实现中华老字号和王老吉凉茶作为国家非物质历史文化遗产的传承，并且在它崛起的初期对原本存在的王老吉凉茶文化已经造成了不可磨灭的损伤。

七考：世纪纷争的背后，是产权、品牌，还是文化？

比如产权的归属问题。对于法理上的事实，企业能做的就是尊重并积极维护，一旦越过红线就应该吸收教训、改过自新，而不是一味地回避事实，做无意义乃至不合法的挣扎与纠缠。

品牌本身并没有上下之分，但关键在于品牌并不是浮在海面的冰块，而是深植海底的冰山，我们看到的通常只是冰山一角。因此，支撑品牌存在与发展的文化与价值积淀是最为核心的东西，没有这些，品牌关系的搭建就失去了有效的载体，品牌在市场竞争的持久战中就很难赢得胜利。而加多宝的弱势正在于此，尤其是在品牌长期关系的构建上。虽然目前其声势占优，但是当我们尝试预见品牌未来的时候，它的焦虑就隐约可见了。抛开在租赁基础上对王老吉品牌的有限使用权，加多宝只是一家纯商业属性的公司，没有任何凉茶产品的基础和文化，只有借王老吉做营销深加工的经验，即便营销能力超群，但若没有好的品牌资源做基础，也很难破局。因此，加多宝现在以远超出正常标准的广告投入覆盖大众的视听正是为了弥补其弱势的部分，那就是无文化、无历史、无积淀的品牌立足与长远发展问题。而与之相比，王老吉的广告声量尚处于弱势，但由于强势的品牌积淀，仍旧能够以小声量获得较稳定的市场份额。而若想达到同样的效果，加多宝就需要几倍甚至几十倍的品牌投入与付出。当然，我们也不能排除，加多宝会逐渐为其纯商业属性的本源寻找并注入新的文化元素，编织品牌的故事，使得加多宝这一品牌不是空有其名，而是一个立体的、活生生的、有文化、有个性的凉茶品牌。但是概念可以随意篡改、广告能够造就一切的造牌观念是加多宝的误区，而品牌价值也不是它单方力量就可以强加上去的，必须是与消费者共创的结果。

八考：王老吉属于历史，属于现在，更属于将来

对于王老吉来说，历史记忆的激活与公共记忆的维护是品牌活力持续迸发的原动力。它不仅是一个商业品牌，还是一段历史、一种文化，更是一个城市、一个地区的集体记忆与文化地标。只有将其文化的基因不断发酵，王老吉才有可能成为真正的伟大的品牌。

黄升民教授出生在广东，成长在广东，是一个标准的岭南人。在他眼

中，王老吉绝不仅仅是一罐饮料，而是“岁月”“文化”和“情怀”，这个品牌是有灵魂的，是凝固了世世代代岭南人集体记忆的珍贵遗产。他的观点代表了千千万万岭南人的观点，加多宝怎么做生意是你自己的事情，但为了做生意就把加多宝说成是大家记忆中的王老吉则不可以。

大谣在行动

与改名广告的大张旗鼓相比，私底下的暗战可能更加险恶。2013年6月21日，国内多个新闻网站同时出现一篇文章：《红罐广药王老吉全国低价狂甩　疑为改作绿罐铺路》。文章没有作者，也没有注明来自哪家媒体或者机构，但是内容非常具体，语气十分肯定。这则新闻具有典型的新闻手法，时间、地点、人物、原因、经过十分详尽，乍一看，容易信以为真。这篇文章全文如下：

红罐广药王老吉全国低价狂甩　疑为改作绿罐铺路

尚在“神药”舆论漩涡挣扎的红罐广药王老吉，近日再次在全国多地悄然大力度促销，部分区域的促销让价力度更是接近45%，创造了饮料界促销新高。而在红罐广药王老吉疯狂促销的背后，疑为全线放弃红罐改作绿罐做准备。

记者发现，西南区的红罐王老吉在各大商超都保持着大幅度的促销，价格由原来的3.9元降到2.0—2.5元不等，同时在相当多的区域给销售商买5箱送1箱的优惠政策，促销幅度之大令人咋舌。原本零售价与加多宝凉茶相当的王老吉为何突然降价促销？

知情人透露，红罐广药王老吉推行5箱送1箱的大力度降价促销不只是在西南区，全国大部分区域都实行了该优惠政策，终端零售价格更是以成本价狂甩，在西藏等区域更是以免费赠送的方式来促销，而这种促销形式也直接导致渠道经销商的信心受到牵连，部分经销商欲甩完货逃离。

上述人士指出，广药此举正是“明修栈道，暗渡陈仓”，虽然红罐案未宣判，但是广药开始未雨绸缪，提前为红罐案败诉做准备了，并且广药考虑到用绿罐可以和加多宝红罐形成区隔，欲放弃模仿红罐，通过绿罐在市场扳回一局。

而事实上，广药王老吉在去年三月的成都糖酒交易会上就曾推出过绿罐“王老吉莲子绿豆爽饮料”，绿罐王老吉凉茶一直在计划中，却一直“犹抱琵琶半遮面”。

“一红一绿的凉茶产业格局，正好切割了整个凉茶市场，形成严格的品牌区隔线，有利于俘获真正的消费者，让消费者更清晰认知，同时也规避了红罐王老吉品牌山寨化的风险。”北京艾斯丹特广告有限公司总经理赵昌龙认为。

营销专家洪仕斌则指出，广药弃红罐生产绿罐，其最大好处在于它与加多宝红罐建立了区隔。凭借广药的政府资源、资金优势以及王老吉的品牌影响力，再加上绿盒王老吉原有的消费者品牌忠诚度，广药推广绿罐王老吉的难度，反而要比推广红罐容易得多，至少不会面临竞争对手的狙击。

资深行业观察人士康永权却提出了不同的观点，广药王老吉做绿罐是回归正道，但是广药致命问题还在于没有自有工厂、无配方、渠道孱弱。解决这些问题才是做好绿罐的基础，否则同样难以和加多宝同台竞技。“如何重振加多宝在经营王老吉的时候建立的品牌美誉度是值得广药反思的关键”，康永权告诫。

这的确是一篇造谣的“新闻”。它背后究竟有什么背景？是什么人编出了这样一篇“奇文”，居心何在？

问题一：作者是谁？按照新闻报道的惯例，一篇新闻稿件出来后，应该有记者署名，有发表的媒体单位，这篇文章从头到尾都没有，如此做法有悖新闻常规。

问题二：这是“新闻”还是别的什么？这篇文章初看像是新闻，有“记者发现”“知情人透露”，俨然一则深度报道。细看却不对劲，新闻报道讲究的是真实，文责自负，而这篇报道则是无头无尾，除了没有记者名字外，连文章来源都没有。

问题三：稿子是谁发的？这种稿件，按道理网站不应该发才对，可是不排除一些网站为了利益而打“擦边球”，但是那么多网站同时刊发就值得质疑了，没有一定的公关手段是不行的。谁有能耐让那么多网络媒体同时发表这篇文章？如果说广药王老吉，为了“推绿罐”而刊登广告，则整篇文章批评王老吉“低价倾销”，“经销商对王老吉缺乏信心”的语调，又显示广药王老吉不至于傻到这个地步，花钱给自己抹黑。如果不是广药王老吉，那会是谁？

问题四：事实真相如何？王老吉大健康公司总经理徐文流表示，大健康公司从未采取过类似促销活动，更不可能低价抛售王老吉。一位市场经销商反映，从2013年3月起，加多宝面对王老吉在一些商场超市的铺货，采取了一系列干扰活动。譬如说，由加多宝或加多宝经销商找到一些卖场，分别给每个卖场补贴10万元，让商场以2元一罐的价格低价倾销王老吉，然后在网上发表消息，说王老吉资金断裂，让全国各地的经销商不要与王老吉合作。这种活动持续了两个多月，一直到2013年5月。目的性很露骨，就是要扰乱王老吉的市场销售价格体系。面对这种情况，王老吉紧急应对，一旦发现这种不正当的低价倾销，马上将产品收回；其次就是找当地工商部门，投诉对方的不正当竞争。

工商部门查处的结果，也证实了这一商战较量的严酷。在江西《余干县工商行政管理局行政处罚决定书》（饶余工商个处字〔2013〕55号）中，加多宝余干县经销商何某某承认，为抢占当地凉茶市场份额，2013年4月专门指派送货员到部分零售店以63.5—70元一箱的价格买进100箱王老吉，然后以56

元一箱的价格配送给超市和部分零售店，而正常的王老吉零售价最低一箱则是72元。同时，部分零售店被何某某告知：王老吉质量不行，已经在亏本甩卖了，马上就要停产停销。此举造成当地王老吉经销商要求退货或补贴价差款，一些消费者也因为王老吉凉茶价低而担心质量问题，不再购买。

王老吉大健康公司认为，这是加多宝有意策划的扰乱市场行为。据工商部门调查，2013年4月11日—5月10日，加多宝事业部所属销售公司，推出“定点爆破”竞品打击行动，该活动旨在通过各地渠道网点对竞争对手的产品进行打击干扰，扰乱竞品市场价格，打击竞品销售客户经营信心。此外，加多宝方面还对定点打击活动表现“优秀”的办事处负责人和机构进行肯定和奖励，对表现“差的”负责人进行整改和处罚。“尽管商场如战场，但商场毕竟不是杀戮战场，一旦失去底线，无所不用其极，就违背了市场经济的基本准则了。”对于加多宝的行为，徐文流显得非常愤慨。

问题五：加多宝用意何在？高买低卖王老吉凉茶，免费为王老吉搞宣传，干的都是赔本买卖，用意到底是什么？加多宝除了扰乱王老吉的市场体系，打击王老吉经销商的信心外，还有一个重要的目的：自2013年5月始，红罐之争在广东省高院开庭审理，加多宝此举，意在制造舆论氛围，通过一系列事件和新闻，给公众造成一种假象，王老吉红罐不行了，正在抛售处理，影响法院正常判决；同时也借所谓专家之口，向王老吉暗示一条出路，既然红罐不行，还是转为绿罐吧，绿罐才是王老吉的最终出路。

对于上面这篇文章，还有一个特殊的名字，不能不提。那就是文中提到的“资深行业观察人士康永权”。文中结尾处有这样一段话：“资深行业观察人士康永权却提出了不同的观点，广药王老吉做绿罐是回归正道，但是广药致命问题还在于没有自有工厂、无配方、渠道孱弱。解决这些问题才是做好绿罐的基础，否则同样难以和加多宝同台竞技。‘如何重振加多宝在经营王老吉的时候建立的品牌美誉度是值得广药反思的关键’，康永权告诫。”

“康永权”这个名字人们并不陌生，它屡屡出现在有关王老吉与加多宝冲突的文章之中，久而久之，也就引起了专业人士的关注。

笔者于2013年8月12日在注册名为“易博士杨洪”的微博上，首次对康永权提出质疑：

最近，通过研究有关加多宝的新闻，发现一个神奇的人物，只要是说加多宝好，广药不好的新闻几乎都有他，在新闻中，他是“营销专家”“资深营销专家”“行业资深观察人士”“资深产经专家”“资深法学专家”，这位牛人叫康永权，他是谁？

搜索与康永权有关的新闻，不难发现，从“诉中禁令”到悬而未决的“红罐案”，从王老吉的“渠道危机”到“街头暴力”，从加多宝赞助的“好声音火爆来袭”到“传家宝再掀热潮”，康永权的专家观点涵盖了营销学、社会学、法学等多个领域，简直是个“全能专家”。然而，除了与加多宝有关的案例，康永权却并没有在其他案例中发表过任何言论，而且，其他博客、微博都没有发现康永权的踪迹。

深圳东方港湾投资管理有限责任公司董事长但斌发表名为《媒体有责任，有义务，告知读者和消费者康永权是谁？康永权在哪？》的博文，再次质疑康永权其人、其言的真实性，但一直没有得到回应。

“百变专家”康永权代言加多宝，如果不亮出真正的身份，将会让加多宝的诚信大打折扣。

算盘打错了吗

从2010年5月份一口拒绝“和谈”开始，加多宝就已经做好了最后决战的准备。回过头去看，当时摆在加多宝面前其实有两条可以选择的道路：一是继续与广药合作，重新签订授权许可，不过要付出更高的商标使用许可费；一是自己单独干，重新打造自己的新品牌。结果，加多宝选择了后者。也许他们认为，与其每年上交数亿元给广药集团，不如自己放手一搏。按照加多宝对外公布的数据，2011年，加多宝凉茶销售160亿元，参照广药对子公司王老吉药业2.1%的商标许可费收取标准，一年就是3亿多元。如果按照5%—30%的国际标准，即使是按最低标准5%收取，一年也要交8亿多元，这无疑是一个让加多宝非常“肉疼”的数字。而且，即使现在勉强缴纳使用费，未来总有商标到期收回的风险，故此，与其长痛不如短痛，花点金钱，花点精力，重新打造自己的新品牌。尽管可能前期投入大一些，但只要新品牌树起来，未来的收益将会大得多。

不过，也有人替加多宝算了一笔账。另起炉灶固然干手净脚，不再受制于人，但是，也有几个不利之处。首先，前期投入会很大，广告和公关费用将大幅冲减利润。其次，继续租借王老吉，与广药集团是合作关系，另起炉灶则是对手关系，自己给自己增加一个强劲对手，是否明智，值得商榷。再次，几亿元的商标使用费是有数的，恶性竞争中的耗费是没有底线的，这笔账不好预测。最后，虽然王老吉最终存在着被人收回的可能性，但是可以签一二十年，钝化广药集团对王老吉的感情，到时候再见机行事，找上层说说话，说不定就有把品牌拿过来或至少一起共享的机会，现在翻脸了，再找机会就难于上青天了。由此看来，陈鸿道还是不够成熟，看不清楚中国的现实，只争一时之意气，未考虑长远的变数。

加多宝既然选择了背水一战，代价有多大，就很难说了。须知，它面对的绝对不是一个王老吉大健康公司那么简单，而是整个广药集团，是广东的地标性文化记忆，是共和国拥有的知识产权。它要开战，就意味着必须进行一场超级持久战，面对这场持久战，再多的资金都会消耗殆尽。

在加多宝内部，其实也在盘算，尽管自己有产能、渠道、团队方面的暂时优势，但是，真要托起一个全新的品牌，加多宝能有几成胜算？当时，也正好是电影《2012》上演之际，世界末日的渲染，对加多宝来说也是有寓意的：“灾难即将来临，你准备好了吗？”

毕竟，陈鸿道过去有过多次自创品牌惨遭“滑铁卢”的教训，历史会不会重演，记忆犹新。记得20世纪90年代初，加多宝曾经推广过自己的品牌，包括加多宝绿茶、加多宝八宝粥，先后都折戟沉沙，了无下文。现在与当初不同的是手中的资源，包括资金多了，但这也是依托王老吉品牌才积累起来的。离开了王老吉品牌，一时半会儿，有个惯性，也许问题还不大，时间长了，面对市场上几十种凉茶饮料，能够坚持多久，就难说了。

平心而论，加多宝的账是不好算的。但步子已经迈开，想收回来已经不可能，唯一的选择只能是硬着头皮往前闯。不过，开战的战略还是可以选择的。从旁观者的角度看，加多宝似乎在边开战边实行战略重点大转移——从法庭交锋转向市场交火。

开战之初，加多宝做了两件事：一是“换头术”，把加多宝品牌移植到原来的王老吉品牌上，尽可能地转移依附在王老吉品牌上的沉淀价值，包括红罐、配方、口味以及原来王老吉凉茶广大的消费者，通过加多宝所说的“心智转移”移到加多宝品牌上来；二是“斩首行动”，尽可能地阻挠广药王老吉，包括渠道、市场、品牌形象等，将刚刚接手的王老吉大健康绞杀在摇篮之中。这就是加多宝最初的设想。无论“换头术”还是“斩首行动”，对于王老吉大健康公司而言，都是要命的。所以，加多宝不惜一切代价推进预定计划。

“改名”广告的宣传是“换头术”的重要一环，既有助于加多宝扬名立万，又可压制王老吉品牌。所以，从2012年6月开始，加多宝动员了一切可以动员的力量，从电视、报纸、网络广告的空中轰炸，到机场、高速公路、地铁的广告路牌、LED乃至遍及国内各地的销售网络终端，铺天盖地都是“全国销量领先的红罐凉茶改名加多宝”“王老吉改名加多宝”的改名广告，力图趁广药王老吉还没反应过来，就一举吞下全部市场。与此同时，加多宝签约《中国好声音》独家冠名权，凭借《中国好声音》的走红，加多宝也借势打出了“加多宝”的名称。

那段时间耗费的公关宣传和广告费用，直线上升。根据尼尔森的监测数据，从纠纷升级的2012年4月份开始，截至2012年8月份，加多宝广告费用与3月份相比，陡增304%，其增长幅度及广告费比例已远远超出正常标准。

除了地毯式的地面广告宣传外，2012年加多宝还加大了在强势电视栏目上的广告推广力度，不惜重金以6 000万元独家冠名浙江卫视《中国好声音》第一期，接着又以2亿元的代价签下《中国好声音》第二期，还以巨资夺得湖南卫视《跨年演唱会》的冠名权；进军中央电视台，一举拿下《新闻联播》《天气预报》等热点栏目的黄金档期，并且纷纷抢占各省卫视热门栏目的广告时段。有媒体分析，加多宝一年花费的广告可能达到40亿元。这个数字不但远远超过广药王老吉，就是在中国饮料行业也是罕见的。

如此大手笔的广告投入，对企业知名度固然带来正面作用，但也给企业埋下了巨大的风险，利润空间被压缩，企业积累在消耗，一旦持续下去，对加多宝来说将是一个长久而又巨大的压力。“换头术”表面成功的背后，是失血过多而元气暗伤。加多宝只能寄望于“一句击垮竞争对手王老吉”，如果不能在早期将对方扼制住，一旦让对手挺了过来，自己日后的处境就非常被动了。

为了更好地对付广药王老吉，加多宝一开始选定了三条进攻路线，打算给对手一个分进合击：

第一条是广告“轰炸”路线。先大量投放电视、报纸等媒体广告，进行空中轰炸，然后以地面宣传进行配合，渠道终端面对面跟进。以“王老吉改名”“加多宝正宗凉茶”“怕上火喝加多宝”为主题对消费者进行洗脑，通过媒体的狂轰滥炸，达到品牌转移和“换头”的效果。

第二条是司法诉讼路线。通过拖长司法诉讼，拖延时间，赢得战机，尽可能阻击广药王老吉的推进。如商标之争，本来中国国际经济贸易仲裁委的裁决就是最终裁决，但是，2012年5月9日结果出来后，鸿道集团却向北京市第一中院提出上诉，到了2012年7月中旬，北京第一中院维持原判，鸿道又抛出“备案合同”作为“第三份协议”向仲裁委提出上诉，一直拖延至今。

第三条是阻击对手路线。在宣传、产能、销售渠道方面设置重重障碍，达到阻挠对方产品上市的效果。

按照最初的想法，加多宝希望乘对方产能、渠道、团队的暂时空白，打对方一个措手不及，一举剿灭。没想到，半年多时间过去了，广药王老吉居然挺了过来。到2012年年底，绿盒、红罐王老吉凉茶销量达到30多亿元。2013年，广药王老吉产能、渠道的瓶颈阻力基本扫除，销量迅速上升。

加多宝看到广药王老吉仍然屹立不倒，而且越打越强，不得不改变策略，推出加多宝销量高于王老吉的广告主题，以“十罐凉茶七罐加多宝”“中国凉茶行业的领导品牌”的口号，力图抢占中国凉茶的“老大”位置。

背水一战

对于加多宝的全线进攻，王老吉一下子还没缓过神来。他们没有想到，加多宝的进攻会来得如此迅速，如此猛烈。

“刚开始确实比较被动”，王老吉大健康副总经理赵敏回忆道，开始以为对方只是简单地发泄一下情绪，“考虑到品牌收回，对方可能会有一些情绪，所以对加多宝的一些说法没有马上反驳”。更何况，广药王老吉对继续与加多宝合作还多少存有一些幻想，不想把关系弄得太僵。

但事态的发展更让广药王老吉想不到，对方的一切攻击都是针对王老吉品牌来的，不是简单的情绪发泄。按照广药集团和大健康的理解，既然品牌已经判回给了广药集团，那么以后各干各的就是了，广药集团好好经营王老吉品牌，加多宝用心做好自己的品牌，井水不犯河水，双方在同一个市场平台上公平竞争，那该多好。

然而，树欲静而风不止，广药想各耕各的地，加多宝却不乐意，他们要从王老吉品牌附加价值上争夺更多的东西。具体的东西是王老吉的红罐和配方，甚至“怕上火喝王老吉”的广告语，它都想夺回去。加多宝试图一样一样拿回来，放到自己的加多宝品牌上，有媒体将他们的这些行为比喻为“加多宝切割术”。这种思维与做法的确超出了广药的想象。

很快，广药王老吉发现有点不对劲，情况没有想象中的简单。在打了一通“悲情牌”之后，加多宝实质性的东西很快暴露了出来。找王健仪“背书”，宣传加多宝为王泽邦正宗配方的“正宗凉茶”，反过来说王老吉配方从未授予他人，广药没有王老吉“秘方”，王老吉生产的不是“正宗凉茶”，样样都是把王老吉这个180多年的老品牌往死里整。

面对加多宝的围攻，广药王老吉不得不奋起应战。

刚开始，广药王老吉确实有点吃力。公司刚刚起步，主要精力放在产能、渠道和团队建设方面，对加多宝的舆论攻势无暇顾及。相对于加多宝强大的策划团队，王老吉直到2012年的6月底，公关部门才有了第一个“兵”。而且，相对于加多宝一年几十亿元的广告投放，广药集团一年的利润还不到20亿元，能够用于广告的费用十分有限。再说，作为国有企业，对于广告的投放，是有着严格的比例限制的，不能超过销售额的8%。

论经验，论团队，论资金，广药王老吉都处于明显的劣势。

“王老吉的正面声音出不去，有时就是花钱登广告都很难”，赵敏回想早期的情况深有感触，因为当时加多宝与不少媒体签有协议，而这种协议对王老吉是排他性的。加上王老吉大健康公司刚刚成立，媒体关系正在建立之中，不少媒体对王老吉缺乏了解，王老吉的发声很困难。电视、报纸、线上、线下，全是加多宝的“改名”广告。网上水军泛滥，“抹黑”性言论文章层出不穷，舆论出现少有的一边倒，指责广药“收回王老吉”，同情“弱者”与“民企”加多宝，这就是当时的舆论环境。

严酷的现实让王老吉迅速成熟起来，针对加多宝的三面进攻，广药集团开始反击，以法律武器阻击加多宝的正面狂攻：

——面对加多宝在媒体上发起的红罐之争，广药王老吉主动应战上诉法庭。

——面对加多宝自称“凉茶始祖”“吉庆时分”的广告侵权，广药王老吉诉诸法庭，有理有据赢得胜利，为王老吉扫除市场障碍。

——面对加多宝铺天盖地的“改名”宣传，广药王老吉还是依据法律，先是申请“诉中禁令”，让法庭叫停加多宝，然后取得胜诉。

——再根据法庭判决，向加多宝索赔2010年5月至2012年5月的商标使用许可费。

广药王老吉步步为营，稳打稳扎，运用法律武器，打击加多宝的虚假广告、商业诋毁，逼退加多宝，一步一步收复失地。如此一来，广药王老吉不但拿回了自己的利益，也在社会上取得了道义上的支持。

与此同时，广药王老吉学习对手加多宝的“整合营销”，以子之矛攻子之盾，一旦官司胜诉，马上把这种效果扩展到媒体和终端，乘胜追击扩大战果。

其次是依托媒体阵地，澄清不实之词，还原事实真相。

王老吉回归广药之后，各种攻击性谣言四处流传。什么“广药抢走了王老吉”“王老吉改名”“广药王老吉没有祖传秘方”等等，不一而足。

2013年5月，恰逢王老吉品牌回归一周年，广药决定以事实真相做一次系统回应。5月29日，一场别开生面的新闻发布会在广州新闻中心举行。广药集团联合广州市国资委、广州市检察院一同出席，就双方争论和社会关注的焦点问题进行了一次集中回答。

广药集团收回王老吉，是因为陈鸿道行贿导致续约合同无效，收回依法依规进行，并不存在广药“抢走了”王老吉的情况，而且陈鸿道至今仍潜逃在外。

加多宝并非真正的“民营企业”，而是在英属维京群岛注册的外资企业，是香港鸿道集团的全资子公司，企业性质为外资。打着“民企”的幌子赢取公众的同情，是对公众感情和信任的极大欺骗。

为何一再打官司？不要以为是王老吉揪着不放，而是因为加多宝一直逼着广药维权。加多宝宣传的王老吉“改名”、“十罐凉茶七罐加多宝”、王健仪“独家授权说”都是虚假宣传，广药唯有启动诉讼维权，同时拿出10份权威公证，证明广药独家拥有王老吉一脉相传的秘方。

这个新闻发布会，不啻是广药王老吉的一次绝地反击。让社会公众对陈鸿道、加多宝有了更多真实的了解，对王老吉加多宝之争有了一个清晰的认识。

与此同时，广药集团主动出击，抢占品牌制高点。

2013年4月20日，四川省雅安发生7.0级地震，大量房屋倒塌，伤亡人员上万人，全国震惊，举世瞩目。又是地震，又是在四川，又一次考验王老吉的时刻到了。

5年前的汶川“5·12”大地震，王老吉正是靠自己的义举，以1亿元的捐款赢得了全国人民的尊重，也让国人从此记住了“王老吉”这个品牌的名字。广药王老吉不能亏待这份荣誉，大灾大难当前，广药王老吉更应该有自己的责任和担当。

王老吉大健康当天就进行了紧急动员，将300万元捐款通过广东省红十字会送到了雅安。与此同时，又组织爱心小分队第一时间赶赴灾区，将一车车的王老吉捐给灾区群众。一场危机公关也正在集团和公司高层酝酿之中，以什么样的方式体现广药王老吉的爱心，最大限度地帮助灾区人民渡过难关，实现灾后重建。

在广药集团主要领导的倡议并征求市国资委主要领导意见后，一个大胆的方案很快定了下来。2月26日11点，王老吉官网发布，给雅安地震灾区捐款1亿元；13点，王老吉大健康宣布，投资3亿元在雅安建厂，帮助雅安实现灾后重建。28日，王老吉大健康和雅安市政府在帐篷中签约，成为灾后重建的第一个项目。

此举引起了媒体的广泛关注和持续报道，尤其是王老吉大健康的捐助模式，从“输血式”到“造血式”的转变，既可提供就业，又可给当地提供税源，获得了专业慈善机构和大众媒体的广泛赞扬。

王老吉大健康的行动，也得到了社会公众的一致好评，改变了过去一段时间以来人们对于王老吉的偏见。据第三方网上调查统计显示，王老吉网上支持率从原来的12%一下子跃升到62%。

Part Five

第五部分

品牌的新生

第十七章 突破重围

临危谁受命

以成败论英雄，虽然过于现实，却是铁的市场定律。广药收回王老吉品牌，内部是一片欢呼雀跃，外部却是另一番景象。无论同行还是对手都断言："广药就是把王老吉商标拿回去，也做不了什么。"即使是站在王老吉一边的好心人，内心也在担忧，广药能行吗？千万别把王老吉做没了！

事实也似乎如此，广药集团收回王老吉品牌后，还来不及高兴，就要从无生产基地、无团队、无渠道的"三无"境地起步。共和国要求他们用事实向世界证明：让回归的王老吉品牌再创辉煌，国企广药能行！

然而，看似寻常最奇崛，成如容易却艰辛，要在现有的基础上完成这样一个历史使命，谈何容易？说实在的，对王老吉品牌的回归，广药集团是有一点措手不及的。无论是2010年王老吉品牌1 080亿元的估价，还是中国国际经济贸易仲裁委380天的诉讼，广药一直都未下最后决心。广药最初的设想，并不是将红罐王老吉拿回来自己做，而是希望通过仲裁促使加多宝重新谈判。这一点，倪依东承认，当初打官司的目的就是将加多宝逼回到商业谈判的桌上来，因为当时通过正常途径已经无法与鸿道和加多宝沟通。作为王老吉大健康的首任董事长，吴长海当时也认为，把王老吉品牌继续租给加多宝是最为理想的一种选择。

当然，在北京仲裁的一年多时间内，面对不断发展的情况，广药集团内部也在研究，红罐收回之后到底是自己做还是继续租出去？开始的意见是倾向于继续租赁的，因为租赁的风险比较小；至于租给谁，理想中的对象其实正是加多宝。

但是，加多宝在最后时刻放弃了和谈。对于这一刻，吴长海记忆尤深：当时，广药集团得到仲裁委的信息，说鸿道集团愿意坐下来谈判，能通过谈判而不是由第三方裁决来解决问题，在其内心，这是最好的选择。对此，广药集团非常重视，专门成立了一个8人谈判小组赶赴北京。然而，事情的发展最终还是不如人愿。吴长海对此感到非常遗憾，当时连会谈框架、要点都想好了，本来是满心希望通过谈判继续合作下去的。

广药集团谈判小组从北京回来，就赴京谈判过程向集团高层做了如实汇报。广药集团再次开会研究，仍然分歧很大：有人说，红罐王老吉的销售量已经很大了，把它接回来的确困难很大；集团过去还从来没有运作过快消品。也有人说，广药一向以制药为主，做饮料毕竟不是自己所长，需要三思而行。但最后广药集团还是决定拿回来自己做，从某种意义上讲，这也是一个没有选择的选择，因为加多宝不接手，集团一下子也找不到其他合适的合作对象马上接手。

从法律观点看，广药集团一开始就预计到收回王老吉品牌的可能性很大。故对收回来后怎么办，广药不能不做一点准备。加多宝拒绝“和谈”，也从客观上坚定了广药集团自己来做王老吉的决心。

2012年2月28日，广州王老吉大健康产业有限公司非常低调地成立了。“开山元勋”是4个人，注册资金1 000万元，办公场所是沙面集团公司里面一间60平方米的旧房子。吴长海谈道，当时成立这家公司更多的只是概念性的，从成立的规模看，很难让人把王老吉大健康公司和年销售过百亿的红罐王老吉联系起来。就是集团内部，对于王老吉大健康的定位一开始也不是很清楚，只是先做一些前期的调研和准备工作。

“当时，外人并不了解，我们这家公司的未来是什么。”吴长海回忆说，公司成立后，专门就红罐王老吉的生产进行过调研。4个人分头找生产罐、盖、纸箱、药材的供应商，对外只说王老吉大健康要做一种饮料，问客户能否帮忙。他们走了几十个地方，也拜访了国内一些有名的大型饮料企业，包括康师傅、银鹭、惠尔康等等。得到的反馈是看低的多，看好的少，大都对大健康公司没有多大信心。客户认为，饮料市场竞争已经很激烈，大健康公司过去没有这方面的经验，要做饮料，很难成功。

尽管如此，调研还是继续推进，王老吉大健康公司并不满足于纸上谈兵，还进行了试探性的实战，特地找了一家饮料生产企业，尝试生产了一些没有任何商标的白罐试产品，看看流程与效果怎么样。

一出手，市场调研的反馈意见真的让人很不乐观——业界普遍不看好。广药做饮料，怀疑之声不绝于耳：一是担心红罐王老吉收不回来；二是担心就算收回来了，也做不好。

心怀种种担心和疑虑，广药集团的决策更加谨慎。他们一直没有放弃寻求合作的可能。一直到2012年7月份，广药对外发布消息："年销售额高达1 100亿美元的美国最大的食品与药品公司沃尔格林—联合博姿公司高层访问广药集团，双方已经表达了合作意愿。"与此同时，广药集团还表示，将在全球范围内寻找合作伙伴。作为集团发言人的倪依东公开表态："我们将通过市场行为公开选择合作伙伴，这其中也包括加多宝公司。10多年来，王老吉凉茶为加多宝贡献了百亿元巨额利润，加多宝对王老吉凉茶有一定感情。如果他们愿意合作，我们依然表示真诚的欢迎。"倪依东还透露，广药集团具体提出，可以在陈鸿道本人认为合适的地方、合适的时间与其洽谈合作，甚至可以到海外去谈，这是广药集团能够提出的最有诚意的建设性意见。

有媒体曾说，广药集团只是公关性的表态。其实不然，广药当时真的没有足够的信心把王老吉做起来，所以邀请陈鸿道谈判的心情是真诚的。但是，加多宝始终没有接过广药伸出的橄榄枝，国际上的合作伙伴最后也是不了了之。一些了解内情的人说：看来广药玩大了，一场官司打下去，官司倒是赢了，却拿回来一个烫手山芋。广药集团如果把王老吉品牌做砸了，岂不成为扼杀民族品牌的千古罪人？不过，此时的王老吉大健康公司已是过河卒子，只有选择奋力向前。

加多宝的市场触角果然名不虚传。广药集团尚在犹豫不决之际，加多宝已经连连出招，步步紧逼，一定不让广药收回去的王老吉凉茶饮料有机会抬头。

5月12日，加多宝正式收到停止使用王老吉商标的仲裁书。第二天，全国各大城市机场道路两旁的建筑物上竖着的王老吉路牌、灯箱、户外广告等一夜之间全部清理，换上了新的加多宝广告，不能不令人惊讶。4天之后，召开新闻发布会，宣告启动加多宝品牌饮料。12天后，加多宝品牌凉茶全国上市仪式正式启动。又过了12天，伪称王老吉改名加多宝的广告席卷全国。加多宝的行动速度不容小觑。

当然，加多宝准备这一天并非一日两日，他们早有预感，为了应付变化，早已开始进行“去王老吉化”的过程。2012年初，加多宝一边生产王老吉，一边推出“加多宝”字样的包装、装潢饮料。与此同时，缩小“王老吉”三个字的尺寸，扩大“加多宝”字样，罐上“加多宝出品”变得格外惹眼。同时，又在销售点大量摆放广告，大肆宣传王老吉更名，红罐凉茶更名等消息，在全国上下形成一股强大的营销攻势。

5月28日，在北京中国大饭店举行的加多宝凉茶全国上市启动仪式上，第一罐加多宝凉茶面市。与原来的红罐王老吉相比，除了将“王老吉”三个大字改为“加多宝”，其他几乎一模一样。加多宝方面也宣称，加多宝凉茶仍然独家使用凉茶始祖王泽邦先生的祖传秘方，装潢也是继续保持红罐，配方、工艺、口感、内涵等等都不改变，改变的仅仅是产品的名称。王健仪“王氏家族独有的王老吉正宗凉茶祖传秘方已经独家授权给加多宝集团”的声明，也是加多宝试图以“正宗凉茶”抢占舆论制高点的一个动作。

6月10日，加多宝在全国范围内启动大规模的改名仪式：“王老吉改名为加多宝”“全国销量领先的红罐凉茶改名加多宝”，加上煽情的描述“还是原来的配方，还是熟悉的味道”。一时之间，加多宝的改名广告从央视到地方媒体，从网上到公路的路牌、街道的招牌广告，铺天盖地。

凭借加多宝多年累积的生产能力、营销团队和渠道，冠名“加多宝”的产品很快铺到全国所有终端。除了加多宝原来生产的王老吉之外，市面上看不到广药的产品。全国消费者也在怀疑：王老吉是不是真的改名加多宝了？

夏季马上就要来临，一旦错过这个凉茶的销售旺季，加多宝占领全国市场，广药要想从头超越谈何容易。而加多宝在以“换头行动”大推产品的同时，一面冷静地观察对手招数，新生的王老吉大健康应该如何应招？

誓师长城

客观地说，广药反击加多宝连串攻势的动作并不算慢。2012年6月3日，一个标志性的活动为大健康王老吉拉开了帷幕——王老吉新红罐在长城亮相，高调推出。

选择在八达岭水关长城上举行规模空前的“红耀中国，吉庆共享”红罐王老吉新装上市盛典，广药集团是花了一番心思的。将“万里长城”与“王老吉”这两个历史悠久的民族品牌连在一起，可以凸显王老吉百年老字号的历史文化底蕴。除王老吉新红罐盛装亮相外，广药集团总经理助理黎洪、刚成立的王老吉大健康产业公司董事长吴长海率领公司的高管团队集体亮相。他们站在长城上，向着中华大地，庄严地发出誓言：红罐王老吉在未来5年内，要实现年销售额300亿元；到2020年，将实现年销售额600亿元。这也是王老吉大健康公司首次向社会公开发声，他们通过《长城宣言》，代表中国的民族工商业，代表拥有王老吉品牌的共和国，向全世界宣布：一定要把王老吉从民族品牌打造成为世界品牌。为了实现这一目标，他们将会通过“产品经营”“资本运营”和“虚拟创赢”三种发展模式，通过实施人才、科技、品牌、资源、标准和国际化六大战略，到2017年实现300亿元销售规模，到2020年实现600亿元销售规模。

《长城宣言》还倡议社会各界像爱护长城一样爱护这一民族品牌，一起打造中国的王老吉、世界的王老吉。在此次活动中，王老吉沿袭了过去一直热心公益的优良传统，宣布成立1.828亿元王老吉爱心基金，首个项目将用来资助1万名特困学生实现大学梦，也同时向外界展现了王老吉的雄厚实力。

《长城宣言》全文是这样的：

长城是中华民族的骄傲，凉茶是中华民族的瑰宝，作为民族第一品牌，凉茶始祖王老吉的传承者，广药集团王老吉大健康产业有限公司将以一个目标、三条路径、六大战略的“136”发展方略，把王老吉从民族品牌打造成世界品牌。

在王老吉发展184年的征途上，是消费者用爱砌成了第一品牌的力量长城，是供应、生产、流通、终端等环节的合作伙伴用心砌出了第一品牌的价值长城。今天王老吉正式吹响走向世界的号角，在这一历史时刻，我们深感使命光荣、责任重大，但我们信心百倍、满怀豪情。

在此，我们庄严宣誓：

1. 传承王老吉凉茶文化，做大做强民族品牌；
2. 引领大健康产业发展，为消费者提供高品质产品；
3. 构建公平有序的价值链体系，与合作伙伴共创辉煌；
4. 全力支持公益事业，促进社会和谐发展。

让我们携起手来共同弘扬民族品牌！

打造中国的王老吉、世界的王老吉！

王老吉大健康公司的长城宣言，毋庸置疑是一次极富创意的推介活动。但是，对于媒体和公众来说，最关注的还是大健康公司的新红罐王老吉的质量究竟如何。之前一直秘而不宣保持神秘感的新红罐，这是第一次展现在媒体面前。细心的记者发现，在装潢上，与原来的红罐王老吉相比，不少地方做了改动：增加了“广药集团”“中国结”等元素字样，“王老吉”三个字采用了画轴状王老吉商标的字体，恢复了原注册商标的图案，红底黄字非常醒目。

对这几处小小的改动，王老吉大健康董事长吴长海是慎之又慎，想了又想，格外小心。为什么？自从收到判决书后，摆在大健康公司面前的一个核心问题，就是收回的红罐以什么样的装潢推向市场。毕竟，红罐王老吉在市场上经营了17年，原来的包装已经在消费者心中植根，贸然改动，万一消费者不认同，危险就大了。但如果原封不动地照用原来的款式，是否又会引来新的官司，与鸿道、加多宝打了十几年交道的广药，深知加多宝是很会来事的主。

超过100亿元红罐王老吉凉茶的市场份额，这才是双方争夺的焦点。现实容不得吴长海过多犹豫、过多选择。6月马上来临，预示凉茶市场即将进入每年的销售旺季，对手已经率先出招。一旦出现市场空白，加多宝乘虚而入，后果不堪设想。

当务之急，是迅速确定并推出新的王老吉装潢。公司上下非常重视，既要把握市场，又要依法依规，同时还得体现王老吉百年老字号的特色。为此，公司咨询了知识产权、工商、质检、律师以及设计单位，请专业部门看看这样的包装行不行，认真审查图案与文字。当时一共设计了4个款式，最后选了一个，就是今天市面上看到的王老吉装潢，与原来的装潢相比，总共进行了14个方面的改进。

长城上发出企业誓言：打造中国的王老吉、世界的王老吉

“不到长城非好汉”，《长城宣言》已发布，新的红罐也已经亮相，是否真的好汉，最终要经过市场来检验。毕竟，成王败寇，市场往往是以成败论英雄的，对于不谙饮料行业的广药集团来说，面对强大的竞争对手，胜算能有多大?

突围第一关：克服原料涨价

一切从零开始，作为王老吉大健康的首任董事长，吴长海忆及当初，仍然唏嘘不已：“成立之初，每样都很难……”

公司成立之初，工作千头万绪。既然选择了做，那就只有义无反顾地往前走。广药集团深知此战的重要性，立即吹响“集结号”，整合集团内一切可以整合的资源，调动一切可以调动的力量，三军用命，志在打一场大规模的遭遇战。从集团各部门紧急抽调人员驰援大健康，压缩集团其他开支确保大健康的资金运作，从集团其他相关公司筹集原材料……

站在第一线作战的大健康公司，更是紧锣密鼓，从选罐、包装设计、产品的文号注册、企业标准设计、400电话申请到公司架构设置、人员的招聘配置等等，都在紧张推进中。吴长海说，当时公司的重点就是两个：一是抓产品，一是搭建公司架构。

2012年5月11日，广药集团收到了裁决书，红罐王老吉品牌胜诉收回，于是王老吉大健康公司一边准备产品，一边招兵买马，向全国急招3000名快消品销售人员，同时从集团各部门抽调人员把公司运营框架搭起来。红罐包装几经修改，最后定了下来，然后就是组织新品生产。先报政府相关部门批准，获批后立即寻找生产厂家。6月3日，一个值得永远记住的日子，新鲜出炉的红罐王老吉登上八达岭古长城。

然而，加多宝是一个熟谙饮料市场，久经沙场，拥有2万人团队，手握超百亿元产能和销售网络的强大对手。这样的对手不会轻易放任广药王老吉一帆风顺地进入市场，它给王老吉设置了一个十面埋伏的“天门阵”，就等着王老吉自投罗网。

兵马未动，粮草先行。生产凉茶，首先要有原材料。大健康真正大规模生产王老吉，是在2012年6月后。到市场采购原材料，才发现形势相当严峻，原材料的价格比正常年景的价格突然高出好几倍。像鸡蛋花，平时每千克只要49元，如今却升到170元一千克；仙草，则从7元一千克变成了27元一千克，都是平时的3倍多，价格曲线直线飙升。

广药虽然不是专门做饮料，但药食同源，对这些与药品相关的原材料还是熟悉的。一看市场反应，立即联想到内中恐有古怪，很可能有人做了手脚。不仅价格，品质方面也是如此。在收回来的原材料中，出现了一些平常不该有的异样，如仙草里面掺杂溪黄草，掺有泥沙等。幸亏实施生产的环节组织不含糊，材料没进入生产程序就被拣了出来。假如把关不严，一旦进入生产线，产品质量将严重受损。

没有办法之际，大健康公司决定向集团求援。广药集团紧急动员，从其他企业迅速调拨原料，优先保证大健康的需要。这些从四面八方调集的原料解决了大健康的燃眉之急，但仍然满足不了市场迅猛增长的需求，为了最大限度地满足市场需要，大健康不得不以高价采购部分原料。为了保证长远利益，一个建设原料生产基地的计划同步启动。

经过半年的奋斗，各个环节的生产运营逐渐走上轨道，伴随原料供应渠道逐渐理顺，市场价格也开始回复理性水平。

突围第二关：破解缺罐难题

原料涨价没有难倒王老吉大健康公司，易拉罐产能不足却成了困扰大健康的一道难题。

大健康上马生产红罐王老吉，对易拉罐的需求非常大。一般的饮料企业销售额达到10亿元就已经很大了，而王老吉大健康追求的却是一个超过100亿元的市场，这么大的需求对整个饮料制罐业无疑是具有颠覆性的，猛不丁从哪里找到这么大的产能？何况，在背后还若隐若现地似乎有些东西在动作。

吴长海回忆说："本来我们已经谈好了一些易拉罐供应商，可是，到我们真正需要的时候却又反悔了。"通过了解，发现竞争对手跟这些供应商签有排他性协议。何为"排他性协议"？就是商谈条件中有这样的要求，如果生产企业跟加多宝合作，就不能与王老吉合作。

当时加多宝生产的罐装凉茶已经超百亿元了，而王老吉大健康才刚刚起步，日后能不能做得起来，最终能做多大规模，似乎都是未知数，供应商心里也有疑虑，自然不敢放弃加多宝，投向王老吉。

还有一个更具体的因素，加多宝对供货商的付款，都是供货一段时间后加多宝再付款，如果供应商给王老吉大健康生产，就面临着货款收不回的危险，而且原有的订单也可能丢掉。所以，供货商大部分都回绝大健康。因为他们确实有苦衷。

兵来将挡，水来土掩，大健康面对难题，只能见招拆招。首先，主动上门找大型罐盖供应商进行战略沟通。王老吉大健康公司老总逐一拜访大型罐盖供应商，动之以情，晓之以理。特别是不厌其烦地细说王老吉凉茶的百年历史，同时充分利用每年销售额数百亿的广药集团的信誉，斩钉截铁地表示，有信心也有能力将王老吉品牌的罐装凉茶做强做大，恳请大家大力支持。

一天，王老吉大健康公司的领导来到一家企业，见面后与供应商一起分析王老吉的优势与未来。他们从收回红罐王老吉是如何依法依规，合情合理，再谈到王老吉这个值得中国人骄傲的民族品牌未来将会如何发展。供应商听完后，当场答应与王老吉合作，尽管加多宝尚欠这家企业3 000多万元货款，他还是义无反顾地与王老吉签署了供货协议。突破了第一家，对手编织的攻守同盟开始松动，很快就有第二家、第三家愿意签约。

2012年6月28日，广药宣布王老吉大健康与统一、银鹭、惠尔康签约，这三家食品企业为大健康代工生产王老吉凉茶。同时，包括上述三家企业在内的30多家食品生产、原料、包装供应企业与大健康签署了生产供应战略合作协议。王老吉大健康的“反围剿”行动开始走出关键性一步。

接下来，王老吉大健康继续寻找一些虽有生产能力，但还没有凉茶生产资格的厂家进行扩项。根据国家政策，生产罐装凉茶必须有政府有关部门的批准。针对这种状况，大健康大举行动，帮助这些供应商一起找当地政府部门反映，争取尽快办证。原本45天才能办下来的手续，结果15天就能批下来，这些厂家蕴藏着的产能很快就投入生产。

但是，这还不够，王老吉人看得很远，他们觉得，与未来的销售量相比，目前掌握的产能仍有一定的差距，必须未雨绸缪，及早支持一些条件较好的供应商在原有设备的基础上加大投资升级改造，形成一批新的优质生产线。

除了上面这些动作，大健康还有最后一招，动员一些看好王老吉未来的投资者投资办厂，兴建新的凉茶生产线。尽管一条凉茶生产线投资需要2 000多万元，但消息一出，还是有不少投资商找上门来，希望与王老吉大健康合作。

这轮组合拳打出去之后，效果极好，王老吉大健康很快就从对手的封杀中突围而出，整合起初步的综合产能，并将一切可以聚拢的资源聚拢在一起。一个又一个的“厂外工场”先后在全国各地建立起来，形成了40多个布局合理的外包产能群。

反过来，王老吉大健康对产能的巨量需求，也带动了国内全行业的颠覆性变化，相关的制罐、制盖企业迅速扩展，连台湾饮料罐、盖生产线设备的订单都猛然大增，客户排队要货，生意一派兴旺。

突围第三关：占领提取高地

凉茶生产的一个重要环节，是植物草本精华的提取工艺，要从“三花三草一叶”中提取凉茶原料精华，国内具备大规模提取能力的厂家并不多。

提取能力不解决，产能上不去，再多订单也没用。当时整个集团都很着急。王老吉大健康公司总经理徐文流临危受命，负责寻找提取工艺的厂家。

徐文流回忆说，接手的时候正是夏天，“我们找遍了全国的提取基地，我经常带着生产部长到提取基地现场考察，里面都是四五十摄氏度的高温，出来的时候一身汗，过一会儿就变成一身盐。就是在这样的条件下，我们考察了全国30多个提取基地，可惜的是，不是技术不达标就是产能有限”。

几经周折，多方沟通，直到2012年12月，才在深圳和福建找到了两个比较大的提取基地，解决了王老吉大健康的产能问题，真可以说是经历了千辛万苦。

在此基础上，通过不断磨合，到2013年4月，才彻底解决了王老吉提取能力问题，保证了王老吉罐装凉茶的产能可以满足300亿元市场规模的要求。这是一个根本性的突破，在一定的时间里彻底解决王老吉产能的瓶颈困扰，不但可以满足现有市场的需求，还能满足未来产能的需要。

突围第四关：集结销售团队

俗话说，事在人为。做什么事情都要有人，做大王老吉凉茶也要有人。然而，2012年2月28日，大健康公司只有4个人，这显然是不敷使用的。幸而，仅仅4个月后，到6月30日，王老吉大健康公司已经集结了3 000多人。

这些人员除了集团抽调过来的骨干外，大部分人员来自五湖四海。如何让这些员工尽快融入一个大集体，形成一支有战斗力的队伍，形成有凝聚力的企业文化，成为王老吉大健康公司的当务之急。对于企业发展来说，光有人数是不够的，这些人必须扭成一股绳，步调一致，齐心协力，才能形成战斗力。都说两军相遇勇者胜，而勇者不能只是匹夫之勇，团结才是力量。

大健康董事长吴长海谈道，作为公司的领导人，公司成立之初，管理是一个最大的考验。3 000多人的团队，散布在全国31个省市自治区，需要一整套完善的制度来保证这些人的战斗力，这些制度包括公司的目标、框架、流程、职能、制度、考核等等。从区域销售、经销商、批发商到商场、小店的销售网络都需要重新架构，还有巨大的物流、资金流需要周密协调。“可以说，开始的6个月干了6年的活”，吴长海这样说。

突围第五关：攀登质量新高峰

市场竞争是激烈的，这是常识，但王老吉与对手的市场竞争，则早已远远超越了“激烈”二字，完全可以用“惨烈”两个字来形容。不说别的，仅以产品质量而言，只要自己稍有不慎，接踵而来的就会是灭顶之灾的后果。

有鉴于此，王老吉大健康一直以十二分小心来对待产品质量。制药行业出身的吴长海，对质量尤为重视，他知道，质量是企业也是品牌的生命线，一旦出现问题，将会万劫不复。

他还认为，对于一个企业来说，“质量不行马上死，营销不行慢慢死，科研不行早晚死”。一旦质量上出了大问题，再大的企业，也可能在两三天内一败涂地。更何况，有一个强大的竞争对手天天盯着。千错万错，质量上不能出错，这是铁律，没有丝毫余地。

质量关要从原材料起步去跨越。

王老吉大健康投产之初，原料特别紧张，好不容易收购了几百吨仙草，大家还没来得及高兴，一检验，竟然发现里面掺杂了许多溪黄草。这让公司高层惊出了一身冷汗，如果一旦投产，后果不堪设想。于是，他们马上找来供货商，一沟通，发现原来有人在小贩那里做了手脚，仙草与溪黄草长得很相似，一般人是难以看出来的。于是，王老吉大健康表态，除非把里面的溪黄草全部清出来，否则以后再也不会采购对方的药材。最后，采用最原始但又是最保险的办法，把这批被做了手脚的原材料从头到尾筛检了一遍，花了整整4个月，才彻底清理干净。

王老吉属于纯草本植物饮料，里面不能含有任何添加剂，要想确保两年的保质期，主要是通过与空气绝缘达到保质效果，靠的就是易拉罐的全密封，因此，罐装王老吉对密封技术要求很高。有个“厂外工场”，刚生产王老吉罐装产品时缺乏经验，品质管理没有到位，其产品在加速实验中被发现密封方面有瑕疵，不合格。王老吉大健康公司知道后，毫不犹豫就对已经生产出来的总价值达3 000多万元的产品做出了“全部销毁”的处理决定，并向所有加工点给予警示通报，明确宣布“以后发现类似现象绝不姑息”。王老吉大健康此举，在整个凉茶行业引起很大反响，也令所有王老吉的“厂外工场”“厂外车间”都明白，生产王老吉在质量上是万万不能含糊的，若有一点不合格，不但要承担经济后果，而且还会立即失去王老吉凉茶的加工资格。

对于“厂外车间”，吴长海有着准确的定义和管理流程：“我们以500公里的半径来布局厂外车间。整个生产流程都由我们操控，从原材料、包装罐甚至纸箱都是由我们来购买。我们只使用合作单位的劳动力和机械设备，操作流程与质量把控都由我们来管理。”为了确保质量安全，大健康对40多个“厂外车间”全部派出驻站人员，除安保人员外，还包括仓管、现场、检验人员，而且全部都是流程监控，每一个生产点都有二三十人。仓管实行双人双锁制，检验室除了王老吉大健康的人员外，任何人不得进入。为了防止原料运输过程中出现问题，所有运输车辆实行铅封与加锁的双保险，钥匙不在司机车上，货到以后，大健康公司的人根据铅封号码与钥匙开封，不能有半点差错。对于每个生产点的水源，公司也是格外小心，24小时进行监控，确保万无一失。

正是有了这种拼劲与努力，王老吉大健康取得了期望之中又意料之外的效果。

2012年6月初，广药王老吉在长城上宣布新品上市，由此启动了全国铺货大行动。可是，在全国包括北京、上海、天津在内的大城市的超市中，却很难见到红罐王老吉的踪影。就是在大健康的大本营广州，红罐王老吉也不多见。而在一些二、三线城市包括广大的农村市场，却到处可见红罐王老吉，不过，这些红罐却是特殊的双面包装：一面王老吉，一面加多宝，它们都是加多宝之前生产的。

专家评论这种现象时指出，按照行业惯例，一款产品进入超市，从谈判、签合同到进场，至少需要两三个月时间，更何况，红罐王老吉的产能也远远跟不上。但是王老吉大健康大大颠覆了行业的传统惯例，到7月中旬，这种情况已在悄然改变，红罐王老吉相继出现在全国大中城市的商场货架上。

2012年7月16日，广州王老吉大健康有限公司董事长吴长海对媒体披露：“现在的情况是，我们在全国80%的省份已经开始铺货了，相信在这个月底之前就会把货发过去。”广药集团副总经理倪依东信心十足，王老吉饮料7月份的产能是6月份的10倍以上，8、9、10三个月份还会进一步提升产能，尽快满足这段时间消费者对王老吉的需求。“广州市面上已经比较多了，北京、福建、浙江等地的大中城市亦已大面积上市。”

与时间赛跑就是与对手赛跑。

为了满足市场供应，王老吉大健康不断提高产能，7月的产能比6月增长了9倍，8月持续增长，9月实现爆发，10月起在广药自建的白云山凉茶生产线上生产红罐王老吉，每月增加产能60万箱以上，可望一解凉茶市场的饥渴。整个2012年，产能不足仍是王老吉的主要瓶颈所在，当时王老吉的产能是“一天42万箱，一个月1 200万箱，实际产能1 000万箱左右”。而之前加多宝凉茶的月生产能力为7 000万箱。也就是说，尽管品牌收回来了，但是产能仅为加多宝时期的七分之一，距离市场的需求有着巨大的产能缺口。

2012年，王老吉在遭遇对手原材料、生产能力围追堵截的情况下，仍然完成绿盒、红罐王老吉60亿的销售额。尽管产能远远满足不了市场需求，但在半年时间内从“三无”中起步，一举做到30亿元的销售规模，也是世界快消品行业少有的一个奇迹。

第十八章 决战岂止在市场

莫须有的连环诉讼

一个企业的成就，很大程度上取决于有什么样的对手。

王老吉大健康的成就，取决于加多宝这样的对手。就广药集团整体实力而言，鸿道集团也好，加多宝公司也好，都不是一个数量级。但就红罐王老吉凉茶单一产品而言，大健康能不能翻过加多宝17年来筑起的这座大山，那才是真正的考验。

如果说产能只是一道坎，那么这道坎的后面，就是一道道危机四伏的防线，大健康稍不留神，就可能全军覆没。

2012年7月，王老吉刚刚开始全国范围的铺货，准备铆足劲把市场做上去。没有想到，来自全国各地有关部门的行政处罚单、听证通知书、咨询函件马上就像雪花一般，从四面八方纷至沓来。200多封信函，像一支支利箭，射向刚起步的王老吉大健康。这仗该怎么打，刚上阵就让人给缴械了。

西北边陲重镇某市，王老吉大健康公司刚刚发过去3 000件货品，才铺了23个点，一个业务员都还没有，却一下子收到了13张处罚单。前脚才铺货，后脚就接罚单。本来生产能力就不够，好不容易把货发过去，结果却不让卖。

经销商打来告急电话："人家说王老吉产品涉嫌虚假宣传和不正当竞争，不能卖，必须下架，怎么办？"

王老吉大健康公司领导一听，神经马上绷紧，立刻派遣品牌总监前往处理。

品牌总监飞到当地，先安慰经销商，保证王老吉是依法依规经营，请大家务必放心。经销商回答说："关键是人家不要查我们，否则打死也不敢卖。"

品牌总监也明白，事情绝不会像表面看上去的那么简单。为什么王老吉的货刚到，处罚通知就发了出来？如果不是对手"关照"，不可能有这么高的效率。一般情况下，商场超市饮料铺货，本是很正常的事情，很多时候是连消费者都不会马上感觉到的，更不用说管理部门了。品牌总监从接到电话的那一刻，就明白自己的对手是谁。

详加了解后，发现情况果然如此。有人向当地工商部门投诉，说王老吉红罐上的“凉茶始祖”涉嫌虚假宣传。对方的理由是，王老吉怎么可能会是凉茶始祖呢？早在东晋葛洪、鲍姑炼丹时就有了凉茶，比王老吉早了上千年，这不是明显的虚假宣传吗？这不是不正当竞争吗？品牌总监一听，就知道有人在故意挑刺。其实，在授权加多宝生产王老吉时，当时的红罐王老吉上也写着“凉茶始祖”，称呼用了十七年从来没有人告过，到今天却成了虚假宣传！

更大的危险还在后面，对手开始在网上发布消息，说王老吉被工商查处，产品下架不能销售。如果这个问题不马上解决，一种骨牌效应将很快波及全国，形成连锁反应，各地的王老吉都将面临下架危险。对于刚刚起步的王老吉来说，无疑是灭顶之灾。

明知是有人找茬，但它已经动用到了管理部门，这边厢不能不认真应对。为此，公司迅速找到广州地方志编辑部，派人到国家图书馆找资料，结果找到大量白纸黑字资料，明明白白地写着：王老吉确是凉茶始祖。

事实清楚，证据确凿。品牌总监信心十足地找到当地管理部门，请求撤销对王老吉下架的处罚通知书。没想到，进了大门却连人都找不到。找到工商执法负责人办公室，对方明明就在办公室，却回答说不在。

执法负责人听完大健康的陈述，不做任何表示，临了最后撂下一句话：“先别卖，等我们了解清楚再说。”

看来在当地很难搞定，品牌总监决定立即赶赴当地省会，并通过电话向总部求援。

王老吉大健康公司马上向国家工商总局反映，工商总局觉得大健康说得有理，把情况转到当地省局。恰好当地有一位省领导正在广州开会，于是品牌总监立马飞回广州，与公司领导一起，带着厚厚的一叠材料，在开会空隙找到了该省的领导，如实反映了王老吉的情况。王老吉的诚意和认真打动了这位省领导，他答应协商解决。

最后，事情出现转机，当地管理部门表示："可以先卖，再听证。"

换句话说，王老吉可以继续卖，但早先发出的处罚不能撤销。新生的王老吉大健康历尽风波，总算逃过一劫。

下架令即将发出

不过，对王老吉大健康来说，最大的劫难可能还要算差点儿发出的全国下架令。

2012年6月，长城宣言刚一亮相，对手加多宝便公开宣称，广药新推出的红罐王老吉与加多宝红罐凉茶的包装高度相似，侵犯了加多宝的红罐装潢专利权。加多宝上诉至国家工商总局，告广药王老吉红罐装潢侵权，要求查封王老吉大健康公司生产的红罐王老吉。不久就有消息传出，国家工商总局准备发文，要求全国工商部门就此查处。

情况十万火急，一旦国家工商总局发文，所有的红罐王老吉将面临下架命运，这对新生的大健康公司来说真是一场生死之劫。其实，早在红罐包装设计之初，吴长海就已经预感到这个问题，弄不好可能会有大麻烦。为此，他专门找相关职能部门咨询过，也先后找了十几个有名的律师。"广药推出红罐王老吉，到底算不算侵权？"然而，知识产权在国内还是一个新东西，并没有现成的经验模式可以借鉴，专家们也把握不准。"既然陈鸿道有红罐设计的专利，那么广药出红罐可能会侵权"，但是也不能完全肯定。在当时的情况下，迫于市场压力，广药红罐王老吉很快便推了出来，并且在长城上高调亮相。

知道内幕的人都清楚，吴长海那时真的扛着巨大的压力。蔡涛自言自语地重复了好几遍："当时，吴总的压力真的很大。"如果压力消解不了，王老吉红罐将有什么样的下场，只有天知道。集团和大健康高层的心始终悬在半空之中。

高手出招，总是想一招致命，加多宝第一时间提出这个问题，就是要一举击倒王老吉。你把商标权要回去，我就告你红罐侵权，看你还怎么玩下去！广药的长城宣言，偌大的阵仗，在加多宝眼中仿佛是一个活靶子，那么大一个红罐王老吉伫立在长城上，广药还能赖掉不成？于是，加多宝通过媒体和工商行政管理部门，一下子把王老吉逼到了死角。

远在南国的广药高层，这时也意识到事态的严重性，如果处理不当，可能全盘皆输。

怎么办？这时，一名长者的加盟，让广药吃了一颗定心丸，那就是广东明镜律师事务所的老律师胡传福。胡传福看完材料后说："我们能赢，不用怕。"

胡传福凭什么扭转乾坤？胡传福回忆说："当时我就认为，红罐应随商标归广药所有。"问题的关键不在于红罐装潢是不是陈鸿道设计的，也不是专利有否过期，而是红罐所有的装潢都是配合商标设计的，既然商标已经回归，那么，从属的装潢也理应回归广药。如来一来，倒是王老吉大健康没有侵权，侵权的是加多宝。

一见如此，广药马上向广州中院起诉，告广东加多宝侵权广药王老吉的装潢权，也就在几乎同一时间，广东加多宝在北京状告王老吉大健康，理由也是红罐装潢的侵权。一时间，双方同时成了原告和被告，依据的则是同样的理由，同样的诉求。

此事惊动了最高法院，最后将两案并为一案，指定由广东省高院审理。虽然此案尚未结案，但是，王老吉大健康已经度过了一劫，因为法院在审期间工商部门是暂时不做处理的，广药就此化危为机，为后来的发展争取了宝贵的时间。

“吉庆时分”侵权案

一波未平一波又起。

“凉茶始祖”“红罐侵权”风波刚过，王老吉大健康又一次被工商部门叫停。2012年9月，全国100多家各级工商局发文，广药王老吉红罐上的“吉庆时分”涉嫌侵权，要求全部下架。

怎么回事？大健康公司一想，估计还是有人捣鬼。经调查，发现早在2004年，鸿道集团就在香港成立了一个王老吉有限公司；到了2012年，加多宝觉得商标仲裁可能败诉，马上跑到国家工商总局商标局，以香港王老吉公司的名义注册了一大批商标，把很多类似或相当于原来王老吉身上用的东西，都拿去注册商标，其中就有“吉庆时分”四个字。

这一切，广药集团事前是浑然不知的。大健康在设计红罐包装时，根据王老吉的特性，加上了“吉庆时分”几个字样，没想到就中了对方的埋伏。如果将这批红罐全部销毁，不但损失巨大，而且时间上也来不及。因为正是凉茶饮料“金九银十”的黄金季节，准备大量的产品应节，所有的红罐纸包装上面都印有“吉庆时分”几个字，如果重新组织生产可能错过整个2012年，一旦市场出现断档，在对方全面进攻的背景下，未来的市场份额可能消失殆尽。

对方这一招很狠，关键的时刻，精准的打击，让王老吉大健康避无可避。因为“吉庆时分”在国家工商总局已经注册了，所有手续都是完备的，大健康在红罐上写上“吉庆时分”，不用说，就是一种侵权行为。

如何破解呢？按理，“吉庆时分”这种通用字眼是不能注册的，但既然已经注册了，大健康只能承认现实。你总不能跟国家商标局争论“吉庆时分”能不能注册吧？

在公司内部，有人主张自己的装潢不算侵权，这几个字太小了，没有多大影响，不应该算侵权，准备向国家工商局起诉，要求撤销对王老吉的处罚。但是否有胜诉把握，谁也不知道，且时间上也不知要拖多久，总之，理由不够充分。最好的办法是找到对方的破绽。

吴长海、徐文流一起找律师商量，律师一琢磨，还真发现了问题。原来在国家商标局注册“吉庆时分”的公司，是以王老吉的名义注册的，这才是问题的关键。因为，按照当初广药授权鸿道集团使用王老吉商标时，双方明确约定除生产经营王老吉外，不得以王老吉的名义从事其他活动，更不得以王老吉名义注册公司。2004年香港王老吉公司注册，属于双方合约期内，这是明显的违法行为。再说，香港的王老吉公司也不能在大陆进行其他商业活动。

找到了对方的要害，事情就好办了。广药马上去法院起诉，状告香港王老吉公司侵权。工商部门一看，广药已经起诉，在法庭审理期间，此事暂缓处理，于是纷纷撤销了对王老吉的查封行动。对手的又一次“围剿”不攻自破。

进攻是最好的防守

加多宝在市场之外的步步紧逼，促使广药不得不拿起法律武器进行防御，同时，也启发了他们同样以法律武器对加多宝的行为进行合法合理的进攻。

广药集团发动的第一波进攻是要求查封双面“王老吉”。

伴随着商标诉讼的推进，已经预感到有可能败诉的加多宝提前开始做应对准备。2012年初推出的一面是“王老吉”、一面是“加多宝”字样的双面红罐王老吉，就是一例。

2012年5月，仲裁委裁决，王老吉商标到期，鸿道集团必须停止使用王老吉商标。这也意味着从5月9日起，加多宝不得再从事王老吉的生产与销售。而在实际上，加多宝仍继续生产带有王老吉商标的红罐凉茶。另一方面，由于前期大量压货，造成大量双面王老吉囤积在经销商和终端市场中，突然之间刹车，双面王老吉不能再销售，对加多宝委实难以接受。于是，他们一方面向法院提出上诉，以便赢得时间，一面继续推销王老吉。

对于广药集团来说，加多宝继续销售印有“王老吉”字样的饮料，是对自己权益的重大侵害，如果听之任之，市场情况没有实质性变化，仲裁裁决就毫无意义。故此，必须扼制加多宝的侵权行为。怎么扼制？大健康公司选择了法律武器。但是，面对全国各地的双面罐问题，不可能四面开花，只能抓重点、抓典型。于是，大健康公司在全国选择了几十个点，投诉加多宝和经销商侵权，光厦门一个店就查封了侵权王老吉红罐367万个。

不断的上诉，不断的查封，让加多宝感觉到对手的厉害。很快，市场的情况出现了转变，双面王老吉渐渐从一、二线城市退出，除了偏远的农村市场和小城市。

广药集团发动的第二波进攻是要求加多宝停止使用 “国家级非物质文化遗产代表作”广告语。

市场竞争如火如荼，双方都在努力寻找对方的破绽。加多宝作为一个新品牌，为了增加品牌的厚重感，擅自在红罐上推出了一句宣传口号：“加多宝凉茶获准为国家级非物质文化遗产代表作”。这一下，广药的机会来了，你一个刚刚推出没几天的新品牌，怎么可能成为“国家级非物质文化遗产代表作”呢？

原来，王老吉这个“非物质遗产”称号当初是由广东省文化厅、澳门特区政府和香港特区政府一起申报的，是一种对凉茶行业技艺传承进行保护的措施，陈鸿道被列为“第四批国家级非物质文化遗产传承人”。表面上看，没有问题，陈鸿道既然是国家级非物质文化遗产传承人，那么陈鸿道授权的加多宝获准为"国家级非物质文化遗产代表作"也似乎没有什么不妥。

但是，破绽还是很快暴露出来。广药聘请的北方狼调查公司向广东省卫生厅、国家文化部、国务院非物质文化遗产办公室以及全国工商系统进行举报，加多宝涉嫌虚假宣传。理由是非物质文化遗产代表作只是一种行业性的保护，并非专指某种凉茶产品、某个凉茶企业和凉茶品牌意义上的凉茶，加多宝如此套用明显不合法。而且，陈鸿道作为一名在逃通缉疑犯，作为国家级非物质文化遗产传承人也是不合适的。

由于证据充分，广东省文化厅回复，加多宝作为一个具体企业品牌并不能使用"国家级非物质文化遗产代表作"，对于陈鸿道作为国家级非物质文化遗产传承人须进一步商榷，如果真有犯罪记录将不符合规定。

不战而屈人之兵，善之善者也。一个"国家级非物质文化遗产"的诉讼，迫使加多宝撤回印有此类广告的红罐，据加多宝自己透露，损失超过几亿元。

广药集团发动的第三波进攻是王老吉更名案。

2012年6月，商标案仲裁判决书刚出，全国各大媒体、户外广告一夜之间铺满了同样的宣传："王老吉改名加多宝""全国销量领先的红罐凉茶更名加多宝"。这一招对加多宝很管用，毕竟是一个全新的品牌，以前并不为消费者熟悉，现在铺天盖地的宣传攻势，加上将加多宝与王老吉联系在一起，使得加多宝知名度大增。另一方面，对于百年老字号王老吉来说，加多宝更名广告的大肆宣传，却是一种极大的伤害。

起初，王老吉采用同样大量投放广告的办法来澄清，如"王老吉从未更名"。但是，拼广告，无疑财大气粗的加多宝更胜一筹，并且加多宝是主动出击，王老吉是被动还击，效果天壤之别。

2012年11月30日，王老吉转变方法，将加多宝告上了法庭，诉加多宝商标侵权，要求法院采取"诉中禁令"，禁止加多宝这种侵权性的宣传。一直到2013年12月20日，广州市中院终于做出判决，要求加多宝赔偿1 000万，并立即停止与改名相关的宣传。对于这场官司，媒体有翔实报道，请看：

加多宝被判赔广药王老吉1000万　当庭提出上诉

2013年12月20日　人民网—法治频道

人民网北京12月20日电（李楠楠）　今天上午9点30分，广药王老吉诉加多宝虚假广告案在广州中院宣判。广州中院一审判决加多宝败诉，立即停止使用相关广告语进行宣传，并按照广药王老吉的起诉请求，赔偿原告方1 000万元及相关合理费用815 750元，并且在报纸、网站等媒体上刊登道歉内容。

判决后，加多宝凉茶通过其官方微博发布消息称："广药加多宝改名广告纠纷一审判决结果公布，该判决支持了原告的部分请求。对此，我们表示极度的震惊，并依法当庭提起了上诉，在上诉期间一审判决没有法律效力。"

广州市中级人民法院经审理裁定，广药集团的主要指控意见成立，予以支持，两被告的答辩意见不能成立，不予采纳。依照《中华人民共和国民法通则》第一百三十四条，《中华人民共和国反不正当竞争法》第二条、第九条第一款、第二十条，《最高人民法院关于审理反不正当竞争民事案件应用法律若干问题的解释》第八条第一款第（三）项、第三款，《中华人民共和国民事诉讼法》第六十四条第一款，《最高人民法院关于民事诉讼证据的若干规定》第二条的规定，判决如下：

一、被告广东加多宝饮料食品有限公司于本判决生效之日起立即停止使用"全国销量领先的红罐凉茶改名加多宝""原来的红罐王老吉改名为加多宝凉茶了"广告语进行广告宣传的行为，并立即销毁使用了上述广告语的宣传物品；

二、被告彭碧娟于本判决生效之日起立即停止在其经营场所使用"全国销量领先的红罐凉茶改名加多宝"广告语进行广告宣传的行为，并立即销毁使用了上述广告语的宣传物品；

三、被告广东加多宝饮料食品有限公司于本判决生效之日起三十日内赔偿原告广州医药集团有限公司经济损失人民币1 000万元及合理费用人民币813 250元；

四、被告彭碧娟于本判决生效之日起十日内支付原告广州医药集团有限公司合理费用人民币2 500元；

五、被告广东加多宝饮料食品有限公司于本判决生效之日起十日内在《广州日报》A1版、网址为www.people.com.cn的人民网首页刊登声明，向原告广州医药集团有限公司公开赔礼道歉（声明内容由本院审定，在人民网首页刊登的时间不得短于24小时）；

六、驳回原告广州医药集团有限公司的其他诉讼请求。

广州市中级人民法院称，如果未按本判决指定的期间履行给付金钱义务，应当依照《中华人民共和国民事诉讼法》第二百五十三条之规

广州媒体对王老吉红罐装潢归属之争的报道

最高法院知识产权庭蒋志培原庭长及权威专家一致认为

红罐装潢应属广药王老吉

相关媒体调查显示，66%网友支持王老吉胜诉

王老吉凉茶是知名商品　装潢与商标不可分割

红罐装潢权属明确　应归商标持有者所有

装潢、图案和商标名称为一体　不可分开

红罐争夺背后是文化战争

定，加倍支付迟延履行期间的债务利息。本案案件受理费人民币87 105元，由被告广东加多宝饮料食品有限公司负担。

如不服本判决，可在判决书送达之日起十五日内，向广州市中级人民法院递交上诉状，并按对方当事人的人数提出副本，上诉于广东省高级人民法院。

17年的合作，17年的恩怨，王老吉与加多宝纠缠不清的背后，引发了一单又一单的诉讼与反诉讼：从商标之争到红罐之争，从王老吉更名到“十罐凉茶九罐加多宝”，从“凉茶始祖”到“国家级非物质文化遗产代表作”，从配方到口味之争，一波未平一波又起，你中有我，我中有你，使得诉讼的过程变得曲折不已。

从2012年至今，双方对簿公堂的官司达到23起（其中，加多宝诉王老吉的10起，王老吉诉加多宝的13起），目前已经开庭的21起，判了11起（含一审或二审），全都以王老吉胜诉告终。

血染红罐

所有的市场竞争，应该仅仅限于市场行为，如果用到肢体冲突，那就不是市场竞争，而是“暴力行动”了。所以，上文提到的各种挑战，不论如何激烈，在王老吉人眼中都是可以忍受的，但是，当这种“激烈”上升为流血事件的时候，王老吉人就不能不拿起法律武器坚决还击。

苏州“木渎血案”，是王老吉人最早遭遇的一个暴力事件。

2012年8月28日，广药集团保卫部副部长陈基金接到电话，苏州木渎镇王老吉员工铺货时遭到对手持刀袭击，情况非常严重。消息传来，王老吉大健康公司总经理徐文流、集团工会主席黄志恩立即赶赴现场。

到医院一看，王老吉员工姚辉正躺在病床上，眼睛红肿，长长的伤口从眼角附近一直延伸到下巴处，往上就要触及眼睛，面部左侧伤口单条长度大于3厘米。徐文流回忆说："我第一时间赶到现场，看到伤员不禁流下眼泪。当时我就想，大家都是打一份工，怎么下得了手？对此，我感到十分悲哀。"

据在场的员工回忆，事发当天上午10点左右，王老吉员工在木渎商城的和兴批发门市部悬挂红罐王老吉的宣传横额。10分钟后，加多宝高级业务代表郝红旗带人当着王老吉员工的面，将加多宝的宣传横额直接覆盖在红罐王老吉的宣传横额上面。王老吉工作人员当即与其理论，但郝红旗气势汹汹，王老吉员工为免生事端，只好暂时避开。中午11点前后，王老吉员工在征得和兴批发门市部女店主的同意后，将被覆盖的红罐王老吉的宣传横额还原后便离去。15点半，当王老吉4名员工及王老吉当地一名经销商回到和兴批发门市部的时候，发现郝红旗等3名加多宝员工正在用美工刀拆掉王老吉的宣传横额，就上前与郝红旗理论，几番争论没有结果，王老吉员工准备离开。这时，郝红旗大声喝道："你们不能走！"他一边与王老吉大健康员工纠缠，一边指挥人打电话叫人来。15点40分，加多宝当地主管卞乃育带来6个人，加多宝在场的人数增至10人，卞乃育与郝红旗开始拳打脚踢王老吉当地那位经销商，王老吉员工姚辉见状赶快劝架，加多宝郝红旗见状，说了一句："我打的不是你！"接着继续殴打王老吉经销商，他见王老吉员工姚辉还没有让开，在没有任何警示的情况下，扬手就将手上锋利的美工刀划向王老吉员工姚辉的脸部，顿时鲜血直喷，惨不忍睹，从而酿成了这一起骇人听闻的"8·28"苏州流血事件。

加多宝方面也知道事情闹大了，极力想把这件事情私下摆平。加多宝的人员悄悄跑到医院找姚辉和姚辉家属说："这样好不好，加多宝给你100万，你签一个协议，同意不追究对方的法律责任。”当时，姚辉躺在病床上，脑袋上包着纱布，嘴巴还说不出话来，双眼还是蒙着一只眼，露着一只眼。100万，这对姚辉来说，不能不说是个考验。试想一下，对一个销售业务员来说，一个月才几千块钱收入，什么时候才能赚到100万？姚辉当时没有马上表态，没说行，也没说不行。但最后，姚辉还是拒绝了加多宝的要求，他要通过法律寻回一个尊严和公道。

陈基金连续15天呆在苏州，代表广药集团处理此事。当地有人建议，像这种治安案件很普遍，打架天天有，能不能两家私了，看看赔多少钱，赔点医疗费，不要走法律程序了，那会很麻烦。但陈基金没有采纳这种建议，他的态度很明确，这个表面看上去很简单的治安案件背后的原因是有人纵容员工，用暴力形式抢占市场，逼迫王老吉不能正常销售，带有明显的恶意成分，不能私了。陈基金事后每次说起来都很激动：“你纵容员工挥刀动武，这一刀并不只是划了一个人，是划了我们王老吉的脸，刺伤了我们王老吉，刺伤了我们广药集团，刺伤了民族品牌，必须按照法律程序，依法办案。”

加多宝很快也对此做出反应，称广药王老吉多名员工围攻加多宝销售人员，加多宝员工出于正当防卫致对方受伤，并要求追究广药王老吉的责任。

此言一出，激起媒体的愤慨，不少媒体发文谴责加多宝，已经把人伤成这样，连起码的道歉都没有。这种做法不是“暴力营销”“野蛮增长”又是什么？

经过公安部门调查取证，法院最终判决，加多宝员工郝红旗因故意伤害罪判处一年两个月徒刑，赔偿医药费、误工费、营养费、护理费等共三万多元。对于广药王老吉来说，这件事的意义在于，必须通过法律武器对加多宝纵容的暴力行为进行制裁，最大的一个目的，就是防止类似的悲剧重演。

可惜的是，尽管王老吉人竭力避免再次发生流血事件，但一些恶性事件还是接连发生了。2013年5月11日，在广州白云区新市街，又一次出现了大型流血冲突。

这天中午，王老吉大健康公司保卫部部长丁群生出差在外，突然接到公司总经理徐文流的电话："我们员工在广州新市又被打伤了，非常严重。有3名业务员受伤，有的现在昏迷不醒，正在新市街道医院抢救。"

当时，丁群生正在东莞处理一起员工被打事件，事情还未完全了结。接到电话后马上赶回。到达新市医院后，丁群生被眼前的景象惊呆了，3名被打伤的员工躺在病床上不省人事，满身的伤痕，鲜血淋淋。病房内，员工家属哭声一片，此时公司的领导们也都赶到了医院，全力协调伤者们的救护工作。

据在场人士回忆，事发当天，王老吉3名员工正在一个店里进行业务推销，其中还有一名女孩子，碰到了加多宝的人，发生了语言上的冲突。加多宝一下子就召来了10多个人，先是推推搡搡，而后就发生群殴，出事的那个地方正在施工，地上有很多施工材料，围栏、砖块随手可拾，群殴场面非常惨烈。有人把地上的砖头拿起来就往王老吉员工的头上砸……伤得最重的一名王老吉员工叫黄国良，整个晚上都没醒过来。

丁群生回忆说，看过现场后很难过，既为自己的员工受伤而难过，也为加多宝肇事员工感到难过。"一名肇事者被抓，他的爱人带着小孩，还挺着一个大肚子，来到现场，到处哀求我们的人，说能不能和解，他们赔点钱算了，非常可怜。接着，他们又提着水果，提着很多礼品，跑到那个病房里面去，求我们当事人。作为一名家属，出事后惊慌的心情不难理解，家中主要劳动力一旦被公安拘捕，将会对其家庭带来极大的影响，而且受影响的不止一代人。"

让丁群生更为气愤的是，加多宝管理人员对此毫无歉意。事发后他在新市医院亲眼看到加多宝一个当地经销商和两名业务主管，竟然大摇大摆地走进医院，直接找到院方熟人打探王老吉员工的伤情，强要王老吉员工的病历。丁群生实在忍不住了，对他们说："你们搞出这么大的事情，不但不赔礼道歉，还这样蛮不讲理。真为你们感到羞愧。我们看不下去了，请你们离开，不然我们员工家属会更加难过。"

幸而法律是公正的，新市案经公安机关侦查处理后，加多宝员工7人被捕，伤人者受到法律的应有制裁。

除苏州、新市这两起大型流血冲突外，在其他一些城市、乡镇，大大小小的摩擦和冲突在一段时间内几乎天天都在发生。

打开地图，顺着陈基金口中报出的城市名字，可以看到从广东西部沿海的湛江，再到珠三角的中山、惠州、东莞、深圳，甚至延伸到粤东沿海的汕头，省外则是北到北京、天津，西到西安，西南到成都、重庆、昆明、南宁、玉林，东部到上海、宁波、金华等等，几乎每一个王老吉业务拓展的地方，都有相似的冲突在上演。

王老吉大健康公司在依照法律收回品牌后，先后搞了200多场路演，几乎每次都会碰到这种情况。只要王老吉一搞活动，对方就会派出几十人在外围举牌，来回走动喊口号，说王老吉是假冒商品，宣称“王老吉改名加多宝”。后来，王老吉大健康公司从员工的安全着想，一碰到这种情况就报警，请当地公安、城管前来处理。

据大健康公司统计，从公司组建成立至今，共发生暴力案件28起，造成34人不同程度受伤。加多宝员工7人被刑事拘留，2人被捕，2人被判刑，而王老吉员工无一人因触犯法律被拘。

若进一步察看这些案件发生的特点，不难看到主要表现为几个方面：一是有预谋有组织，可以在短时间内聚集很多人；二是手法相近，都是用美工刀伤人；三是采取威胁、恐吓手段，以电话或当面警告王老吉员工“小心点”“我知道你小孩在哪里读书”。最后的目的只有一个，就是让王老吉的营销人员感到害怕，最后自动退出。

打人的事情发生几十起后，因为触犯了法律，被公安司法介入，对方不得不变换恐吓方式。找没有摄像头的地方，一旦发现王老吉销售人员，对方立即派出一二十人包围过来，进行威胁。有一次，在广西某地，加多宝的人突然将王老吉的一名销售人员拉上面包车，上车之后，用布把王老吉的销售人员的头一蒙，紧接着就开始殴打。打完以后，居然把人扔在派出所门口，然后扬长而去。

加多宝还对王老吉销售人员采取打人、围人、挖人手段，能干的就

“挖”，挖不走就“围”，再不听话就“打”，想方设法阻止王老吉销售网络的建设。

反观王老吉，为什么这么多冲突中无一人犯法？丁群生认为，这就是企业文化的不同。王老吉大健康公司，从集团到下面都一直教育员工，尽量避免冲突，遵守法律，保护好自己；领导给员工灌输的理念，就是合理竞争，共同做大。而且，这也是对员工真正的关心，不要让员工因一时冲动而触犯法律，最后毁了自己的前途，也让家人受到牵连。时任王老吉大健康董事长的吴长海也对这种行为深恶痛绝，他一再说：“如果一个企业总是突破法律和道德底线，就算不灭亡，也离衰落不远了。”

第十九章　轻舟险过万重山

冲上150亿

2013年是王老吉大健康公司正式走向市场的完整的第一年。这一年收官之际，广药集团董事长李楚源在广药官网上发表了《致全体员工及家属的感谢信》，信中郑重宣布：王老吉凉茶超额完成150亿元的销售目标。除了王老吉药业绿盒的30亿元，刚刚成立一年半的王老吉大健康有限公司红罐凉茶年销售额突破100亿大关。

这是一则令业界震惊的消息。在饮料行业，10亿元是一个台阶，100亿元是另一个台阶，没有一二十年的努力很难企及。国内饮料行业，规模超过100亿元的，除了几大国际饮料巨头，其他企业数不出几家来。

此时，距离长城宣言正好一年半。2012年6月3日，王老吉大健康公司发表《长城宣言》，表示要将王老吉从民族品牌打造成世界品牌，要通过“产品经营”“资本运营”和“虚拟创赢”三种发展模式，实施人才、科技、品牌、资源、标准和国际化六大战略。2017年将要实现销售额300亿元，2020年实现销售额600亿元。

许多人将信将疑，有的甚至预测，不用一年半载，王老吉的市场就会被对手抢走，广药集团到头来只会“赢了官司，丢了市场”。

2013年底，王老吉实现了150亿元的年销量，这就给市场一个最好的回答，广药集团以一年半的时间，走完了对手17年的路，攀登上了一个新的制高点。

尽管这一年筚路蓝缕，历尽艰辛，内有产能制约，外有对手堵截；客观上有市场渠道铺设瓶颈，主观上有8 000多人营销团队组建难题，但这一切，都未能阻挡王老吉大健康的前进步伐。

王老吉的崛起，引起行业内外的关注，对手加多宝自然更会留意。2014年1月2日，加多宝专门在北京开会，分析王老吉的情势。也许，直到此时，加多宝才意识到，过去低估了对手的再生能力。

重塑版图

王老吉迅速成功的一个关键，是完成了生产和销售产业链的全国布局。吴长海透露，迄今为止，大健康公司的营销渠道已经在全国范围内形成，包括西藏在内的每一个省、市、自治区都有王老吉的营销平台和网络；产能布局也基本成型，目前在全国拥有40多个“厂外车间”，均衡地分布于华南、华东、华北、东北、东南、西北。接下来还将继续自建一批工厂，包括广州南沙、广东梅州、四川雅安、河南新乡、江苏泰州等地。未来架构将是自建厂占30%产能，合建站占30%产能，“厂外车间”占40%，以满足市场不断扩张的需求。人才方面，目前已经拥有8 000多人的营销团队，未来还会根据市场情况进一步充实壮大。

王老吉大健康总经理摆出一组数据：从王老吉和加多宝最主要的几个市场看，2013年广东、浙江、湖南三大市场王老吉的年销售额均略低于竞争对手。但是，对王老吉来说，2013年3月才刚刚解决产能难题，市场网络、渠道、平台尚在建设之中，能够取得这样的成绩实属不简单。随着产能、销售两方面的建设继续推进，未来发展无可限量。

“从2013年下半年开始，有些情况已在悄悄发生改变。”徐文流透露，目前王老吉在广东、广西、海南、河南的销售量都已开始超越加多宝，光是河南，2014年春节前夕就已经卖出了6亿元，势头非常猛。对于王老吉的前景，徐文流信心十足。

利润换市场

也是2013年底，加多宝集团品牌管理部负责人王月贵对外宣称：加多宝凉茶当年销售额突破200亿元。加多宝的市场没有大幅起伏。只不过，这个“没有大幅起伏”的代价有点大，除了诉讼大战中声誉受损，几十亿元的广告投放，也大大冲减了加多宝的利润。试想一下，假如没有商标之争，加多宝将大大削减广告开支，同时还会更迅速地铺设网点，增加销售量，生产销售各个环节的要价能力将会更强，成本可望进一步下调，一正一反，损失何止几十亿元。何况，后面还有王老吉跃跃欲试，越逼越近，前景不容乐观。不知此时的加多宝，有没有后悔过当初不如继续跟广药集团合作，还是做王老吉。

相反地，站在老王吉的角度说，原先商标租给陈鸿道，一年的品牌使用费不到500万元，如今，这个数字已经连零头都不止了，是原来收入的数十倍。更为重要的是，王老吉一年超过100亿元的市场销售额，使凉茶成为广药集团内部最大的产业支柱，构成了广药集团“大南药”“大健康”的重要依托，成为广药集团未来重要的利润增长点，从而有望获得集团更多的资源支持。

展望未来，谁是最后赢家？未来发展结局如何？很多人在观察，在研判，并以此作为自己价值的体现。归纳起来，不外乎两大阵营：一是“加多宝完胜”派，一是“王老吉将成中国凉茶新霸主”派。

前者，可以2012年7月22日《新金融观察报》记者淮纯菊的一篇报道《王老吉商标战落幕　加多宝“完胜”？》为代表。

文章借一化名的食品企业老总之口说，10年前，当加多宝运作的凉茶市场份额只有1亿元的时候，加多宝母公司——香港鸿道集团董事长陈鸿道为了改变现状，听取了别人的建议，请了6个年薪50万的高管，负责渠道和市场策划。这在业内，曾被当作笑话，认为陈鸿道不懂行，把渠道分那么细，太浪费了，谈1亿元的生意，请了6个年薪50万的家伙。

但是慢慢地，这种架构就体现出了它的优势。从一定程度上说，加多宝的营销体系是完全复制了百事的分级营销体系，在全国每个省份都没有销售经理，只有销售主任，比如，销售主任、餐饮销售主任，都是从总部直接下来的。

这种运作市场的套路，就是按照做200亿元生意的套路来执行的。虽然是无意识的，阴差阳错的，甚至是被迫的。可回过头再看，用这套模式的时候，就预示着加多宝将来有可能做到200亿元的市场份额。当年的陈鸿道的确是很大手笔。

此文章作者对广药集团收回王老吉后的产能并不看好，认为广药王老吉从6月初就在长城脚下宣布了新品上市的计划，并决定全国铺货。可北京、上海还是有很多消费者反映买不到。而天津的超市里，看到的还是广药的老产品——绿盒王老吉。

文章引用受访者的话说："加多宝现在越来越有自信完成品牌转换了，一些产品名称都已经替代了王老吉的牌子。除了渠道里还有剩余的一些库存，像路牌、灯箱、户外，连央视现在都是加多宝了。加多宝的销售，上半年前三个月同比增长30%，上半年六个月增长了50%左右。"相反，就铺货速度来看，广药的产能在短时间之内的确有点跟不上，认为全国化铺货，是一个比品牌知名度更高难度的"技术活"。而广药面临的挑战也绝非小菜一碟。"产能无瓶颈，但广药现在只能先代工，建立自有罐装线，估计需要1—2年时间。"

文章进一步预言，全国能生产铁罐（加多宝旗下的产品，铁罐、铝罐均有，目前在逐步替换成铝罐，铝罐不仅环保，成本较铁罐也低）饮料的、有较大产能的代工厂商均与加多宝有合作协议，广药很难插进去。"能找到的，都是小产能的厂，每个省也不超过两家，找个几十亿元产能的或许可行，想找上百亿元产能的，不可能。"

文章披露：在组织生产过程中，广药经历了很多事儿，包括供应商、经销商、消费者等各个方面，感受到很多期盼和鼓舞，也遇到不少阻力，特别是来自竞争对手方面的。广药的对手与供应商签的协议或合同里，有很多排他性条款，很多供应商想跟广药合作，又怕跟广药合作，他们畏惧这种排他性协议中的高额赔偿。

文章提到一位食品企业老总的话说："这些代工厂商，今年不可能与广药合作，明年也不太可能。"其理由是：这些代工厂与加多宝除了所谓的排他协议、合作信誉、感情，实际上属于利益绑定。要想打破这种利益绑定，除非广药能给出相同甚至更高的利益。而且部分代工厂商与加多宝高管、供应商之间有着更为密切的利益关系，甚至股权关系。利益导致的合作，短期内都没法打破。

对于未来，文章作者认为：广药集团想赢得过百亿的市场份额真的是很难，因为想要过百亿元的市场份额，就得有过百亿元的配套。这已经不仅仅是市场之争、渠道之争了，而是整个供应链的争夺。即便广药现在有了160亿元的产能，也能迅速地把货铺往全国，在渠道里也会遭遇封杀。现在加多宝对广药已形成了"事实上的封杀"。在未来的两三年里，广药王老吉很有可能会在渠道内遭遇加多宝"封杀"。判断的依据是：一个有强大渠道运营能力支撑的新品牌，比一个缺乏强势渠道支撑的老品牌，更有成长的空间。

当然，加多宝及其支持者对"企业体制"的信赖也不是讲讲而已，而是真诚地相信的。他们深信，没有产能、没有渠道、决策机制和市场执行力远不及加多宝的王老吉，最终是斗不过加多宝的。第二个健力宝，将是王老吉的未来命运。健力宝的教训是：即使有品牌，但受体制制约，一旦原有经营团队溃散，就将一蹶不振，永不超生。

相反地，国有企业的这种隐患正是加多宝这种非公经济的优势所在，它们所有权与决策权的稳定，决定了主要领导人的变动不会导致企业运作的大幅变化，陈鸿道在境外多年，加多宝几乎不受影响，就是最好的证明。加多宝曾经在与王老吉诉讼的关键时刻，向有关部门举报抹黑广药集团主要负责人，也是因为他们相信“射人先射马，擒贼先擒王”的战术，用在国企身上是最有用的。展望未来，只要国家政策没有大的改变，加多宝的决策机制就不会有大的改变。而广药集团则不然，一旦主要领导变更，一切都将不同。到那时，无论王老吉做得多么好，都没有用，很可能会在一夜之间彻底崩溃。

当然，这些心思只会留在某些人的内心，谁都不会公开讲出来。公开讲出来的还是老生常谈的销售渠道。2012年5月16日，加多宝媒体说明会上，有媒体问到加多宝的优势在哪里，王月贵的回答是：“我们加多宝拥有着正宗凉茶的配方，还有先进的营销理念，还有我们长期以来的合作伙伴的支持，还有庞大的营销网络，以及我们专业的非常有执行力的团队。所有这些优势加在一起，我们非常有信心。”

对于加多宝而言，经营王老吉凉茶17年，拥有2万多人的营销团队；与原材料生产厂家有着长期稳定的合作关系，控制着全国凉茶生产上下游大部分产业链；渠道覆盖全国饮料市场，包括从大城市到偏远乡镇，从大超市到士多店、餐饮火锅店等。这些长年累月构筑起来的产能、渠道和团队优势就是加多宝最宝贵的财富。王老吉要想从中杀出一条血路，谈何容易？

得文化者得天下

与“加多宝完胜”观点不同，另外一种观点认为，品牌这东西，不像加多宝“粉丝”所写的那样微不足道，它是一种魅力无穷的文化资源，它深入人心的效应，是刻骨铭心的，任何岁月变迁都难以抹掉。即便有时会冷落一时，只要有人催谷，就会春风吹又生。久居岭南的人对此感受尤深。从长远的竞争看，拥有王老吉这个根深蒂固的品牌的凉茶一定会超越加多宝，成为后来居上的中国凉茶新霸主。

中国传媒大学广告学院院长黄升民教授认为，尽管王老吉刚开始时缺乏资源，缺乏产能，缺乏渠道终端，缺乏广告资源，因为这些资源当初是两家约定由加多宝掌握的，而且资金实力也远远不如加多宝，但王老吉有深厚的品牌文化资源，这才是未来制胜的关键。

黄升民认为，王老吉有两个策略用得非常好：一个是品牌带动，以“铺”取胜；一个是高举高打，依法维权。

起步之初，王老吉资金实力不如加多宝，因而采取了一个品牌承接的无缝对接。因为王老吉的品牌原来就有，对方说改名加多宝，但是颜色、标志、口号都是原来的，所以人们的残存记忆还是王老吉。所以，只要你卖加多宝，店头上有王老吉，肯定先要王老吉，这就是策略上的盈利。加多宝投入十分，王老吉投入一分即可。所以王老吉有一个策略，只要加多宝做活动，王老吉都跟着走，有卖加多宝的地方，同时就要卖王老吉。

这种策略的结果，是王老吉在终端的不断渗透，使王老吉的市场占有率稳步上升。

另一个策略是高举高打。由于王老吉的资金实力不如加多宝，拼广告王老吉拼不过加多宝。于是王老吉选择了另外一种方式，利用法律武器打官司，打产品侵权，打商标侵权，打“改名”，打“十罐红罐凉茶七罐加多宝”的虚假宣传，打“非物质遗产”，打“红罐之争”。因为品牌归广药集团所有，加多宝总想搭王老吉的顺风车，而广药集团则通过诉讼，努力撇清这种关系，一步步将加多宝往后逼。这种策略的结果，一方面在市场上对加多宝形成制约，另一方面通过司法诉讼提高广药王老吉的知名度，弥补了广告宣传上的不足。

与此同时，广药集团利用自身的历史文化资源，联合王老吉的故乡鹤山市政府，共同打造“凉茶之乡”，兴建凉茶博物馆和神农草堂。黄升民认为，此举的意义，无形中为王老吉成为未来中国凉茶盟主打下了基础，毕竟，中国凉茶认祖归宗，最有资格、最有代表性的还是王老吉。把王老吉的历史文化挖掘出来，广药王老吉就不断有新的故事，这是王老吉未来最大的资源。

相比之下，加多宝缺乏历史文化底蕴。唯一的资源就是通过王氏家族个别后人，勉强与历史上的王老吉搭上线，才祭出加多宝宣传的“凉茶秘方授权”“正宗凉茶”等口号。其实，洞悉内情的人都清楚，这两个说法都经不起推敲，这个后人只是王老吉的一支，王老吉的秘方不可能只有她家才有。何况后来的凉茶与原来带苦涩味的凉茶完全不同。更让加多宝头疼的是，这个后人有一个硬伤，曾因诈骗罪被香港法院处罚过，这种形象与“老老实实王老吉”太不相衬了，所以不太好宣传。

缺乏文化底蕴的结果，就是没有多少故事可讲，要宣传只能投放广告硬销，这就迫使加多宝在广告上不得不进行巨额投入，由于背后有王老吉抗着，加多宝无论如何都不能让两样东西下滑：一是广告投放绝对不能滑，二是销售额绝对不能滑。这两样东西都要用金钱来支撑，天长地久，成本投入巨大，势必会造成加多宝的积累大大减少，影响后续产品的开发，也影响产品技术含量的提高。行内人都知道，品牌一旦立足之后，就应开始新产品的开发，如果没有后续产品的跟进，加多宝这个品牌是难以长期支撑的。正如可口可乐，每年都要有新的产品推出来。这一块有关科技水平，来不得半点虚假，不是光有销售渠道和团队就可以解决的，王老吉不愁，加多宝却很愁。故从长远的竞争看，王老吉更具优势。

更加出乎加多宝意料的是，之前被认为是“无资源、无产能、无渠道终端、无广告资源、无资金优势”的王老吉，仅仅用一年半的时间就闯了过来，成为达到百亿元销售额的企业。

当初加多宝铁了心与王老吉决裂，坚决不用王老吉品牌，是想以加多宝品牌取代王老吉品牌，实现一家独霸天下的伟业。过去的10多年，加多宝在中国凉茶行业没有对等的对手，现在突然冒出了一个，居然还是自己一手做大的王老吉，心中滋味，加多宝不足为外人道。

于是，人们也就不难理解，为什么精于营销的加多宝敢冒天下之大不韪，剑走偏锋，不计成本地投放巨额广告，大肆宣传王老吉更名加多宝；不惜代价收购王老吉产品然后低价卖出；不惜置道德与法律底线于不顾，在终端市场制造流血冲突。说到底，加多宝的目标不仅是一城一池的争夺，而是整个中国凉茶市场的生死争夺战。

广药集团当然也清楚对方的意图，他们明白，如果不能在一年半载中进入市场，占有一定份额，以后可能就永远没有机会了。对方品牌一旦成熟，王老吉的品牌记忆就会被冲淡，到那时，广药王老吉营销推广的难度就更大，代价也会更高了，弄不好还会成为千古罪人，把一个规模超过百亿元的品牌给糟蹋了。所以，广药也是集中了所有资源，压缩一切开支保证王老吉的广告投放与市场开拓，调剂集团所有的原材料优先供应王老吉，调集精兵强将组建王老吉大健康的团队框架，因为广药着眼的也是全国市场，只不过从一城一池开始建设网络渠道就是了。

加多宝试图采取三个策略对付王老吉：一开始想“灭”，将新生的王老吉大健康绞杀在摇篮中；“灭”不掉就“拖”，通过法律诉讼和媒体战，延缓应给王老吉的赔款以及市场份额；再不行就“转”，通过媒体宣传，转移王老吉的品牌价值。官司前后，加多宝先后采取了多项措施，转移王老吉品牌价值。2012年初到6月份，加多宝采取双面罐的方式，一面是“王老吉”，一面是“加多宝”，作为一种品牌过渡。到了5月份，裁决书出来后，加多宝实施大规模的“改名”宣传攻势。

2012年，是双方过招最厉害的一年，也是流血冲突最多的一年。但也是在这一年，王老吉在产能远远不足，渠道从零开始的情况下，突破了对手的围追堵截，完成了骄人的销售。

作为王老吉大健康的前任董事长，吴长海认为，加多宝并非如想象中强大，也不是没有弱点。原以为加多宝销售很强大，因为他们的价格、渠道控制得比较好。真正了解后发现，真实情况并非如此。也许一个企业做大后都会面临官僚化，由于长期以来加多宝缺乏有力的竞争对手，加多宝的销售人员大多住在酒店，等着经销商上门。等到王老吉大健康一沉下去，加多宝就受不了了，马上做出反应，并动用了一系列暴力手段，这也是缺乏信心的表现。

针对加多宝的封杀，广药王老吉也制订了自己的策略。吴长海谈道，接手红罐王老吉之后，大健康公司制订了一个战略性计划，就是未来分三步走：第一年是“接”，2012年6月到2013年6月，承接原来王老吉品牌的市场；第二年是“立”，2013年6月到2014年6月，形成稳定的企业架构和销售网络，以及独特的企业文化；第三年是“拓”，2014年6月到2015年6月，主动出击，开拓新的市场份额。从目前的情况看，效果非常可喜，基本达到了公司预期的目标。

第二十章 三大法宝创未来

技术无人能及

对于广药集团和王老吉大健康而言，他们对创造未来的辉煌，是非常有信心的。因为他们经过多年来的探索，已经形成了三项宝贵的资源，它们是保证广药集团和王老吉大健康公司能够顺利开拓未来的法宝。这三大法宝，一是拥有强大的产品研发能力，二是拥有深厚的历史文化积淀，三是拥有紧追时尚的强烈意识，而强大的资源整合能力，则是使这些法宝能量倍增的组织保证。

科研能力是王老吉人一路走来赖以生存与发展的支柱，也是经常被竞争对手和局外人忽视的重要元素。多少年来，广药人默默地在技术领域耕耘，从不叫苦，从不炫耀，打下了厚实的技术基础。这种技术基础在王老吉商标租借给鸿道集团和加多宝时，没有充分发挥作用，现在，王老吉品牌终于回归，多年来的技术基础终于有了用武之地。这种用武之地就要产生的裂变效应，将不亚于在市场上投放一颗原子弹。

在王老吉药业厂区，一条中国最先进的生产线，正在24小时不间断地运转。这条总投资超过1亿元的生产线，2012年10月开始使用，是目前市场上速度最快的无菌纸盒包装生产线，速度为24 000盒/小时。

这条生产线是瑞典利乐公司结合王老吉产品特点研发出来的，在控制糖度、密度、干物质含量关键控制点的基础上，设计了适用于连续生产的工艺流程，采用利乐A3/SPEED高速灌装技术、隔膜抽取、定子溶解技术和UHT超高温杀菌技术等，实现了在线调配、高速溶膏等技术，最终组建了王老吉凉茶饮料连续生产线。

广药方面负责技术的高管郑荣波这样说，传统的生产工艺流程是凉茶浸膏（浓缩汁）加水、加糖、定容人工调配。现在不用人工调配，只要把膏与糖融合，自动勾兑，误差基本上可以忽略不计，整条生产线连续生产。“这也就意味着口味可以完全一致。”

这是国内处于领先水平的一种生产技术，也是国内第一条生产线。2013年12月，中国质量协会发布了《2013年度食品行业（茶饮料）消费者满意度调查分析报告》，王老吉在包括凉茶、红茶、绿茶、奶茶在内的11个品牌中的消费者满意度模型的六项指标里，夺得四项第一，不仅在满意度指标上以高于行业平均标准4.58分的73.68分位列第一，并且在品牌形象、感知质量、安全信心三个指标中，也以绝对优势获得第一，成为消费者最满意的凉茶饮料品牌。

骄人的成绩，源自王老吉背后的坚守与创新。

2013年，一场山银花替代金银花的风波，突然降临酣战中的凉茶企业。有凉茶行业人士曝光称，凉茶业大量采用山银花代替金银花，实际上是凉茶行业中通行的惯例。中国金银花协会也表态，近几年山银花泛滥现象日益严重，既欺骗市场，又欺骗农民，严重影响市场流通秩序与农林种植结构调整。

2013年3月29日，王老吉大健康公司在其官网上发布“原材料使用情况提示”，声明“不存在以山银花代替金银花的现象，请广大消费者放心”。对于王老吉来讲，有足够的底气发表这样的声明，更有足够的自信接受检查。

随后的4月2日至9日，广州市、梅州市的质监、食品药品监督部门在一周的时间内，突击检查王老吉药业本部及梅州的凉茶浓缩汁提取基地的金银花使用情况。

这是严格而详细的检查，执法人员对生产车间、原料仓库、成品仓库进行了现场检查，仔细查阅了金银花供应商资料、进货台账、单价、发票、投料记录、产品配方、质量标准、检验报告书等众多质量管理资料，还核查了金银花的采购和使用量。经过多个政府部门的轮番突击检查，证实王老吉凉茶不存在以山银花代替金银花的现象，生产过程完全按照产品企业标准组织生产。

山银花在我国南方生长较多，湖南、贵州、重庆一带产量尤大。凉茶行业以往掺入一定数量的山银花，几乎成为潜规则。郑荣波谈及山银花事件时颇有感触："金银花里面掺山银花，价格会便宜一些。每千克四五十元的金银花，肯定掺有山银花，因为金银花种植成本每千克要五六十元。我们是产地规范化种植，不掺假，购买的价格是每千克七八十元。因为山银花口感比较苦，我们预料这个问题始终会爆发，所以从不掺假。事实证明质检部门检查我们的产品没有问题，全部合格。"

郑荣波1987年毕业于西北大学药用学专业，后考入中山大学攻读植物化学专业研究生，1990年进入王老吉。他进厂后一直从事研究工作，从技术员做起，现在已经是主管科研的公司领导。在郑荣波眼中，一百年前，"老老实实王老吉"就是一面旗帜，这面旗帜传递的信息是：配方实在，疗效确实，货真价实。一百年后，"老老实实王老吉"仍然是一面旗帜。不同的是，如今这面旗帜不仅秉承了王老吉百年传统，而且在"货真价实"中增加了新的内涵，即当重金属超标、农药污染等难以控制的因素不断冲击人们的心理底线时，"老老实实王老吉"增加了建立自身生产基地、实现原料锁定产地、规范化种植、保证凉茶原料品质等内容。

早在2004年，广药集团就开始建立固定的凉茶植物原料规范化种植基地（GAP基地），制订了药材品种、产地、用肥、用药、采摘等一系列严格而细致的标准，确保其成分、含量的一致性，避免或最大限度地减少重金属和农药的污染，并到山东、江苏等凉茶主要药材产区，对药材的种植、采收、施肥、施药进行安全性调查，研究其从野生到家种以及合理采挖、资源再生和质量控制等问题。

"这几年，为保证原料安全，王老吉7种原料都是在固定产地进行规范化种植，这在行业内是比较先进的。我们锁定产地，采用'基地+农户+公司'的运作模式，在产地进行规范化种植。其他凉茶品牌还没有做到这一点。"郑荣波说。

王老吉锁定的产地都是国内地道的药材产区。"仙草在广东梅州、福建武平和广东增城，这些地方的仙草做饮料最好；金银花锁定山东平邑；杭白菊去到江苏射阳，那是全国最大的菊花生产基地；布渣叶是在两广和海南，布渣叶是野生的，用叶子，不存在原料的再生问题，年年都可以产；甘草则是到甘肃、新疆。”

在郑荣波的叙述中，原料最远的不是甘肃、新疆，而是东南亚的老挝。“7种原料中，在国内其他品种都容易控制，但只有鸡蛋花无法控制。”广东有鸡蛋花，但是由于气候原因，花量很少，晒干没有多少产量，成本不划算，不能形成量，基本上不能供应。东南亚国家是热带雨林气候，一年四季大部分时间都开花，一棵老树产量可达一两千克。“为了规范鸡蛋花种植，我们与老挝当地华人合作，在万象郊区进行了3万亩的大面积种植，采用插枝的办法，工作量相当大。”而在老挝之前，王老吉早已在海南建立了一个鸡蛋花种植基地。

王老吉之所以这样做，是因为眼光长远。他们知道，如果没有种植基地，原料容易被人垄断，一垄断就升价。如果能够依靠自己的能力，则既能保证供应，又能控制质量。“原料市场现在出现一个共同的毛病，当供应充足的时候，价格低，质量有保证；当供应出现问题的时候，价格高，也掺杂了很多东西。”郑荣波认为，这是目前共有的一种情况。

更为严重的是行业潜规则。“我们在生产过程中，发现药材业有很多潜规则。我们早在多年前就开始规划种植，就是为了规避潜规则。”

潜规则之一来自杭白菊。过去杭白菊是一饼一饼的，用面粉把菊花搞成饼，而且为了好看，还要用二氧化硫熏白，检验时硫自然超标。如果杭白菊中面粉加了20%，还影响产品的最终品质。

从2006年开始，王老吉改变做法，组织当地农民种植，王老吉用保底价收购，之后低温烘干，变成颗粒状，便于保存和运输。郑荣波说：“从那以后，在我们带动下，面粉基本上消失了，现在很少用饼了。菊花的潜规则让我们解决了。”

王老吉之所以重视科研，不是为了好看，而是为了长远。按郑荣波的说法，王老吉最舍得投入的经费是科研经费，最敢掏钱做物质基础、做机理、做安全，凉茶技术研发中心成立5年来投入近亿元。许多凉茶企业在这方面不一定会舍得投入，但王老吉要去做。因为科研这些东西，关系到企业和产品的长远未来。

以王老吉凉茶安全性研究为例。

“863计划”是解决重大科技问题的国家级高新技术研究发展计划。该计划自1986年启动，启动25年后，中国传统植物饮料开始进入该计划的视野范围。2011年1月，“功能性食品安全性评价与功能因子关键检测技术”项目正式启动。

这是国家“863计划”的首个凉茶项目和植物饮料项目，主持单位为四川大学和广东省疾病预防控制中心，目的在于推动广东凉茶、植物饮料的安全评价体系、质量控制水平及与国际市场接轨。

启动大会上，王老吉、加多宝同时被宣布正式加入该项目。这是凉茶企业的殊荣。国家级科研机关和高等院校是“863计划”的主力，具备足够的实力和发展潜力的极少数企业，通过层层严格筛选，才能作为承担单位。

传统凉茶饮料嫁接现代科技，整个凉茶界为之击节叫好。这是中国传统植物饮料产业的一个飞跃，也是凉茶饮料企业展示自身的好机会。

在这次研究中，广药集团负责牵头完成夏枯草、布渣叶原料两年慢性毒性试验以及在种植、收购、储存过程中的质量控制及有害元素的控制，王老吉两年慢性毒性试验以及指纹图谱研究，王老吉示范生产基地建设，工艺优化四项研究工作。

这是行业内一场加速向国际水平看齐的集体攻坚战。2013年6月13日，中国中药协会、广东省中医药学会主办的“王老吉凉茶国际标准研究暨王老吉凉茶国家‘863计划’最新科研成果发布会”在广州东方宾馆会议中心举行。会上，广东省疾病预防控制中心教授杨杏芬，汇报了自2011年6月至2013年6月两年期间，有关王老吉凉茶研究取得的阶段性成果。

这份题为《王老吉凉茶安全性评价研究》的演讲报告，讲述了研究中发现的两个现象：

——王老吉凉茶具有延长动物寿命的作用。研究课题组参照美国FDA标准的要求，通过对576只老鼠样本进行为期两年的安全性试验，初步发现王老吉凉茶实验组的大鼠存活率优于对照品。

——按照功能性食品的人体食用规程开展相关研究，初步发现受试者的肝肾功能、血脂分型、血常规等体检指标，呼吸系统、消化系统、泌尿系统及情绪等方面都有一定程度的改善。

杨杏芬特别说明，这只是一个阶段性的研究成果，接下来课题组将逐步完善王老吉凉茶食用安全性证据链。

传承了180多年之后，王老吉凉茶的安全性指标，将在现代技术手段介入下，逐步揭开“神秘的面纱”。

作为广药集团参与国家“863计划”项目的负责人，郑荣波回忆说：“我们在实验室考察老鼠一辈子的生长发育情况。进这些实验室时，必须全身沐浴消毒，从头洗到脚。必须穿消毒服，就露两个眼睛。”

郑荣波用通俗的语言，解读了枯燥、抽象的试验成果。按道理，两年时间就等于老鼠的一辈子，也就是相当于人的七八十岁。实验时把王老吉凉茶喷雾成干糕粉，加入饲料天天喂老鼠。实验结果显示，正常饮食的老鼠只有两年的存活率，远远低于食用了王老吉凉茶饲料的老鼠。

另外一个特点是，王老吉凉茶实验组的老鼠，生长比较均匀，个头大小比较均匀，属正常生长；而正常饮食的老鼠有大有小，偏差很大。

这两个结果，只有王老吉凉茶能做得出。有专家说，做了这个实验以后，他的小孩也定期喝王老吉了。

“老老实实王老吉”不会吹牛，真正的科学数据证实，王老吉配方“的确是个很有意义的东西”，“凉茶始祖”不枉虚名。参与实验的专家也感到非常高兴。

“863计划”是追踪国际高科技发展前沿，缩小国内外科技差距的国家发展计划。凉茶项目属于当前最前沿的食品安全研究范畴，能够列入“863计划”，反映了广东凉茶在我国众多食品饮料门类中的重要地位，也体现了与国际通用食品饮料研究接轨的迫切性和必要性。而研究的结果表明了王老吉凉茶的良好效用，这无疑是中国凉茶行业值得庆贺的事情。

免疫功能话泻火

“怕上火喝王老吉”，这句广告词家喻户晓。可是，王老吉凉茶为什么能够“泻火”呢？从科学的角度如何解释王老吉凉茶的这种作用呢？

2006年4月，广药集团自筹资金，联手中国工程院院士姚新生领衔的暨南大学中药及天然药物研究所，进行凉茶物质基础与作用机理研究。

项目组的目标是，以多种应激负荷模型模拟机体“上火”状态，从动物整体水平及分子生物学水平研究“上火”的科学内涵，并以抗应激评价体系对王老吉的“泻火”作用及其物质基础进行系统研究。用通俗的语言来说，王老吉将与专家们一道，在国内首次研究凉茶是如何“泻火”的。这是中医药学的一项现代科学研究过程，意义深远。

“作为大的品牌产品，卖了这么多亿元，应该拿出钱来搞科研，有义务向消费者说明产品的科学内涵。”如果产品销售了几百亿元，不搞科研，不充实科学内涵，不知道自己卖的是什么东西，没有给消费者一个具有科学内涵的解释，只知道做广告，是对消费者的不负责任。

此言出自栗原博教授，他是暨南大学中药及天然药物研究所副所长，2011年国家国际科学技术合作奖获得者。栗原博谦虚地说，自己来暨南大学整整10年了，只做了“疾病易感性研究”一件小事，并且常年做，以后还会长期做。“只做这一件事，也能做成点大事。小事坚持下去就做大了，团队做得还很开心。”

在应激和易感性研究方面，栗原博率领的团队在国内研究队伍中发表论文最多，达到200多篇，其中英文论文100多篇。栗原博在国外影响也很大，他还是许多顶级杂志的编委。“我们研究的技术方法、检测方法与通行的方法是一致的，但模型是自己的，总是在开创新模型。我们的模型公认走在前面，研究水平没有落后于国际。”

2008年8月，经过两年多的努力，课题结题。研究结果表明，王老吉是通过调节应激负荷状态下的机体氧化平衡状态，缓解细胞内的氧化应激从而改善机体，达到“泻火”的功效。栗原博通俗地解释说：“我们从易感性上，而不是药效上入手，对负荷压力产生的心理不稳定引起的疾病易感性进行调节。在这些方面王老吉是有作用的。”

研究工作充分阐明了王老吉的作用物质基础与作用机理，揭示了王老吉对人体健康调节功效的科学内涵，还制定了产品的指纹图谱。

中药指纹图谱，是一种综合的、可量化的鉴定手段，主要用于评价中药材以及中药制剂半成品质量的真实性、优良性和稳定性，能较为全面地反映中药及其制剂中所含化学成分的种类与数量，对药品质量进行整体描述和评价，对于提高中药质量，促进中药现代化具有重要意义。在此基础上，如果进一步开展谱效学研究，可使中药质量与其药效真正结合起来，有助于阐明中药作用机理。暨南大学课题组的研究中，提供了指纹图谱中8个主要色谱峰的标准样品，为今后进一步提高相关产品的质量标准奠定了科学基础。

2011年7月，王老吉药业举办祛火研究成果发布会，中国工程院院士、暨南大学教授姚新生率栗原博教授以及多位国际专家，发表了《亚健康的改善要寄希望于中药》《王老吉广东凉茶颗粒祛火作用机理与物质基础研究》等多项专题学术报告，发布了他们对凉茶祛火机理的科学研究成果。

会上，作为中药及天然药物化学专家的姚新生院士认为，中医“上火”的说法与西方医学中的“应激”理论相似，指的是自然人身心处于压力和疲劳状态下的亚健康状态，会导致人体免疫功能下降，糖代谢、脂代谢紊乱，从而表现出淋巴结肿大或者口腔溃疡等症状。“我们发现凉茶等中药通过调节机体免疫功能，可以增强抵御疾病的能力，表明了中药对亚健康调节有科学道理。”姚新生希望，通过更多对中药科学内涵的发掘，加速其走向国际化的步伐。

这是国内第一个进行凉茶物质基础研究的项目，3次获得政府科技奖：2010年度教育部科技进步奖二等奖，2011年广东省科技进步奖二等奖，2011年中华医学科技奖三等奖。

获得国家级奖励，在凉茶行业的其他企业是没有的。郑荣波颇为自信地说，广药集团在科研方面遥遥领先。我们的身后，是强大的科研支撑能力。

此话不虚。2008年，王老吉组建国内首家凉茶重点工程技术研究开发中心，凭借王老吉知名品牌在发展凉茶方面的强大产业基础和品牌势力，顺利通过了专家组论证，成为全国第一家凉茶工程技术中心，并获得广州市政府100万元专项资助。

这是具有一定创新性的工程中心。2009年1月，该项目正式启动。5年来，该中心投入近亿元，开展了凉茶基础性研究工作和技术创新工作，包括凉茶原料规范化种植和质量风险控制研究、凉茶物质基础和作用机理研究、凉茶安全性研究、凉茶生产和质量控制研究、凉茶地方标准和国家标准研究等，取得了多项国内领先的标志性成果。

到2012年，该中心超额完成了建设任务，顺利通过专家组的结题验收。在此基础上，2013年经广东省科技厅批准，荣升为广东省凉茶工程技术研究中心。这是对王老吉药业多年来在凉茶行业科技创新工作的认同。

王老吉的背后，是作为中国医药工业百强之首的广药集团。广药集团广州医药研究总院由诺贝尔奖得主——“伟哥之父”穆拉德博士担任院长。

当国内凉茶行业斗得如火如荼时，2013年6月，王老吉携手诺贝尔奖得主——“伟哥之父”穆拉德博士以及瑞士SGS（瑞士通用公证行香港通用公证行有限公司），全球率先启动凉茶国际标准的研究。

这项名为“王老吉凉茶植物饮料国际标准研究”的项目，将以欧盟、北美、日本等国家和地区对药用植物的质控标准为参照，按照FDA、EPA、

USDA等机构公布的食品安全要求，运用高效液相色谱、DNA指纹鉴定等现代化分析方法对王老吉凉茶的原材料、产品包材、产品所含的所有成分的种类与数量等进行全面分析，以制定凉茶的国际标准。郑荣波透露了目前的进展情况："正在开展一些基础工作，收集各国有关植物饮料的标准。"

熟悉凉茶行业的人们也有些迷惑：凉茶还没有一个国家标准，这么早就研究国际标准，究竟是为什么？

同一天，广药集团与穆拉德转化医学中心正式签约，进行"王老吉凉茶作用机理研究"，将在其美国的核心实验室展开王老吉凉茶饮料作用机理的一系列深化研究工作，提高凉茶的科技内涵和质控标准。通过研究，对王老吉凉茶原料的所有成分种类与数量进行分析，解开王老吉凉茶的"神奇密码"，揭开王老吉凉茶预防上火的"神秘面纱"，进一步提高王老吉凉茶质控技术含量，使其有效地说明和保证产品质量。

标准研究是王老吉凉茶产业国际化的基础，作用机理研究是为产品进入国际市场提供必要的技术支持和质量保证，使王老吉凉茶被世界认同和接受。郑荣波说，凉茶始终要走出国门，做成国际标准，国际认可后就可以作为监督的依据。通俗来讲，形成国际标准后，就可以明确凉茶要监控哪些指标，以后在各国卖的时候，就有了监督的标准。

业界认为，王老吉凉茶国际标准研究正式启动，有助于世界认识凉茶，加速凉茶饮料的国际化进程。种种迹象表明，王老吉正在为走向海外市场积淀能量。

当王老吉抓紧布局国际标准时，国内的国家标准还正在公示，尚未实施。在国内标准的制订中，王老吉的表现仍然堪称优越。

讲起标准，郑荣波很有底气："国内第一份凉茶产品标准，是我们在1991年起草的，后来制订广东省地方标准、行业标准、国家标准，我们都是主要发起人。"

1991年，随着王老吉清凉饮料面市，王老吉提出第一个有关凉茶类的企业产品标准，拿到了政府质检部门的批文。

2006年，第一次启动广东省凉茶地方标准，王老吉是主要的发起单位。不过，进展不是很顺利。“当时曾经出台过一个草稿，里头把一些不是很安全的原料都纳入到凉茶的配方里。另外，文中提到对凉茶的定义必须经过文化遗产办公室认定。在征求意见时涉嫌垄断，遭到很多企业反对，最终没有被质监局批准。”郑荣波说，第一次广东省地方标准就这样流产了。

2010年国家“863计划”的凉茶项目，也要做地方标准，王老吉也是主要发起单位之一。

到了2012年，国家开始制订植物饮料国家标准，中国饮料工业协会牵头，王老吉是发起单位之一。课题组把全国民间传统应用的药材做了个附录，只要应用附录中所列药材3种以上，就可以叫作植物饮料。目前，国家标准通过了公示，准备颁布实施。

2013年8月，中国饮料工业协会牵头，成立凉茶行业标准的课题组，王老吉作为五大发起人之一参与起草。

可以说，在制订标准的道路上，王老吉始终站在前列，甚至先人一步。

2012年12月，王老吉推出了无糖系列。吴长海分析说：“这个市场潜力很大，中国糖尿病人有大约1.5亿人，我们得把这个市场切换过来。”接下来，王老吉还将根据消费人群的差异，进行产品细分，例如添加红枣的女士饮品和添加枸杞的男士饮品。吴长海还透露：“我们通过考察，进一步了解到市场对饮料快消品的需求，计划推出即冲即饮产品，把我们的原浆也作为产品的一部分铺到快餐业终端去，这都是创新的一部分。”

尽管对手批评王老吉的多元化，但是，对于一个有着强大研发能力的企业，利用王老吉品牌进行产品的系列化开发，恰恰是消费者的需要，就是像可口可乐这样的老牌企业，每年都有新的品种推出。反之，不断有新品推出，对竞争对手来说，将是一个巨大的压力。一直以来，竞争对手都向社会强调自己擅长营销，但从未提到过自己重视科研开发。这不是疏忽，而是他们确实没有过硬的科研成果，连科研投入都乏善可陈。今天，也许王老吉的竞争对手已经意识到应该加强企业的科研工作，但是，这已经有些迟了。因为，王老吉已经远远走在前面了。况且，真要重视企业科研也不是说说那么简单，每年都要投入很多钱，还不一定有什么效果。竞争对手既要投放广告，又要铺网营销，还要开展科研，资金压力无疑是巨大的，他们舍得投入吗?

“11X”发展模式

扩大一些视野看，王老吉背后有广药集团，其拥有的资源力量是不容小觑的。2010年6月以后，广药集团开始实施“11X”发展模式，也可叫“双一X” 发展模式。“11X”发展模式的实质是加强资源整合，有力提升整体实力和团队优势，具体含义是指：第一个“1”是代表一个企业的优势和亮点；第二个“1”是代表将该企业的优势和亮点上升到广药集团，并利用广药集团品牌强大的影响力，让这个优势和亮点得到最大化的发扬光大和辐射扩散；后面的“X”是代表众多企业。当第一个“1”企业的优势和亮点为广药集团所拥有，其成果和资源就可以让广药集团X个企业共享，当X个企业轮番上阵共同对第一个“1”企业的优势和亮点进行宣传推广时，就会形成共振，形成合力，形成令人难以估量的冲击力。

广药集团董事长李楚源时任总经理，他这样分析：“广药集团每一个企业都可以找到自己的亮点和突出之处，确实是‘星星’很多，有些甚至还是‘北斗星’，但是就如同满天的星斗一样过于分散，难以形成整体优势。如何‘破题’？现在最可行也最易操作的就是实施‘11X’发展模式。一个项目、一个产品、一个人才，如果仅仅在一个企业里面，就只能是‘星星’，但是如果把这个优势上升到我们的上市公司，就会变成‘月亮’，再上升到集团公司，那就变成‘太阳’，就可以照耀更多的企业，就可以带动X个企业。”

把分散的“小炮舰团队”组建为一体化的航空母舰集群。将过去由单一企业享有的资源，上升及扩大到集团层面统一调配，使集团的成员企业实现资源共享，产生规模效应和协同效应，有效地降低了成本，扩大了收入，起到开源节流之效，从而实现利润最大化。这就是广药集团实施“11X”发展战略的目的所在。

“11X”发展模式涵盖了资源、技术、国际化、人才、品牌和标准六大领域。就资源领域而言，广药集团旗下企业在全国建立了近20个GAP药材基地。过去这些GAP基地均为属下企业各自拥有，但通过“11X”发展模式，这些资源变成既属经营种植企业拥有，也是广药集团需要同样药材的X个企业拥有，不但扩大了规模，而且确保了质量，降低了成本。

从以上种种情况来看，当年的“老老实实王老吉”的口碑，如今仍在广泛传播，但经过广药人的多年努力，其内涵已经增添了不少新内容，除了继续坚持“真材实料，童叟无欺”的传统市场操守外，还加上了通过高科技提高质量，保证安全；通过现代化管理提高效率，减少事故；通过合法合规运作，提高诚信度，保障消费者权益等现代企业营销管理理念。有这样的理念支撑，王老吉的未来怎能不一片光明？

让中国人每月喝上王老吉

如果说2012年是加多宝与王老吉双方开打并且打得很激烈的一年，2013

年就是决定王老吉命运的一年。吴长海说，在2013年里，王老吉大健康公司集中精力做好了三件事：一是依法力争，做好各种预案；二是以我为主，学会竞争，把王老吉的历史文化凸显出来；三是市场优先，兼顾利润，既抢市场，又争利润。2013年，也是双方争夺市场份额最为关键的一年。为了抢占阵地，双方有时甚至不惜血本。与此同时，为了提高销售人员的积极性，公司按照每名销售员100万元的销售额进行考核，如果超出100万元，这一块利润公司全部让出来，用于员工超额奖励与市场投入。

正因为如此，2013年，王老吉大健康销售获得超预期的发展，年销售额达到120亿元，大部分省区王老吉的销售已经超过了加多宝。行内人士分析，2013年，根据中国商业联合会的统计数据，王老吉蝉联凉茶行业销量冠军。

消费者对凉茶饮料的需求是永无止境的，他们将一代一代地把饮用和享受凉茶饮品延续下去，因此，围绕凉茶饮料的市场竞争也将会继续下去，商战没有结束期。

喜庆的王老吉

不过，以市场的近期争夺为目标，王老吉与加多宝都会有自己的具体数字。王老吉大健康公司总经理徐文流告诉外界："我们下一个目标是300亿元。"为了这个目标，大健康公司一靠凉茶市场开拓，二靠新品类开发。2014年，大健康公司和广药集团将会把能够动用的资金投向市场。在目前，利润不是关键，关键是市场份额。由于王老吉产能问题已经解决，下来就是最大限度地铺货，所有一切的目标就是：连续保持王老吉凉茶业第一品牌的地位，让所有能卖饮料的地方都能看到王老吉凉茶。

与此同时，把历史悠久的王老吉与21世纪的消费时尚巧妙地融合在一起，也将是王老吉凉茶饮料不断扩大销售版图的关键。王老吉的历史故事和公众口碑早已牢牢地抓住了人们的心灵，然而，与可口可乐之类的国际品牌相比，年轻人的市场将是更大的主打市场，能否争取年轻人，将决定王老吉的销售前景。而吸引年轻人最有效的武器是能否跟得上时尚，而在这方面，王老吉大健康公司已经启动了自己的战略部署，也取得了明显的效果。在运动场所，在旅游胜地，在年轻人热衷的食肆，在每个年轻人和追求心态年轻的人们欢乐的处所，都会看到王老吉的存在。事实也证明，像王老吉这样的植物性饮料，天生与时尚就有割舍不开的情缘，在一切充溢着时尚与青春的时刻与地方，来上一口王老吉，必将是21世纪生活的代表性状态。倘若岁月的洪流如此这般地向前奔腾，中国人需要多少王老吉才够？

为了这样一个梦想，王老吉人骄傲地说，我们的使命，就是要让每一个中国人每月至少喝上一罐王老吉。

Epilogue
启示录

王老吉——中国民族工商业跌宕历程的百科全书

王老吉的故事很精彩，也非常耐人寻味。王老吉的故事没有完，它还要讲很多很多年。或许，它的故事将会像王老吉凉茶一样，伴随着它的“粉丝”一代一代地传下去，越传越远，越传越广。但是，作为中国民族工商业中一个具有代表性的符号，迄今为止王老吉故事的演绎已经足够让人们品味、研究和参考了。

一部中国民族工商业发展史是由无数个民族品牌的奋斗史构成的，无疑地，中国民族工商业有很多优秀的企业和品牌，王老吉只是其中一个。但是，它的经历却是一部不可多得的珍贵教材，对于那些希望在中国市场上取得成功的创业者、经营者和管理者来说，这部教材是不可多得的启示录。

这部启示录告诉人们，每一个民族品牌都是来之不易的，应该得到尊重和爱护。这种尊重和爱护最重要的表现是，不要轻易地舍弃和贱让。西方文化经典《圣经》上有一个“为了一碗红豆汤而出卖了长子继承权”的故事：犹太族长以撒的妻子利百加怀孕期间，感觉到两个胎儿在她腹内互相踢打，就去问耶和华，耶和华对她说：“两国在你腹内，两族要从你身上出来，这族必强于那族，将来大的要服小的。”后来，利百加果然生下一对孪生兄弟，哥哥叫以扫，弟弟叫雅各。两兄弟长大后，以扫好动，常外出打猎；雅各则常在家里帮助料理家务。有一天，以扫打猎回来，又饥又渴，看见弟弟雅各在熬豆汤，就对他说："我饿极了，给我喝点红豆汤吧！"雅各说："你要喝汤，就把你的长子权卖给我。"雅各还说："你都要饿死了，要这长子权有什么用呢？"于是，以扫便按雅各的要求，对天起誓，把长子权卖给雅各，换来饼和红豆汤。以扫吃饱喝足后，起身走了。他哪里想到，为了这碗红豆汤，他的后裔便注定要服侍雅各的后裔（见《旧约·创世纪》第25章）。这个故事告诉人们，千万不能因小利而放弃大利。

这部启示录还告诉人们，王老吉历经百年的跌宕历程是中国民族品牌发展的一个缩影，这个缩影反映出中国民族工商业在艰难困苦中不屈不挠的毅力和智慧。王老吉品牌在私人手中也好，在国有企业手中也好，都不曾一帆风顺过，其间经历的艰难曲折既磨炼了一代代王老吉人，也使他们逐渐地成熟起来。特别是发生在20世纪末21世纪初的品牌争夺战，更加促使王老吉品牌的持有者广药集团迅速地成长起来，成为越来越熟练地游弋于市场经济汪洋大海的经济主体。

这部启示录也告诉人们，品牌的攻守和争夺是市场经济的常见现象，而市场经济则是依托法律来维系的法制经济，王老吉品牌争夺过程中成熟的不仅仅是企业人，更为重要的是法律界的进步，其中包括立法机构、仲裁机构、法院、律师和法律教育界人士。在司法实践和科研探讨中，有不同观点和不同立场是正常的，这种对立在本质上正是法律进步的原动力，只有不断地从差异走向同一，中国的商业法制才能取得长足的进步。王老吉品牌争夺的结局就是这种进步的最好证明。

这部启示录还告诉人们，中国的国有企业并不像有些人所认为的只有软、懒、散的一面，而无民营企业那种竭尽全力追求成功的精神状态。无可否认，国有企业确有国有企业自身难以避免的弱点，但是，如同民营也有民营企业难以克服的弱点一样，无论国有企业还是民营企业，都有各自的优点和优势，这些客观存在的优点和优势，都要通过企业里的人转化为推动企业进步的力量，而企业里面的人只要勇于担当，事情照样是可以办得好的。绝对地划画排队，主观地认为国企一定管不好企业，那是先入为主的误解。广药集团上上下下的表现，可以为前述观点做一个有力的注脚。

王老吉的故事不仅可以给予专业人士丰富的启示，也可以给普通消费者增添很多乐趣。虽然大家都多少了解一些王老吉的文化，但是，对于其中某些细节还是不太熟悉的。作为中国近代史上具有代表性的产品、品牌和企业，对于多年来一直脍炙人口的养生良方和越来越现代化的品牌饮料，王老吉的故事与其产品一样，可以给人们许多文化养分，既可以在茶余饭后聊作谈资，又可以增加自己的文史知识、商品知识和中药常识。从这个意义上来说，关注王老吉故事的人们，有望获得意想不到的文化与经济上的可喜收获。

【附件1：王老吉历史发展足迹大事回眸】

年　份	事　件
1828年	清道光八年，广东鹤山人王泽邦（乳名阿吉）在广州十三行靖远街开设了王老吉凉茶铺
1840年	王老吉凉茶铺开始以前店后场的形式，生产王老吉凉茶包，实行水碗、茶包同时供应
1912年	随着老一辈王氏族人去世，后辈出于各自原因，在1912年12月24日订立分产家约。1913年分家协议正式生效，将香港生意和广州祖铺的生意划分范围，约定以后“彼此不得侵越范围”
1938年	广州沦陷，王老吉凉茶货栈全遭焚毁，经营者逃至澳门，在大兴街设分店继续营业
解放初期	王老吉在党和人民政府的关怀下，生产得到了发展，产量比解放前增加了20%，品种增加了王老吉袖珍凉茶和王老吉凉茶粉
1956年	国家对工商业实行社会主义改造，王老吉药厂合并了生产神曲茶的何天福、嘉宝栈、存仁堂、康寿堂，生产外感平安茶、平安散的陈燃氏，生产午时茶的卢薛昌和生产快应茶的常炯堂，定名为公私合营的王老吉联合制药厂，迁至广州市大德路博爱街10号继续生产。合营后的王老吉联合制药厂生产能力得到补充和扩大，生产场地、环境、设备也得到改造，产品质量大大提高，产销量迅速增加，到1960年，年产量达581.36万包，比1950年增加了3倍多。至1965年，王老吉年产量达820.98万包，创造了历史最高水平
1965年9月	王老吉联合制药厂改名为广州中药九厂，成为中药总厂的下属分厂，核算和经营统一由总厂负责
1971年	广州中药九厂整体从大德路博爱街10号搬迁到郊区江村桥头（广州王老吉药业股份有限公司现址）
1982年1月	更改厂名为广州羊城药厂
1983年1月	注册成立分公司广州羊城滋补品厂，准备生产滋补品供应市场
1991年	经过研发，向广东省食品卫生监督管理检验所申请王老吉凉茶新产品审批
1992年12月	转制为股份制企业，更名为广州羊城药业股份有限公司
1992年	王老吉凉茶获得广东省食品新产品批文，在我国率先使凉茶完成了从药品类到食品类的转变
1993年4月	“王老吉牌”“金龙牌”“广州牌”商标成为广州市著名商标称号

（续表）

年　份	事　件
1995年	王老吉清凉茶荣获“广东省首届最受欢迎十佳饮料”称号
1997年	广州羊城药业股份有限公司与香港鸿道（集团）有限公司签订第一份授权合同，以每年交纳250万元商标使用费的条件，允许其在铁罐（或铝罐装）及瓶装凉茶饮料上使用王老吉商标
	王老吉冲服凉茶（颗粒），被广州市名牌产品认定推荐为“广州名牌产品”
	王老吉商标移交广药集团管理，同年3月，广药集团与香港鸿道（集团）有限公司签证合同，以每年交纳一定数额的商标使用费为条件，允许其使用王老吉商标在国内生产销售红色罐装的清凉茶饮料，直至2010年5月为止
2000年	王老吉被广州市政府授予“广州老字号”称号，王老吉广东凉茶（颗粒）被广州市名牌产品认定推荐为“广州名牌产品”②
2003年7月	王老吉广东凉茶（颗粒）被广东省医药行业名牌产品审定委员会评为“广东省名牌产品”。广州羊城药业股份有限公司被评为“广东省医药行业抗击非典”模范单位
2004年3月	更名为广州王老吉药业股份有限公司，母公司为广州医药集团有限公司
2004年8月	中央电视台八套开播讲述王老吉传奇故事的电视连续剧《岭南药侠》
2004年10月	王老吉因借助肯德基打开现代通路而成为“潜渗透扩张营销”的经典个案，入选2004年底中国“十大营销事件”
2005年4月	根据王泽邦真像复制而成的王老吉塑像，在荔湾区西焦公园落成
2006年5月	国务院将“凉茶”列入第一批国家非物质文化遗产，著名品牌“王老吉”位列其中；商务部公示全国首批434家“中华王老吉”名单，广东企业中王老吉药业名列榜首
2006年5月	据广东省食品文化遗产——凉茶秘方、专用术语及品牌拥有企业的历史资料、传承谱系、后发优势及保护发展措施，由广东省文化厅、香港特别行政区民政事务局、澳门特别行政区文化局共同申报并经国务院批准公布凉茶为国家级非物质文化遗产代表作；广州王老吉药业股份有限公司获得证书，拥有国家级非物质文化遗产代表作——凉茶10、11、12、13、14、15号秘方及专用术语
2006年8月	“国家百强老字号”名单公布，王老吉药业位列第五，商标价值为22.44亿元

（续表）

年　份	事　件
2007年12月	王老吉食品饮料分公司的饮料（其他饮料类）产品获得由国家质量监督检验检疫总局颁发的《全国工业产品生产许可证》（即QS认证），为王老吉药业日后食品饮料的经营取得市场准入证
2009年4月	王老吉被国家工商局认定为“全国驰名商标”
2010年5月—8月	广药集团与鸿道集团签订的合同到期前后，广药集团以电话、公函、律师函等方式多次与鸿道集团联系，派出两名高管到其位于香港的公司总部沟通协商，要求重新商议许可使用问题，但对方皆不予回应并不断加大其对王老吉的侵权力度
2011年4月26日	广药集团按照双方共同约定的纠纷解决方式，向中国国际经济贸易仲裁委员会提出仲裁，启动了被称为“中国商标第一案”的王老吉商标案维权战
2012年5月9日	中国国际经济贸易仲裁委员会庄严做出裁决：从2010年5月2日起，加多宝集团不得再使用王老吉商标
2012年5月21日	广药集团公布了“王老吉凉茶136发展方略”
2012年6月3日	新装红罐王老吉回归广药仅一个月就在长城上震撼亮相
2012年6月21日	广州市检察院发布《关于陈鸿道涉嫌行贿犯罪案件相关情况的说明》
2012年6月28日	广药集团授权经营红罐王老吉的王老吉大健康产业公司举行盛大开业庆典，并与统一、银鹭、惠尔康和嘉美等30多家全国顶级食品生产企业、原料和包材供应企业签订生产供应战略合作协议
	广药集团正式启动凉茶国家标准研究项目
2012年年8月1日	首个红罐王老吉生产基地落户泰州中国医药城，广药集团与江苏省泰州市人民政府签署“大泰州、大南药、大健康”战略合作协议，组建医药大健康战略同盟，在大健康新产品研发和科技成果转化上开展全面合作
2012年9月21日	广州市南沙区政府与广药集团签约，经营红罐王老吉的王老吉大健康产业有限公司正式将总部设在南沙
2012年12月	为满足不同消费者群体的需求和便于携带运输的需要，王老吉大健康公司突破了以往产品规格单一的局限，成功研发出无糖型、固体型、低糖型、现调型王老吉凉茶并推出市场
2013年4月	广药王老吉与雅安市政府联合主办的“广药王老吉3亿雅安建生产基地项目签约仪式”，在雅安市行政中心新兴街1号即“4·20抗震救灾指挥部”举行。雅安市市长陈越良、王老吉大健康产业有限公司董事长吴长海等出席签约，签约金额为3亿元，用于在雅安建设王老吉生产基地，这是雅安“4·20”地震灾后重建的首个重大项目

（续表）

年　份	事　件
2013年6月	由中国中药协会、广东省中医药协会、广州医药集团有限公司主办，广州王老吉大健康产业有限公司、广州王老吉药业股份有限公司承办的“诺奖得主携手SGS启动王老吉凉茶国际标准研究暨王老吉凉茶国家‘863’计划最新科研成果发布会”在东方宾馆宴会厅隆重召开
2013年7月	雅安地震首个灾后重建项目——王老吉雅安生产基地在四川省雅安市工业园举行开工仪式，仪式由雅安市委副书记兰开驰主持。王老吉雅安生产基地投资3亿元，规划用地300余亩，建成后年产值将超10亿元，成为王老吉在西南地区的主要生产基地，并将打造为全国示范基地之一。该项目是“4·20”雅安灾后重建首个核心示范项目，基地建成之后将成为雅安首屈一指的纳税大户，将带动当地种植、运输、就业等多个行业共同发展，实现对雅安灾区的“造血式”援助
2014年2月26日	王老吉获评为“2013年度最受消费者喜爱广州品牌100强”，并居首位
2014年4月16日	荣获“2013冠军品牌”大奖，成为消费者最满意的茶饮料品牌，且稳居2013年凉茶销量冠军
2014年4月23日	王老吉药业荣获2013年度广东省优秀企业称号；方广宏总裁连续两年荣获广东省优秀企业家称号
2014年5月15日—19日	应邀参加中华巧艺——中国非物质文化遗产百项技艺联展
2014年6月13日	第二届凉茶文化节启动
2014年8月6—10日	云南鲁甸地震赈灾
2014年8月12日	钻石装王老吉上市
2014年8月26日	王老吉基因条形码技术鉴定体系成果发布会暨全国首家凉茶工程技术研究中心成立

【附件2：王老吉诉讼庭审进展一览表】

序号	案件名称	原被告	管辖法院	审理结果	诉讼请求	诉讼内容
已经取得判决						
1	王老吉商标仲裁案【（2012）中国贸仲京裁字第0240号】	仲裁申请人：广药集团 被申请人：鸿道集团	中国国际贸易仲裁委员会	已终审结案	1.鸿道集团停止使用王老吉商标； 2.鸿道集团支付案件仲裁费用	1.广药集团原副董事长、原总经理李益民与鸿道集团董事长陈鸿道之前受贿和行贿300万港元的事实已经法院判决认定。 2.陈鸿道行贿的目的是为订立王老吉商标补充协议。补充协议的订立既损害了广药集团的利益，也损害了国家利益。因此，补充协议应当被认定为无效
2	改名案【（2012）穗中法知民初字第263号】	原告：广药集团 被告：加多宝公司	广州市中级人民法院	一审广药集团胜诉，双方均提出上诉	1 080万元	1.2007—2012年期间，“全国销量领先的红罐凉茶”唯一指向的是名称为王老吉的红色罐装凉茶。 2.鉴于追溯广告主存在困难，改名广告语之间句式，语义相同，用词也大部分相同，且被告为广告语的收益者，因此认定被告为广告语的广告主。 3.涉案广告语误导了相关公众，构成了虚假宣传

（续表）

序号	案件名称	原被告	管辖法院	审理结果	诉讼请求	诉讼内容
3	“怕上火喝王老吉”案（重庆）【（2012）渝（重庆）一中法民初字第00777号】	原告：加多宝公司 被告：王老吉大健康	重庆市第一中级人民法院	一审王老吉大健康公司胜诉，加多宝公司提起上诉	加多宝公司索赔1000万元	1.“怕上火喝王老吉”广告语经过多年来持续、频繁、大范围的使用，已经具有第二含义，能够与其所指向的凉茶产品建立起稳定联系。 2.原告（加多宝）通过对该广告语的大量宣传推广活动，一方面使得王老吉品牌为社会公众所知晓，增加了王老吉品牌的知名度和美誉度，使王老吉商标的所有人直接受益；另一方面，原告也因此大量销售王老吉牌产品，获得了作为该品牌的生产者和销售者应有的市场回报。 3.在原告（加多宝公司）不再使用王老吉商标后，被告王老吉公司作为王老吉商标的合法使用人，理应对王老吉品牌量身定做并与王老吉品牌不可分割的涉案广告语享有合法权益。 4.“怕上火喝王老吉”广告语中，直接受益人是王老吉品牌的所有人或使用人，被告（王老吉大健康公司）作为王老吉商标的合法使用人对于该商标形象组成部分的广告语享有合法权益

（续表）

序号	案件名称	原被告	管辖法院	审理结果	诉讼请求	诉讼内容
4	沈阳口味案【（2013）沈河民一初字第1164号】	原告：吴冬洋 被告：王老吉大健康公司	沈阳市沈河区人民法院	王老吉大健康公司公司胜诉		1.涉案产品质量合格且宣传内容真实。 2.口味是当事人对食物的自身感官评价，如果将其作为食品经营者承担责任的依据，将使得经营者的责任承担标准极为不确定，据此承担责任也极不公平。 3.原告未能举证证明涉案产品口味产生了变化
5	济南口味案【（2013）历商初字第833号】	原告：刘庆代 被告：王老吉大健康公司	济南市历下区人民法院	王老吉大健康公司胜诉		1.涉案产品不存在质量问题，广告语内容也不存在虚假宣传问题。 2.原告对于王老吉凉茶与加多宝凉茶有清醒的认识。 3.不同甚至同一人在不同时间、环境下也会有不同口感，仅凭口感来区分涉案产品缺乏科学依据
6	海南口味案【（2013）城民二初字第509号】	原告：胡克祥 被告：王老吉大健康公司	三亚市城郊人民法院	王老吉大健康公司胜诉		1.涉案产品是经质检部门检验的合格产品。 2.不同甚至同一人在不同时间、环境下也会有不同口感，仅凭口感来区分涉案产品缺乏科学依据
7	成都口味案【（2013）锦江民初字第4017号】	原告：陈元果 被告：四川百佳超市（王老吉凉茶经销商）	成都市锦江区人民法院	四川百佳超市（王老吉凉茶经销商）胜诉		1. 涉案产品是经质检部门检验的合格产品。 2.不同甚至同一人在不同时间、环境下也会有不同口感，仅凭口感来区分涉案产品缺乏科学依据

（续表）

序号	案件名称	原被告	管辖法院	审理结果	诉讼请求	诉讼内容
8	广州口味案【（2013）穗粤法民一初字第2502号】	原告：徐大江 被告：王老吉大健康公司	广州市越秀区人民法院	王老吉大健康公司胜诉		1.涉案产品是经质检部门检验的合格产品。 2.不同甚至同一人在不同时间、环境下也会有 不同口感，仅凭口感来。 3.区分涉案产品缺乏科学依据
9	10罐7罐案（重庆）【（2013）渝五中法民初字第00346号】	原告：王老吉大健康公司 被告：加多宝公司	重庆市第五中级人民法院	王老吉大健康公司胜诉	索赔600万元	1.确认被告加多宝（中国）饮料有限公司发布的包含“全国销量领先的红罐凉茶改名加多宝”广告词的宣传行为构成不正当竞争的虚假宣传行为。 2.被告加多宝（中国）饮料有限公司立即停止使用并销毁、删除和撤换包含“全国销量领先的红罐凉茶改名加多宝”广告词的产品包装和电视、网络、视频及平面媒体广告。 3.被告加多宝（中国）饮料有限公司于本判决生效后十日内在《重庆日报》上公开发表声明以消除影响（声明内容须本院审核）。 4.赔偿原告广州王老吉大健康产业有限公司经济损失及合理开支40万元

（续表）

序号	案件名称	原被告	管辖法院	审理结果	诉讼请求	诉讼内容
10	改名案【（2013）渝五中法民初字第00345号】	原告：王老吉大健康公司 被告：加多宝公司	重庆市第五中级人民法院	王老吉大健康公司胜诉	索赔500万元	1.确认被告加多宝（中国）饮料有限公司发布的包含“中国每卖10罐凉茶7罐加多宝”广告的宣传行为构成不正当竞争的虚假宣传行为。 2.被告加多宝（中国）饮料有限公司立即停止使用并销毁、删除和撤换包含“中国每卖10罐凉茶7罐加多宝”广告词的产品包装和电视、网络、视频及平面媒体广告。 3.被告加多宝（中国）饮料有限公司在本判决生效后十日内在《重庆日报》上公开发表表明以消除影响（声明内容须经本院审核）。 4.赔偿原告广州王老大健康有限公司经济损失及合理开支40万元
已经开庭，待判决						
11	红罐装潢案【（2013）粤高法民三初字第1号】	原告：加多宝公司 被告：王老吉大健康公司	广东省高级人民法院	一审开庭已经完成，等待判决中	50万元	1.本案所涉的知名商品是“王老吉凉茶”。 2.本案诉争的权利客体系由红色罐身、罐身上用黄色居中竖写的“王老吉”文字以及相关辅助文字和配图组成的不可分割的整体。 3.加多宝公司主张涉案包装、装潢归属其所有，没有事实和法律依据。 4.加多宝公司在其凉茶产品上使用的装潢侵犯了广药集团的合法权利

（续表）

序号	案件名称	原被告	管辖法院	审理结果	诉讼请求	诉讼内容
12	红罐装潢案【（2013）粤高法民三初字第2号】	原告：广药集团 被告：加多宝公司	广东省高级人民法院	一审开庭已经完成，等待判决中	1.5亿元	与红罐装潢案【（2013）粤高法民三初字第1号】基本相同
13	王老吉商标仲裁案（备案合同）【贸仲X20120416号】	仲裁申请人：鸿道集团 被申请人：广药集团	中国国际贸易仲裁委员会	已开庭审理，等待仲裁裁决中		1.备案协议是为王老吉商标许可补充协议办理工商备案所用。补充协议已经在（2012）中国贸仲京裁字第0240号案中被裁定无效，无效的合同自始无效，根据无效合同产生的履行行为也没有法律效力，因此备案协议不具有法律效力。 2.备案协议是一份在2000年5月2日商标许可协议基础上编造而来，编造目的是为补充协议的备案之用，备案协议不是广药集团与鸿道集团之间另行达成的一份独立商标许可合同，不能作为单独提出仲裁案件的依据。 3.对于备案协议的仲裁，实际上就是对于原补充协议的仲裁。因此，本案仲裁属于对已经审结案件的重复仲裁，根据一事不再理的原则，仲裁委不应受理本案的仲裁

（续表）

序号	案件名称	原被告	管辖法院	审理结果	诉讼请求	诉讼内容
14	10罐7罐案（长沙）【（2013）长中民五初字第00308号】	原告：广药集团、王老吉大健康公司 被告：加多宝公司、潇湘晨报	长沙市第五中级人民法院	一审开庭已经完成，等待判决中	索赔1 000万元	1.本案不属于“一事不再理”的范畴。 2.原告认为，本案的相关广告主就是被告一（武汉加多宝）、被告二（湖南丰彩好润佳商贸有限公司）、被告三（潇湘晨报）。 3.“改名”与“7罐”等广告语与客观事实不符，属于虚假广告宣传，构成不正当竞争
15	武汉虚假宣传不正当竞争纠纷案【（2013）鄂武汉中知初字第02061号】	原告：加多宝公司 被告：广药集团	武汉市中级人民法院	一审开庭已经完成，等待判决中	广东加多宝索赔1000万元	1.本案属于民事侵权纠纷，而《广告法》属于行政法律关系，原告主张被告违反《广告法》，属适用法律错误。 2.涉案文章不是推荐性广告，只是将新闻发布会内容转化为文字形式，并非一般意义上的广告行为。 3.涉案文章所述均有坚实的事实基础，不存在虚假宣传及引人误解，更不存在商业诋毁
16	10罐7罐案（广州）【（2013）穗中法知民初字第499号】	原告：广药集团、王老吉大健康公司 被告：加多宝公司	广州市中级人民法院	一审开庭已经完成，等待判决中	索赔500万元	1.“10罐7罐”“全国销量领先的红罐凉茶——加多宝”或“加多宝凉茶，全国销量遥遥领先”“加多宝凉茶连续六年蝉联中国饮料第一罐”等广告语与事实严重不符。 2.被告推出的“中国每卖10罐凉茶7罐加多宝”广告语违反法律规定中的禁止性条款。我国法律规定，不得做虚假不实、贬低竞争对手的对比性广告

（续表）

序号	案件名称	原被告	管辖法院	审理结果	诉讼请求	诉讼内容
17	“怕上火喝加多宝”（广州）【（2013）穗中法知民初字第619号】	原告：广药集团、王老吉大健康公司 被告：加多宝公司	广州市中级人民法院	一审开庭已经完成，等待判决中	索赔500万元	1.怕上火喝×××”的凉茶广告语与“王老吉”三个字已经形成了固定的、特有的联系，产生了特定的权益，被告使用“怕上火喝加多宝”侵犯了原告的这一特定权益，构成不正当竞争。 2.通过长期的宣传、推广和使用，该广告语已经产生了第二含义，即“怕上火喝×××”成为广告形式的未注册商标，起到识别不同于其他凉茶品牌标识的作用。就像某段音乐或某种特定的颜色等在经过长期、持续的推广、使用后能够区别产品的来源一样
18	王老吉商标侵权案【（2012）穗中法知民初字第250号】	原告：广药集团 被告：王老吉公司（香港）、加多宝公司	广州市中级人民法院	一审开庭已经完成，等待判决中	要求被告赔偿210万元	1.王老吉有限公司（香港）注册地为香港，但在中国内地因其企业名称已侵害到广药集团王老吉商标权。 2.在主体设立已经违法的情况下，其申请注册“吉庆时分”商标的民事行为也属违法
19	确认不侵害商标权纠纷案【（2012）穗中法知民初字第264号】	原告：王老吉大健康公司 被告：加多宝公司	广州市中级人民法院	本案于2014年9月29日开庭审理	要求被告赔偿510万元	1.王老吉有限公司以广药集团享有商标使用权的“王老吉”为字号进行企业名称登记，其注册明显属恶意注册，已侵害广药集团王老吉商标权。 2.在王老吉有限公司2011年注册“吉庆时分”商标之前，早在2009年，“吉庆时分”就已经用在王老吉产品宣传上，属于使用在先

（续表）

序号	案件名称	原被告	管辖法院	审理结果	诉讼请求	诉讼内容
20	王健仪虚假广告案【（2014）穗中法知民初字第2号】	原告：广药集团、王老吉大健康公司 被告：加多宝公司	广州市中级人民法院	一审开庭已经完成，等待判决中	要求被告赔偿1 000万元	1.原告广药集团拥有传承百年王老吉凉茶的独家秘方。 2.被告借助王老吉后人的所谓声明通过媒体大肆宣传炒作，以制造其独家拥有正宗王老吉祖传凉茶秘方的假相，否定原告正宗配方；通过散布所谓广药集团未拥有正宗王老吉秘方的虚伪事实，诋毁原告的商业信誉和商品声誉，严重侵害了广药集团的合法权益
已立案，待开庭						
21	七连冠案件	原告：广药集团、王老吉大健康公司 被告：加多宝公司	北京市第三中级人民法院	本案一审已进行证据交换，开庭时间待定	要求被告赔偿2 000万元	1.原告享有王老吉凉茶历经180余年形成的商誉，不容任何人攀附、剽窃和掠夺。 2.被告通过媒体大肆虚假宣传、炒作，故意攀附、侵占王老吉凉茶的商品声誉，严重侵害了原告的合法权。 3.被告变本加厉、持续性地掠夺原告王老吉品牌所凝结的商誉，给原告造成了无法弥补的巨大损害
22	“王老吉”商标侵权案	原告：广药集团 被告：加多宝公司	广东省高级人民法院	已立案	要求被告赔偿10亿元	1.原告曾许可被告使用王老吉商标。 2.许可协议到期后，被告仍然使用原告商标。 3.被告的行为侵犯了原告的商标权。 4.鉴于侵权行为给原告造成了巨大伤害且被告获取了高额利润，因此索赔10亿元人民币

（续表）

序号	案件名称	原被告	管辖法院	审理结果	诉讼请求	诉讼内容
23	申请执行国内涉外仲裁裁决案	申请人：广药集团 被申请人：鸿道集团	东莞市中级人民法院	已立案	要求鸿道集团支付【（2012）中国贸仲京裁字第0240号】仲裁费46.42万元	【（2012）中国贸仲京裁字第0240号】仲裁裁决书已经生效，被申请执行人至今拒绝履行裁决书所规定的义务

【附件3：广州市检察院的情况说明】

广 州 市 人 民 检 察 院

关于原广州医药集团总经理李益民涉嫌受贿及陈鸿道涉嫌行贿犯罪的情况说明

2004 年 6 月 25 日，原广州医药集团总经理李益民在中共广州市纪委敦促下，主动到我院自首，交代其在担任广州医药集团总经理期间，利用职务便利，在将“王老吉”商标许可及延长使用过程中，收受被许可人香港鸿道（集团）有限公司法人代表陈鸿道贿送的港币三百万元，我院依法对李益民涉嫌受贿犯罪立案侦查后移送起诉。广东省高级人民法院终审，认定被告人李益民为他人谋取利益，收受行贿人陈鸿道港币三百万元，遂以受贿罪判处被告人李益民有期徒刑 15 年。目前该判决已生效并交付执行。

2004 年 6 月，我院对陈鸿道涉嫌行贿犯罪进行调查，陈鸿道供述其贿送了港币三百万元给李益民，但陈鸿道随后下落不明。2004 年 12 月 27 日，我院对陈鸿道涉嫌行贿犯罪立案侦查并对其采取边控追捕措施，后广东省公安边防部门将犯罪嫌疑人陈鸿道抓捕归案，我院于 2005 年 10 月 2 日对其采取刑事拘留措施，随后我院对犯罪嫌疑人陈鸿道采取取保候审强制措施，但此后犯罪嫌疑人陈鸿道弃保长期潜逃，2008 年 12 月 15 日我院决定对该案中止侦查，现我院已恢复侦查，并依法追捕陈鸿道，以确保刑事诉讼程序顺利进行。

广东省广州市人民检察院

二〇一二年六月二十五日

【附件4：中国国际经济贸易仲裁委员会裁决书】

〔2012〕中国贸仲京裁字第0240号

中国国际经济贸易仲裁委员会（以下称“仲裁委员会”）根据申请人广州医药集团有限公司（以下称“申请人”）与被申请人鸿道（集团）有限公司（以下称“被申请人”）于2000年5月2日签订的《商标许可协议》中的仲裁条款，以及申请人于2011年4月26日提交的仲裁申请书及其附随证据，受理了申请人与被申请人之间的本商标许可协议争议仲裁案。本案案件编号为L20110176。

本案仲裁程序适用自2005年5月1日起施行的《中国国际经济贸易仲裁委员会仲裁规则》（以下称“《仲裁规则》”）。

2011年5月10日，仲裁委员会秘书局（以下称“秘书局”）根据申请人在仲裁申请书中列明的申请人和被申请人的地址“广州市荔湾区沙面北街45号”“香港中环皇后大道中183号新纪元广场中远大厦27层2708—14”，以特快专递方式分别向申请人和被申请人发送了本案仲裁通知、《仲裁规则》和仲裁委员会《仲裁员名册》，并同时向被申请人附寄了申请人提交的仲裁申请书及所附证据材料。经查，向申请人寄送的上述材料已于2011年5月12日妥投；向被申请人寄送的上述材料，快递公司多次投递未果。

秘书局将上述情况告知申请人后，申请人向秘书局提供了经其查询获知的被申请人的注册地址，即“鸿道（集团）有限公司［HUNG TO（HOLDINGS）COMPANY LIMITED］，香港中环皇后大道中183号新纪元广场中远大厦38层3806—3810（Units 3806—3810，38th Floor, Cosco Tower, Grand Millennium Plaza，183 Queen's Road Central, Hong Kong）”，并书面确认该注册地址即为申请人掌握的被申请人最新地址，别无其他地址。但快递公司依照申请人所提供的上述更新后的地址向被申请人再次投递，依然未果。

鉴此，根据申请人的上述确认和《仲裁规则》第六十八条的规定，仲裁委员会委托北京市环球律师事务所按照申请人所称上述被申请人注册地址向其寄送了仲裁通知、仲裁申请书及其证据等相关材料，并同时通知被申请人，如地址发生变更应及时以书面方式告知。北京市环球律师事务所出具的报告显示，上述材料已由其于2011年6月20日向被申请人寄送。

申请人选定朱征夫先生担任本案仲裁员。由于被申请人未在规定期限内选定或委托仲裁委员会主任指定仲裁员，仲裁委员会主任根据《仲裁规则》之规定为其指定李凡先生担任本案仲裁员。由于申请人和被申请人未在规定期限内共同选定或共同委托仲裁委员会主任指定首席仲裁员，仲裁委员会主任根据《仲裁规则》之规定指定李勇先生担任本案首席仲裁员。上述三位仲裁员在签署了接受指定及独立性声明书后，于2011年8月10日组成仲裁庭。同日，秘书局分别以特快专递和委托送达方式向申请人和被申请人寄送了组庭通知及其所附由上述三位仲裁员签署的声明书。北京市环球律师事务所出具的报告显示，上述材料已由其于2011年8月11日向被申请人寄送。

经考虑本案审理进程安排，仲裁庭决定于2011年9月 22日在北京开庭审理本案。2011年8月19日，秘书局分别以特快专递和委托送达方式向申请人和被申请人寄送了开庭通知。北京市环球律师事务所出具的报告显示，上述材料已由其于2011年8月22日向被申请人寄送。

2011年8月30日，被申请人委派的仲裁代理人持“授权委托书”向仲裁委员会提交了“申请”，称被申请人从未收到关于本案仲裁的任何通知和相关材料。为促使当事人充分参与仲裁程序，应被申请人的申请，仲裁庭决定向其提供本案仲裁程序中已向其有效送达的所有相关材料的复印件。同日，被申请人的仲裁代理人自仲裁委员会领取了本案此前程序中向其发出的所有相关材料的复印件。

2011年9月6日，被申请人追加了仲裁代理人，提交了相应的“授权委托书”及“对仲裁程序的异议”，并于2011年9月9日提交了“取消9月22日开庭安排的申请”，要求由其自行选定仲裁员，取消原有开庭安排，重新计算答辩及反请求期限。

2011年9月15日，申请人亦追加了仲裁代理人，提交了相应的“授权委托书”，并提交了对被申请人上述“对仲裁程序的异议”和“取消开庭申请”的回复意见。

经考虑双方当事人的意见，仲裁庭决定将原定于2011年9月22日的开庭审理予以取消。2011年9月16日，秘书局向双方当事人寄送了取消开庭通知。

此后，被申请人于2011年9月16日提交了再次追加仲裁代理人的“授权委托书”“律师执业证”“律师事务所函”；申请人亦于2011年9月21日提交了再次追加仲裁代理人和变更仲裁代理人的“授权委托书”及“对延期开庭决定的回复意见”，并于2011年10月14日提交了“指定联系人的函”及“开庭安排的查询函”。

此间，由于李凡仲裁员因故辞去本案仲裁员退出仲裁庭，鉴于被申请人要求由其自行选定仲裁员，仲裁委员会主任决定不再为被申请人另行指定仲裁员，而由被申请人自行选定仲裁员。2011年10月26日，秘书局向双方当事人寄送了关于上述决定的通知，并向双方转去了李凡先生因故退出仲裁庭的书面意见。

在规定时间内，被申请人选定了安红旗先生担任本案仲裁员。安红旗先生在签署了接受指定及独立性声明书后，于 2011年11月4日替换李凡先生加入仲裁庭，与朱征夫仲裁员、李勇首席仲裁员共同继续审理本案。同日，秘书局向双方当事人寄送了关于上述情况的通知，并向双方转去了安红旗仲裁员签署的接受指定及独立性声明书。

2011年11月4日，被申请人提交了“延长答辩和反请求期限的请求”。经考虑被申请人的上述申请以及本案的实际情况，仲裁庭决定将被申请人提交答辩及反请求的期限延长至2011年11月21日。2011年11月8日，秘书局向双方当事人寄送了关于上述决定的通知。

2011年11月21日，被申请人提交了“仲裁答辩书”及其所附证据。

经考虑本案审理进程的安排，仲裁庭决定于2011年12月29日在北京开庭审理本案。2011年11月22日，秘书局向双方当事人寄送了开庭通知。

2011年12月22日，申请人提交了“委派出庭代表的函”、追加仲裁代理人的“授权委托书”。2011年12月23日，申请人提交了“关于公开审理的申请”“补充证据清单”及其所附证据。

2011年12月23日，被申请人提交了追加仲裁代理人的“授权委托书”以及“答辩证据（证据14—32）”及其所附相应证据。

2011年12月29日，本案如期在北京进行了开庭审理。申请人和被申请人均委派仲裁代理人出席了庭审。庭审中，申请人陈述了仲裁请求及所依据的事实与理由，被申请人进行了答辩，双方当事人分别对己方提交的证据进行了说明，对对方提交的证据进行了质证，回答了仲裁庭提出的问题，就法律问题进行了辩论，并进行了最终陈述。申请人和被申请人均当庭提交了补充材料。庭审结束前，双方当事人均表示不再提交补充证据，仲裁庭遂决定庭后不再接受新证据，并规定双方当事人须于2012年1月16日之前提交书面补充意见。

在上述规定期限内，申请人提交了“综述意见”及其附件、“关于申请人证据证明事实的进一步意见及对被申请人证据的书面质证意见”、“关于请求追究鸿道（集团）有限公司严重违反仲裁保密义务的公函”；被申请人提交了“关于追究广药集团故意泄露仲裁情况、干扰仲裁审理的责任的申请函”及其附件、“庭后意见”及其附件、“对申请人证据的质证意见”。

此后，仲裁庭分别向双方当事人征询了关于调解解决本案争议的意见。鉴于双方当事人均同意由仲裁庭主持对本案进行调解，仲裁庭决定于2012年3月14日于北京召开会议对本案争议进行调解。2012年2月24日，秘书局将仲裁庭的上述决定电话通知了双方当事人，并于2012年2月28日分别向双方当事人寄送了书面通知。

2012年3月12日，被申请人提交了“关于调解问题的函件”，并于2012年3月13日电话告知秘书局，其决定不参加将于2012年3月14日进行的调解会议。

2012年3月14日，申请人按通知如期来至仲裁委员会，仲裁庭将被申请人不参加调解的决定当面告知了申请人。

鉴于无法对本案争议进行调解，仲裁庭决定将2012年3月19日作为双方当事人提交书面补充意见的最后期限，规定双方如有任何补充意见须于该期限之前提交。2012年3月14日，秘书局向双方当事人寄送了关于上述决定的通知。

在上述规定期限内，申请人提交了“最终陈述意见”，被申请人提交了“对申请人综述意见的反驳意见”“对申请人证据的补充质证意见”“对广药集团《公函》的反驳”以及“代理词”。

此后，被申请人提交了落款日期为2012年4月25日的“关于：L20110176号案有关情况的紧急反映”，表示愿与申请人继续展开和解。

2012年5月4日，申请人提交了对被申请人上述文件的回复函，明确表示不接受此次调解。

本案程序中双方当事人提交的所有相关文件均已按照《仲裁规则》的有关规定有效送达对方当事人，秘书局寄送的所有通知及其附件材料亦已有效送达双方当事人。

本案做出裁决的期限，应仲裁庭申请经仲裁委员会主任批准，最终延长至2012年5月

10日。

本案现已审理终结，仲裁庭根据双方当事人提交的书面材料和庭审情况，经合议，根据《仲裁规则》，依据多数意见做出下述裁决。

现就本案案情、仲裁庭多数意见和裁决结果分述如下：

一、案情

（一）仲裁请求

1. 申请人与被申请人鸿道（集团）有限公司签订的《“王老吉”商标许可补充协议》和《关于“王老吉”商标使用许可合同的补充协议》无效；

2. 被申请人停止使用“王老吉”商标；

3. 被申请人承担本案仲裁费。

（二）申请人在仲裁申请书中所述事实和理由

2000年5月，申请人与被申请人签订《商标许可协议》，许可被申请人使用注册号为626155的“王老吉”商标，使用期限截止至2010年5月2日，并约定：“凡是履行本协议产生的争议，……任何一方均可向中国国际贸易仲裁委员会申请仲裁，仲裁地为北京”。2001年至2003年间，申请人原董事长蔡志祥、总经理李益民利用职务上的便利，非法收受被申请人董事长陈鸿道贿送的财物，恶意串通签订《“王老吉”商标许可补充协议》和《关于“王老吉”商标使用许可合同的补充协议》。两补充协议约定的许可使用费严重低于该注册商标许可使用权的市场价值，同时两补充协议还将许可使用期限延长10年至2020年5月。2005年9月26日，李益民因犯受贿罪，被广东省高级人民法院判处有期徒期15年。2010年5月后，被申请人继续使用该“王老吉”注册商标。2010年8月30日，申请人向被申请人发出《律师函》要求其必须于9月30日前停止对“王老吉”凉茶的生产和销售，但被申请人置若罔闻，仍继续生产和销售。

被申请人董事长陈鸿道以行贿手段与申请人原董事长、原总经理恶意串通签订《“王老吉”商标许可补充协议》和《关于“王老吉”商标使用许可合同的补充协议》，造成国有资产大量流失，严重损害国家和企业利益。陈鸿道已被检察机关以行贿罪立案，目前此案仍在办理当中。根据《中华人民共和国合同法》第五十二条的有关规定，申请人认为，上述两补充协议属无效合同，被申请人应立即停止使用“王老吉”商标。基于上述事实和理由，为维护申请人的合法权益，恳请仲裁庭依法予以支持申请人的仲裁请求。

（三）申请人提交的证据及拟证明的对象

1. 商标许可协议，拟证明：许可使用期限为10年，自2000年5月2日至2010年5月2日，到期后被申请人仍在使用商标。协议第10.1条约定适用中国法律，第11.1条约定由仲裁委员会在北京仲裁。第5.1条及5.2条约定了被许可人即被申请人的责任：被许可人承诺按中国法律及本协议的规定使用该商标，不得采取使许可商标注册无效的行为。第9条约定了合同期满后的续约条件：如被许可人无违反本协议之行为，在同等条件下方有优先续约权。

2. 商标注册证、核准转让注册商标证明、核准续展注册证明，拟证明："王老吉"商标属申请人合法所有。"王老吉"商标于1993年1月20日注册，1997年8月28日核准转让至申请人名下。商标的注册有效期至2003年1月19日，后续展至2013年1月19日。2002年补充协议约定的许可期限远远超过签约时的注册有效期和目前的注册有效期。

3. "王老吉"商标许可补充协议、关于"王老吉"商标使用许可合同的补充协议，拟证明：以行贿手段恶意串通将商标许可使用期延长10年。2002年补充协议的签订时间为2002年11月27日，和2000年协议相比较，变化只有两点：（1）将许可期限从10年延长到20年，增加了10年的使用期；（2）后10年的许可费递增比例进一步降低（只有3%）。2003年补充协议的签订时间为2003年6月10日，名义上为双方协议，实际上只规定了申请人单方的义务，即申请人必须及时办理商标续展和备案手续，以确保被申请人能够行使在2002年补充协议中非法获得的10年使用权。续展时间为 2003年1月21日，备案时间为2003年10月14日。

4. 广州省高级人民法院刑事判决书，拟证明：申请人与被申请人签订"王老吉"商标许可协议过程中，陈鸿道贿送时任申请人副董事长、总经理李益民300万元港币。一审认定事实（第14页最后一段）：2000年至2003年期间，李益民利用职务之便，在签订许可协议过程中，三次受贿共计 300万元。一审定性（第16页最后一段）：身为国家工作人员，利用职务上的便利，非法收受他人财物，为他人谋取利益，数额特别巨大，情节特别严重，构成受贿罪。二审认定事实（第18页第二段、第三段）：李益民在担任申请人副董事长、总经理期间，参与决策同意将王老吉许可给被申请人经营使用，被申请人因此取得使用权，期间三次受贿港币共计300万元，具体受贿时间分别为：2001年8月、2002年8月、2003年6月。二审定性（第30页第二段）：身为国家工作人员，利用职务上的便利，非法收受他人财物，为他人谋取利益，数额特别巨大，构成受贿罪。

5. 广州市检察院讯问犯罪嫌疑人笔录（李益民2004年8月17日），拟证明：陈鸿道贿送李益民是为了延长特许使用"王老吉"商标10年。李益民交代了在签署商标补充许可协议过程中双方恶意串通的事实：(1）李益民担任申请人副董事长、总经理期间，主持申请人行政全面工作以及对申请人重大问题的处理等（第35页13—14行）；(2）陈鸿道向李益民提出商标许可延期的请求（第34页倒数1—2行）；(3）按正常商业惯例第二个十年期限应在商标续展之后再商订（第34页第3行）；(4）补充协议签署的工作由李益民负责（第34页12—14行）；(5）李益民是申请人的副董事长、总经理，在审批中起主要作用（第34页倒数第3—4行）；(6）陈鸿道向李益民行贿，是为了感谢对他工作的支持，表达被申请人能继续使用"王老吉"商标的感激之情（第35页14—16行）。如果没有使用王老吉商标的前提和希望继续使用并谋求更大利益的目的，就不可能送钱（第36页6—9行）；(7）李益民受贿所得并没有用于其所声称的给女儿治病，而是用于理财（第36页11—12行）。

6. 广州市检察院讯问犯罪嫌疑人笔录（蔡志祥2005年4月27日），拟证明：2003年至2004年，陈鸿道为能签订补充协议贿送50万元港币给时任申请人党委书记、董事长蔡志祥。蔡志祥交代了在签署商标补充协议过程中受贿的事实：(1）第二个十年由李益民负责，向蔡志祥汇报（第40页13—15行）；(2）受贿的经过——2003年春节20万元港币、2004年春节30万元港币，共计港币50万元（第41页2—3行）；(3）陈鸿道送钱的目的是希望继续使用王老吉商标（第 41页最后一行）。

7. 广州市检察院讯问犯罪嫌疑人笔录（陈鸿道2004年10月15日），拟证明：陈鸿道贿送李益民是为了延长特许使用"王老吉"商标10年。陈鸿道交代了在签署商标补充协议过程中双方恶意串通的事实：(1）陈鸿道行贿的目的——从长远利益考虑，要求申请人将红罐"王老吉"的商标使用权使用期追加十年（第44页倒数第1—2行）；(2）陈鸿道行贿的对象——李益民是申请人副董事长、总经理，是"二把手"，他的意见对合同的签订应起到一定的作用（第45页12—14行）；(3）陈鸿道向李益民提出要求延长"王老吉"的商标使用权（第45页，15—16行）；(4）陈鸿道向李益民行贿 300万港币。

8. 律师函，拟证明：申请人于2010年8月30日发函被申请人，要求被申请人停止使用“王老吉”商标。申请人告知被申请人：（1）双方2000年5月2日签署的《许可合同》已经到期；（2）两份《补充协议》属于无效协议；（3）被申请人应在2010年9月30日前停止使用“王老吉”商标。

9. 照片，拟证明：被申请人仍在使用申请人的“王老吉”商标。被申请人在2010年5月2日后没有停止红罐“王老吉”商品的生产和销售，仍在继续使用“王老吉”商标。

10. 评估报告，拟证明：补充协议的签订，造成国家和企业巨大损失。补充协议约定的许可费极低：（1）2002年补充协议约定的2011—2020年十年的许可费总额为人民币5 214.74万元，远低于申请人许可给王老吉药业的许可费标准21 932.4万元，相差达1.6亿。（2）按2002年补充协议约定的许可费标准计算的评估基准日的市场价值为3 065 86万元，许可给王老吉药业的为12 976.27万元，相差达9 000万元。

11. 广州市人民检察院拘留决定书，拟证明：2004年12月25日陈鸿道因涉嫌行贿被决定拘留。

12. 广州市人民检察院立案决定书，拟证明：2004年12月27日陈鸿道因涉嫌行贿被立案侦查。立案决定书载明：“陈鸿道为获取‘王老吉’商标部分使用权及延长该商标的使用期限，在2001年至2004年期间分三次贿送300万元港币给李益民，涉嫌构成行贿罪。”

13. 广州市公安局拘留证，拟证明：2004年12月29日发出拘留证，2005年10月2日陈鸿道被拘留。

14. 广州市人民检察院取保候审决定书，拟证明：2005年10月19日检察院决定对陈鸿道取保候审。

15. 广州市人民检察院出具的《关于原广州医药集团总经理李益民涉嫌受贿及陈鸿道涉嫌行贿的情况说明》，拟证明：2005年10月19日取保候审后，陈鸿道弃保潜逃，至今未抓捕归案，案件仍在侦查中。

16. 中共广州市纪律检查委员会出具的《关于对原广州医药集团有限公司副董董事长、总经理李益民受贿案有关情况的说明》，拟证明：李益民交代：（1）受贿的经过：是在签订商标许可协议过程中。（2）陈鸿道行贿的目的：为了在王老吉商标许可使用的过程中获得更大的利益。（3）受贿所得的用途：主要用于投资理财，并不是用于女儿治病。因配合起获，所以量刑上予以考虑。

17. 项志行出具的《情况说明》，拟证明：项志行介绍了第一次商标许可谈判的过程——（1）许可期限方面：第一次签订协议时根据商标注册10年有效的规定，只签订10年，申请人方面并没有签20年的考虑。（2）费用方面：第一次签订许可协议是经过一些测算的，考虑了被申请人的销售额以及比例。（3）项志行并没有实际参加第二次补充协议的谈判，只有周跃进在李益民的授意下参加，只是延长了10年期限，在费用上并没有重新测算。

以上证据11—17拟共同证明：（1）被申请人的法定代表人陈鸿道为与申请人签订“王老吉”商标许可协议及商标许可协议补充协议之目的，在2001年至2004年期间向时任申请人副董事长和总经理的李益民贿送300万元港币，陈鸿道因贿送数额巨大已经触犯《中华人民共和国刑法》，涉嫌构成行贿罪。（2）基于上述犯罪事实，广州市人民检察院于2004年12月25日决定拘留陈鸿道，并于2004年12月27日对其进行立案侦查；广州市公安局于2004年12月29日决定将陈鸿道执行拘留。广州市人民检察院于2005年10月19日决定对陈鸿道采取取保候审强制措施，但是，陈鸿道弃保潜逃，至今仍未将其抓捕归案，现该案仍在侦查中。（3）李益民承认陈鸿道贿送其300万元港币是因为被申请人希望在与申请人特许被申请人使用“王老吉”商标的合作中获得更大的利益。李益民收取陈鸿道贿送的300万元港币后存于香港渣打银行进行理财投资。由此，陈鸿道与李益民行贿受贿的行为之目的是为了签订“王老吉”商标许可协议及“王老吉”商标许可的补充协议。（4）此外，申请人在签订商标许可协议时，曾对授权费进行测算，并与被申请人进行谈判。但在签订“王老吉”商标许可补充协议时则由李益民提议签订，并未有任何的测算，而且被申请人也并未派人参与任何的谈判，签订补充协议的程序十分异常。（5）综上，李益民与陈鸿道恶意串通签订了“王老吉”商标许可的补充协议，应为无效。

18. “王老吉”商标历史发展情况介绍，拟证明：“王老吉”品牌自1828年问世，至今经历近二百年的发展，其历史悠久，广为流传，并早在百年前就被认可和接受，因此，是名副其实的老字号和民族品牌。

19. 王老吉商标权追溯性价值评估咨询报告书，拟证明：补充协议的签订，导致国有资产流失，损害了国家利益。“王老吉”1999年12月31日的市场价值为人民币14 700万元，2001年为33 000万元，即2000年签署协议和2002年签署补充协议时的市场价值已有较大增长，但是未在补充协议中体现，造成损失。按照行业惯例，商标许可收费方式有多种， 2002年补充协议约定的收费方式严重不符合商业惯例，价格极低，造成国有资产流失。

（四）许可费情况表

申请人和被申请人2000年协议及2002年补充协议中约定的许可费情况

协议	年度	许可费（万元）	年增长量（万元）	年增长率（%）	说明
2000年协议	1	450.00	—	—	1.许可费从第1年450万元到第20年537万元，仅增加87万元，平均每一年度（共19年）仅增加4.58万元，平均年增长率仅为0.93%。 2.原协议起始年（即第1年）的450万元是经过测算，按照被申请人所称的销售额2亿元的2.25%确定的。 3.补充协议起始年（即第11年）的许可费仅为506.14万元，签协议时并没有经过测算。相比原协议起始年（即第1年）的450万元，仅增加56.14万元。 4.补充协议中约定的十年期限中，除起始年度外，只有2年（第14、18年度）增加3%，其余7年均无任何增加
	2	450.00	0	0	
	3	472.50	22.50	5%	
	4	472.50	0	0	
	5	472.50	0	0	
	6	472.50	0	0	
	7	491.40	18.90	4%	
	8	491.40	0	0	
	9	491.40	0	0	
	10	491.40	0	0	
2002年补充协议	11	506.14	14.74	3%	
	12	506.14	0	0	
	13	506.14	0	0	
	14	521.33	15.19	3%	
	15	521.33	0	0	
	16	521.33	0	0	
2002年补充协议	17	521.33	0	0	
	18	537.00	15.67	3%	
	29	537.00	0	0	
	20	537.00	0	0	

注：1. 第1年度起止日期为2000年5月2日至2001年5月1日，第2年度起止日期为2001年5月2日至2002年5月1日，其他年度以此类推。

2. 平均的年增长率a的计算方式为：450*（1+a）^19=537，计算得出a=0.93%。

（五）被申请人所述案件事实背景

1995年3月28日，广州羊城药业股份有限公司王老吉食品饮料分公司（以下称“羊城药业王老吉分公司"）与被申请人签订了《商标许可使用合同》，授权被申请人使用"王老吉"商标生产和销售"清凉茶"产品，许可的期限自1995年3月28日至2003年1月止。关于商标使用费，双方约定第1年为人民币60万元，从第2年起每年比上年递增20%。

1995年9月14日，羊城药业王老吉分公司与被申请人签订了《商标使用许可合同补充协议（一）》和《商标使用许可合同补充协议（二）》，授权被申请人使用"王老吉"商标生产和销售罐装"清凉茶"产品，许可的期限自1995年9月14日至2003年1月止（约9年）。关于商标使用费，双方约定头3年每年为人民币10万元，第4年为30万元， 以后每年比上年递增23%。

1997年2月13日，羊城药业王老吉分公司与被申请人签订了《商标许可使用合同》，授权被申请人使用"王老吉"商标生产和销售"无酒精饮料、固体饮料"产品（包括王老吉凉茶饮料和龟苓膏类产品， 以下称"被许可产品"），开发王老吉凉茶普通饮料产品、被许可产品应当采取铁罐（或铝罐装）及瓶装。双方还约定，本合同生效后，羊城药业王老吉分公司可以保留生产和销售原已生产的用纸包装的王老吉清凉茶，但包装颜色不能取用红色，包装设计图案不得与被申请人生产的"被许可产品"相同。该许可的期限自1997年2月13日至2011年12月31日止（约15年）。关于商标许可使用费，双方约定1997年为人民币200万元，1998年起为每年支付人民币250万元。

1997年8月28日，经中华人民共和国国家原工商行政管理局商标局核准， "王老吉"商标由广州羊城药业股份有限公司（以下称"羊城药业"）转让给本案申请人。

2000年5月2日，申请人与被申请人签署《商标许可协议》（以下称"2000年许可协议"），约定：申请人许可被申请人独占使用王老吉商标"生产及销售红色罐装及红色瓶装王老吉凉茶"（"红罐王老吉凉茶"），产品定型为红色包装的饮料产品，且限于罐装及瓶装两个产品范围内使用，许可使用期限自2000年5月2日至2010年5月2日止为期10年。关于商标许可使用费，双方约定如下：第一年及第二年每年为450万元，第三年至第六年为每年472.5万元，第七年至第十年为每年491.4万元。

2002年11月27日，申请人与被申请人签订《"王老吉"商标许可补充协议》（以下称"2002年补充协议"），将2000年许可协议的许可期限从10年变更为20年，计算期限仍是从2000年5月2日起至2020年5月1日；并在许可使用期间划分为6个时间段，许可使用费按时间段自每年450万元递增至537万元。

2003年6月10日，申请人和被申请人签订《关于“王老吉”商标使用许可合同的补充协议》（以下称“2003年补充协议”，2003年补充协议与2002年补充协议合称“两份补充协议”），约定：申请人须在第626155号“王老吉”商标有效期终止日（2013年1月19日）前办理续展注册手续，并且在此后办理“王老吉”商标的许可备案手续，以使得被申请人依2000年许可协议和两份补充协议在许可期限内能依法使用“王老吉”商标。

基于两份补充协议，2003年被申请人通过国内投资公司斥数亿巨资首次竞标拿到中央电视台3个黄金时段“标王”广告播放权，启动“怕上火喝王老吉”的品牌广告语宣传，以后长达近十年时间在中央台不间断进行广告投放。

1997年至2000年间，被申请人自有独特配方的红色罐装王老吉凉茶产品已投入生产，建厂成本达4亿多元；2003 年至2010年又先后建设5个工厂，总投入已逾20亿元。

2004年至2010年合同履行期间， 申请人多次因打假及涉及商标使用事项的需要，向相关政府部门或被申请人出具书面文件，证明被申请人是“王老吉”商标的合法使用权人。

2000年9月初，李益民之女在澳洲因意外事故重伤，生命垂危，在医院抢救。根据申请人自己提交的广东省高级人民法院（2005）粤高法刑二终字第370号《刑事判决书》（以下称“《刑事判决书》”）对事实做了如下认定：“经查，李益民收受贿赂的行为绝大部分发生在其女儿意外受伤后，与其辩称的受贿为女儿治病的动机一致，其没有因为接受他人贿赂而直接给国家和企业造成重大经济损失。”

（六）被申请人答辩意见

1. 两份补充协议的签订不存在所谓的“恶意串通”的情形。

被申请人认为，两份补充协议的签订根本不存在恶意串通行为，也未损害国家和企业利益。 申请人援引《合同法》第五十二条主张合同无效的理由不能成立，应当予以驳回，具体理由如下：

（1）“谁主张，谁举证”是民事诉讼证据的基本原则，迄今为止，申请人没有提交任何一份证据，证明陈鸿道与李益民和/或蔡志祥曾为了签订两份补充协议事前有明显的或隐蔽的默契、商量过程的行为事实，更不用说他们之间存在为了达到侵害申请人利益或者国家利益而进行过任何形式“恶意串通”的主观意思。根据我国的司法实践，对于此类性质严重的指控，申请人负有更加严格的举证责任。

（2）为了协助仲裁庭查明有关事实，被申请人提请仲裁庭注意，申请人自己提交的《刑事判决书》已经认定“李益民受贿的动机是为女儿治病”，该动机与本案补充协议的签订绝无关系，更谈不上在补充协议签订时存有任何“恶意串通”行为。

2. 两份补充协议符合双方先前长期共同开发商标使用的产品合作共赢的模式。

如前所述，被申请人对本案“王老吉”商标的使用可追溯至1995年。自1995年开始至1997年，被申请人就与当时“王老吉”商标的持有人羊城药业和羊城药业王老吉分公司签署了一系列“王老吉”商标的许可协议。但双方产品都称“清凉茶”，都属偏保健食品类，仅在产品包装上有所区别。

1997年2月13日，羊城药业王老吉分公司与被申请人签订了《商标许可使用合同》（以下称“1997年许可协议”），商标许可使用期限到2011年12月31日，长达15年。此合同要求被申请人开始生产罐装王老吉凉茶，并保证与羊城药业王老吉分公司的“清凉茶”产品区别开来。

1997年8月28日，“王老吉”商标的所有权由羊城药业转让给了申请人。1997年9月羊城药业被捆绑改制上市，作为商标许可权人的履约主体已经事实变更了。所以经过协商申请人和被申请人在2000年5月2日签订了《商标许可协议》，但申请人坚持以法律规定商标许可的备案期限不能超过10年时间为由，将2000年许可协议的期限确定为10年。2000年许可协议同时约定，被申请人有权生产红色罐装及瓶装王老吉凉茶，而申请人保留生产绿色盒装王老吉凉茶的权利。如上所述，双方使用商标的产品相辅相成，相互依赖，有追求共同双赢的市场利益的基础，因而，根据市场开发需要，双方后来才通过2002年补充协议在商标许可使用的年限方面做了适当的调整。

关于被申请人自1995年开始许可使用“王老吉”商标的签约记录请见下表：

时间	文件	签字人	期限	使用费
1995.2.20	羊城药业与被申请人和香港王老吉《协议书》	陈灿英、陈鸿道	1995.2.20—2000.2.20（共5年）	第1年8万元，逐年递增20%

（续表）

时间	文件	签字人	期限	使用费
1995.3.28	羊城药业王老吉食品饮料分公司与被申请人《商标使用许可合同》	陈灿英、陈鸿道	1995.3.28—2003.1（约8年）	第1年60万元，逐年递增20%
1995.9.14	羊城药业王老吉食品饮料分公司与被申请人《商标使用许可合同补充协议一》	陈灿英、陈鸿道		
1995.9.14	羊城药业王老吉食品饮料分公司与被申请人《商标许可使用合同》	陈灿英、陈鸿道	1995.9.14—2003.1（约7年）	就灌装产品，头3年每年10万元，第4年30万元，以后每年递增23%
1997.2.13	羊城药业王老吉食品饮料分公司与被申请人《商标使用许可合同补充协议二》	陈灿英、陈鸿道	1997.2.13—2011.12.31（约15年）	1997年200万元，1998年起每年250万元
2000.5.2	申请人与被申请人《商标许可协议》	陈灿英、陈鸿道	2000.5.2—2010.5.1（共10年）	第1—2年每年450万元，第3—6年每年472.5万元，第7—10年每年491.4万元
2002.11.27	申请人与被申请人《“王老吉”商标许可补充协议》	蔡志祥、陈鸿道	2000.5.2—2020.5.1（共20年）	第1—10年使用费与原协议保持一致，原11—13年每年506.14万，第14—17年每年521.33万元，第18—20年每年537万元
2003.6.10	申请人与被申请人《“王老吉”商标许可补充协议》	蔡志祥、陈鸿道		

从以上表格可以看出，“王老吉”商标的所有权人（包括申请人）与被申请人所有签署的协议，从商标使用限制产品类别到年递增许可使用费收费方式，均延续一贯的模式，并有明显的保障申请人一方产品市场利益的倾向，双方从而形成了稳定的、长期合作的意

愿和轨道。

3. 两份补充协议变更使用期限内容是2000年许可协议的自然延续。

双方签署2002年补充协议，将合同期限变更为20年，并且明确地提出了“进一步促进双方的合作”“共同打造王老吉品牌”的目标，并重申了许可协议备案和人民币结算、收费公式等具体事项。其签订补充协议的原因包括但不限于：（1）被申请人自1997年协议后产品定型为红色罐装凉茶产品，已引进国外先进生产线在东莞长安建厂投产，投入资金人民币4亿多元。（2）2000年协议许可使用期限明显少于1997年协议15年的许可使用期限。（3）被申请人对打造“王老吉”品牌建厂及广告投放等方面与申请人达成了一致。

被申请人在此情况下明确提出，为使得被申请人培育“王老吉”品牌有合理期限并保障双方合理回报利益，因此与申请人协商签订了将商标许可使用期限变更为20年的2002年补充协议，并沿用了先前双方一直合作中采用的收费方式。

4. 2002年补充协议约定的许可使用费具有合理的商业基础。

商标许可使用的费用的多少，是民商事主体自由协商范围之内的事情，我国相关法律没有也不可能明确规定具体的收费标准。所以，在实践中，商标所有权人许可他人使用商标，是否收费，收取多少费用，取决于许可方和使用方对使用商标产品市场前景的判断及双方的协商。两份补充协议下的权利义务是否对等和平衡必须基于当时的时间点和客观情况来分析，而不能用事后诸葛亮式的思维方式看待问题。

（1）具体来说，2002年补充协议其实质内容与2000年许可协议并无大异，随着许可年限的增加，许可使用费逐渐增长，这是商标许可在实际当中常见的安排，双方均不愿意改变这种商业模式。值得指出的是，变更商标许可使用期限为20年，在当时的市场情况下，对申请人来说，是稳定的收入来源。

（2）对被申请人来说，虽然具有大力发展王老吉产品的信心，但同时也要面对市场的不确定性带来的挑战，特别是凉茶作为广东的传统性饮料，能否被全国其他地方的大部分消费者接受具有很大的风险，因此对于被申请人来说其当时所面临的商业风险极大。可见，商标许可使用费的约定是双方综合考虑当时市场环境做出的合情合理的商业判断。

（3）根据申请人提供的中都国脉（北京）资产评估有限公司出具的《资产评估报告》，申请人2004年开始授权广州王老吉药业股份有限公司使用“王老吉”商标的许可使用费为每年净销售额的2.1%。首先，这与本案中双方当事人自1995年起的收费模式不同，2000年许可协议和两份补充协议延续的是双方自1995年起的每年固定数额收费方式，这种方式是对许可方最没有风险的方式；而《资产评估报告》中基于销售额按照百分比收费方式，是一种双方共担商业风险的方式。因此申请人提供的这份《资产评估报告》中提到的收费方式和比例与本案没有可比性。其次，判断当时商标许可使用费的合理性应当基于双方当事人当时对市场前景的预测和对自身条件的判断，而不能依据现在商标的价值来推翻近十年前双方当事人做出的商业判断。该评估报告得出的结论是以2010年绿盒包装王老吉的销售额为基础的，而不是以合同签订当时的市场销售情况为依据；这样的评估结果既不合理也不客观，不应予以采信。另外，无法否认的事实是，绿盒包装“王老吉”产品销量的增加，完全得益于被申请人在红罐王老吉产品上的广告投入，这些投入都是由被申请人承担并且是逐年上升的。

5. 申请人一直认可被申请人有权使用“王老吉”商标。

从双方签订2000年许可协议到双方签订两份补充协议变更许可期限，截至申请人向被申请人发出律师函（包括在 2005年《刑事判决书》做出之后），在这长达10余年的时间里，申请人不但从未提出过异议，还一直主动地通过合同备案、收取许可使用费、出具书面证明、合作开展商业活动、 合作保护知识产权等方式认可被申请人是“王老吉”商标的授权许可使用人，即认可了两份补充协议的有效性。被申请人的理由如下：

（1）被申请人在2002年补充协议签订之前一直按照 2000年许可协议约定的标准，在2002年补充协议签订之后一直按照2002年补充协议约定的标准向申请人支付商标许可使用费，申请人也一直接受被申请人的履行。2004年，申请人就向政府部门书面认可被申请人有权在红罐王老吉凉茶上使用“王老吉”商标。即便是在2005年《刑事判决书》做出之后，双方履行合同也未受影响，被申请人一直缴交许可费至2011年11月，申请人也未对商标许可使用费提出任何异议。

（2）在2005年《刑事判决书》做出之后，申请人还于 2008年和2009年分别向政府有关部门出具被申请人是“王老吉”商标授权使用人的证明，申请人还明确指出该许可已报国家工商总局备案，许可期限至2013年1月19日。显然这是依据两份补充协议而做出的声明。因此，申请人已经以其自身行为明确、多次确认了两份补充协议的效力。

（3）在《刑事判决书》做出之后3年的2008年12月，被申请人通过加多宝公司与广州亚运会组委会签订协议，成为2010年11月12日至27日举行的广州亚运会高级合作伙伴，“王老吉”凉茶成为广州亚运会的指定饮料。当时，申请人并没有因为《刑事判决书》而向被申请人主张商标许可的有效期限将会在2010年5月届满，反而在2009年7月16日继续致函被申请人，就规范“王老吉”商标的使用问题与被申请人协商。这一点，再次证明申请人从未对被申请人对 “王老吉”商标的合法使用权提出任何异议。

综上所述，两份补充协议是合法有效的合同，对双方均有约束力。申请人也没能举出任何证据证明所谓的“恶意串通”情形的存在。两份补充协议双方基于2002年当时对商标使用产品市场发展的商业判断及保障自身合理利益的需要，而变更使用许可期限的约定及和许可使用费标准的确定，完全没有损害国家及企业利益。在近十年间，申请人还通过各种方式认可被申请人有权使用“王老吉”商标的身份，即认可了两份补充协议的有效性、合法性。申请人在2005年刑事判决六年后的今天突然提起仲裁，假称李益民受贿行为，妄言推定其与陈鸿道之间存在恶意串通并损害了国家和企业利益，既没有必然的逻辑关系，也没有任何证据支持，而且故意混淆了受贿罪和合同无效这两个法律概念的不同证明标准，误导仲裁庭，不但滥用严肃的仲裁程序，还伤害了双方长期以来的合作关系，因此是完全不能成立的。

事实上，被申请人在履行补充协议期间因建厂投入和广告投放，为打造“王老吉”品牌做出了极大的贡献，至今，被申请人的苦心经营实际上已经给申请人带来了成果性持续利益。与此相反，申请人违背基本的诚信原则，无理主张合同无效，企图反悔，其仲裁请求是没有法律和事实依据的，仲裁庭应依法予以全部驳回。

6. 申请人提出的合同无效的主张已经超过了诉讼时效。

根据《民法通则》第一百三十五和一百三十七条的规定，当事人提出保护其民事权利的诉讼时效为2年，诉讼时效期间从知道或者应当知道权利被侵害时起计算。即便假设申请人有理由以《刑事判决书》所确定的受贿行为请求主张两份补充协议无效，广东省高院于2005年9月26日做出终审判决认定李益民犯受贿罪，申请人以此为由提出“恶意串通”从而合同无效请求的诉讼时效应从2005年9月26日起算。而申请人向被申请人发出的律师函的落款日期为2010年8月30日，早已超过2年的诉讼时效。申请人提出的仲裁请求不应获得支持。

被申请人在此特恳请仲裁庭依法裁判，驳回申请人的全部仲裁请求，以维护被申请人的合法权益。

（七）被申请人提交的证据及拟证明的对象

1. 羊城药业王老吉分公司与被申请人签订的《商标许可使用合同》，拟证明：（1）当时“王老吉”商标的所有权人羊城药业王老吉分公司授权被申请人使用“王老吉”商标生产和销售“清凉茶”产品；（2）许可期限自1995年3月28日至2003年1月止；（3）商标许可使用费第1年为人民币60万元，从第2年起每年比上年递增20%。

2. 羊城药业王老吉分公司与被申请人签订的《商标许可使用合同补充协议一》和《商标许可使用合同补充协议二》，拟证明：（1）羊城药业王老吉分公司授权被申请人使用“王老吉”商标生产和销售罐装“清凉茶”产品；（2）许可期限自1995年9月14日至2003年1月止；商标许可使用费头3年每年为人民币10万元，第4年为30万元，以后每年比上年递增23%；（3）羊城药业王老吉分公司同意在合同有效期内不再许可第三人在纸包装清凉茶饮料上使用“王老吉”商标。

3. 羊城药业王老吉分公司与被申请人签订的第二份《商标许可使用合同》，拟证明：（1）羊城药业王老吉分公司授权被申请人使用“王老吉”商标生产和销售“无酒精饮料、固体饮料”产品（包括王老吉凉茶饮料和龟苓膏类产品），被许可产品应当采取铁罐（或铝罐装）及瓶装；（2）羊城药业王老吉分公司可以保留生产和销售原已生产的用纸包装的王老吉清凉茶，但包装颜色不能取用红色，包装设计图案不得与被申请人生产的“被许可产品”相同；（3）许可期限自1997年2月13日至2011年12月31日止；商标许可使用费，1997年为人民币200万元，1998年起为每年支付人民币250万元。

4. “王老吉”商标注册证书、核准转让和续展文件，拟证明：（1）广州羊城滋补品厂作为申请人申请注册了“王老吉”商标，注册证第626155号，后广州羊城滋补品厂更名为羊城药业王老吉分公司；（2）1997年8月28日，国家商标局核准了“王老吉”商标的转让申请，该商标所有权人变更为申请人；（3）2002年11月7日，国家商标局核准“王老吉”商标续展注册有效期至2013年1月19日。

5. 申请人与被申请人签订的《商标许可协议》，拟证明：申请人许可被申请人独占使用王老吉商标"生产及销售红色罐装及红色瓶装王老吉凉茶"；许可使用期限自2000年5月2日至2010年5月2日止：对商标许可使用费双方约定如下：第1—2年每年为450万元，第3—6年为每年 472.5万元；第7—10年为每年491.4万元。

6. 申请人与被申请人签订的《"王老吉"商标许可补充协议》，拟证明：（1）将2000年许可协议的许可期限从10年延长到20年，至2020年5月1日止；（2）许可使用期间划分为6个时间段，许可使用费按时间段自每年450万元递增至537万元。

7. 申请人与被申请人签订的《关于"王老吉"商标使用许可合同的补充协议》，拟证明：申请人须在第626155号"王老吉"商标有效期终止日（2013年1月19日）前办理续展注册手续，并且在此后办理"王老吉"商标的许可备案手续，以使得被申请人依2000年许可协议和两份补充协议在许可期限内能依法使用"王老吉"商标。

8. 羊城药业与被申请人和香港王老吉（国际）有限公司签订的《协议书》，拟证明：羊城药业许可被申请人使用香港王老吉（国际）有限公司在香港和海外注册的王老吉商标图形在国内生产清凉茶软包装。

9. 申请人2004年出具的《证明》，拟证明：申请人向政府有关部门出具该函证明被申请人是红罐王老吉产品合法的商标使用权人。

10. 申请人2008年出具的《证明》，拟证明：申请人再次向政府有关部门出具函件证明被申请人是红罐王老吉产品合法的商标使用权人。

11. 申请人2009年出具的《证明》，拟证明：与上述两份《证明》内容相同，申请人再次向政府部门肯定了被申请人作为"王老吉"商标的合法使用权人，有权在红色罐装饮料上使用该商标。

12. 广州2010年亚运会《高级合作伙伴赞助证书》，拟证明：被申请人通过加多宝饮料有限公司成为广州2010年亚运会的高级合作伙伴，大大提升了企业知名度和影响力。

13. 申请人《关于"王老言"商标在广告宣传上规范使用的函》，拟证明：（1）申请人在2009年7月还致函被申请人，协商规范"王老吉"商标的使用事宜，又一次认可了被申请人是合法的商标使用权人，从而认可了2002年补充协议的效力；（2）申请人还在函中承认"王老吉品牌发展到今天，……这与贵公司在公益方面的投入和对品牌的宣传维护是密不可分的。"

14. 申请人《商标使用许可合同备案申请书》，15. 申请人《商标代理委托书》（2003年6月8日），16. 国家商标局《商标使用许可合同备案通知书》（2003年9月2日），拟共同证明： 申请人对补充协议的履行。

17. 申请人出具的“王老吉”商标许可使用费发票（2010年7月23日2张，2010年9月19日1张），拟证明：（1）2010年7月23日收取“‘王老吉’商标许可使用费”265 350元，“所属期限：第11年第1期，即2010年5月2日至2010年8月1日”；（2）2010年7月23日收取“‘王老吉’商标许可使用费”1 000 000元，“所属期限：第11年第1期，即2010年5月2日至2010年8月1日”；（3）2010年9月19日收取“‘王老吉’商标许可使用费”1 265 350元，“所属期限：第11年第2期，即2010年8月2日至2010年 11月1日”；（4）申请人对补充协议的履行。

18. 被申请人支付商标许可费的凭证（6张），拟证明：2010年5月2日之后，被申请人一直按照许可协议和补充协议支付商标许可费用，已支付至2011年11月1日，即第12年第2期。双方一直在履行许可协议和补充协议。

19. 申请人《关于“王老吉”商标使用许可事宜》（2004年10月13日），拟证明：申请人曾经准备转让“王老吉”商标，对许可协议的认同。

20. 被申请人致申请人的函（2005年3月14日），拟证明：（1）申请人申明“王老吉”商标许可期限为2020年5月1日；（2）申请人方施少斌签名确认收妥该函；（3）申请人从未提出过异议。

21. 申请人给被申请人《关于加强“王老吉”商标在广告宣传上规范使用的函》（2010年3月15日），拟证明：（1）申请人认可被申请人在2010年亚运会期间使用“王老吉”商标的权利，是对补充协议的履行行为；（2）申请人承认“王老吉”品牌发展和被申请人在公益方面的投入和对品牌的宣传维护是密不可分的。

22. 申请人属下企业生产的“王老吉”产品包装，拟证明：申请人属下企业生产的产品一直称之为“清凉茶”，是被申请人将“王老吉”打造成“凉茶”的概念，在此之后申请人开始在关联企业“搭便车”使用“凉茶”的产品名称，并使用广告语“王老吉还有盒装”。

23. 被申请人历年的设厂费、广告费、促销费，拟证明：补充协议的重要内容之一为：（1）打造“王老吉”品牌，被申请人为履行该义务进行的劳动创造；（2）补充协议许可费用及其期限的正当合理性；（3）是被申请人创造了“王老吉”的品牌价值，被申请人的合理期待和信赖利益受保护。

24. 被申请人历年各种社会慈善、公益事业的费用，拟证明：被申请人通过参加各种慈善和社会公益活动，树立了王老吉品牌正面的社会形象。

25. 申请人《关于对“王老吉商标转让事宜”的回复》，拟证明：在2006年申请人认同的王老吉品牌价值为22.44亿元。

26. 申请人举行新闻发布会报道，拟证明：王老吉商标注册人申请人举行新闻发布会，对外宣布王老吉品牌价值高达1 080.15亿元，远超过海尔此前创下的855亿元的纪录，成为中国第一品牌。（《1080亿！王老吉成全国第一品牌》，《广州日报》，2010年11月11日）“王老吉”这一品牌价值主要是被申请人创造的。

27. 广州王老吉药业股份有限公司（原广州羊城药业股份有限公司）历年的利润表和产量表，拟证明：申请人不是“王老吉”品牌的主要创造者。

28. 广州市旅游局老字号发展状况调研课题组：《广州老字号发展状况调研报告》，拟证明：（1）广州市老字号经营状况普遍不好的历史事实；（2）“王老吉”主业是“医药”；（3）“王老吉”的经营状况并不突出。

29. 申请人授权他人生产“王老吉”固元粥、莲子绿豆爽、龟苓膏、绞股蓝等，拟证明：申请人利用被申请人打造的品牌“搭便车”的情形。

30. 《广东省食品文化遗产认定证书》及粤食文遗证〔2006〕4号（2005年8月24日和2006年5月26日），拟证明：得益于被申请人多年的苦心经营，广东省食品（饮食）文化遗产工作领导小组认定红色罐装王老吉配方及术语为 广东省食品文化遗产，认定广东加多宝饮料食品有限公司为拥有国家级非物质文化遗产代表作——凉茶16号配方及专用术语。

31. 申请人《公司章程》（2002年1月修订），拟证明：（1）申请人的董事会才有权决定公司的经营计划和投资方案（《章程》第25条）；（2）总经理的职权是“组织实施董事会决议”和“组织实施公司年度经营计划和投资方案”，是执行权而非决定权（《章程》第41条）。

32. 《刑事开庭笔录》（2005年5月16日），拟证明：公：2001年因为什么收受陈鸿道的100万元港币？被：因为我女儿受伤，陈鸿道出于同情，所以在香港送钱给我。公：你当时因私还是因公到香港？被：因私，我当时在澳洲看望女儿之后回香港与陈鸿道见面。

（八）被申请人关于本案的代理意见概要

刑事判决并不能决定私法中合同的效力，本案受贿罪与恶意串通的判断没有因果关系。申请人的利益不构成国家利益，“恶意串通”一说不能成立。“国有资产流失”乃无稽之谈。补充协议的目的条款不能忽略，被申请人的信赖利益受保护。申请人已经持续性地履行和确认了补充协议，不得反悔。申请人“事后诸葛”不足为取，即使存在显失公平，也已超过除斥期间。合同当事人即使存在利益失衡，在法律上也不属于《合同法》第五十二条规定的无效合同问题，而属于第五十四条规定的效力待定的合同，当事人一方有权申请撤销或者变更。显然，申请人已经远远超出了法定的除斥期间，无权对该协议行使任何撤销权。申请人违反诚实信用的行为必须依法制止。

（九）被申请人关于本案调解的意见

被申请人认为，双方能够在仲裁庭调解下进行和解的一个必要前提就是：申请人必须认可《“王老吉”商标许可补充协议》和《关于“王老吉”商标许可合同的补充协议》合法有效。申请人必须确认上述“补充协议”合法有效，双方才有和解的基础。

（十）申请人关于本案的最终陈述意见概要

被申请人通过商业贿赂的方式获取商业利益，否认收到申请人的律师函，否认收到仲裁庭快递的仲裁文书，在没有合理提前通知的情况下退出调解程序。申请人认为，对于被申请人这种公然地、一贯地不诚信、不守法的经营者，必须对其不诚信的行为予以制裁，使失信者为自己的行为支付成本。申请人作为诚实合法的经营者，其合法利益应当受到保护。

在仲裁庭提出调解建议后，申请人予以了积极的回应和高度的重视，并形成了调解方案。尤其是申请人原则上确定了在双方补充协议无效后可以和被申请人依法依规继续合作的调解意向。但是由于被申请人缺乏调解的诚意，并故意不参加原定的调解庭开庭，这个调解意向已经无法向仲裁庭和对方进行表达，申请人对此表示遗憾。

被申请人多次利用仲裁程序，拖延仲裁庭对本案的审理和裁判，而与此同时，被申请人在没有获得申请人同意的情况下，擅自将其生产和销售的红罐王老吉凉茶商品的包装装潢进行了大幅修改，故意淡化“王老吉”商标，其目的是为了将“王老吉”的商誉嫁接给“加多宝”，这是严重违反双方2000年签订的许可协议的规定的，也严重破坏了双方合作的基础。被申请人的行为既是对申请人“王老吉”多年形成的商誉和商业利益赤裸裸的窃取，也是对申请人“王老吉”驰名商标显著性的淡化，严重损害了申请人及国有资产权益。

为了避免被申请人对申请人利益损害的进一步扩大，为了防止被申请人再做出对申请人新的损害行为，维护仲裁程序的公正性和严肃性，申请人恳请仲裁庭尽快依法公正地对本案做出裁决。

（十一）被申请人对于本案调解的第二次意见

被申请人表示：对两份补充协议的有效性坚信不疑，愿意在两份补充协议有效的原则下，继续与申请人展开和解。

（十二）申请人对本案再次调解的回复意见

申请人表示：自开始仲裁以来，被申请人拖延正常仲裁进程，已无信任可言。申请人已报诚意接受前次调解，无奈被申请人无故中止，无法进行。因此，不接受此次调解。

二、仲裁庭意见

（一）关于本案适用法律

本案涉及的《“王老吉”商标许可补充协议》和《关于“王老吉”商标使用许可合同的补充协议》均为申请人与被申请人签订的《商标许可协议》的补充协议，该《商标许可协议》约定解决双方争议应当适用中国法律。此外，本案争议涉及中国注册商标专用权在中国境内的许可使用，争议双方当事人亦在仲裁中援引中国内地法律提出自己的主张和理由。因此仲裁庭认为，解决本案争议所适用的法律应当是中国内地法律。

（二）关于本案事实

经审理，仲裁庭查明以下事实成立：

（1）申请人是国有独资有限责任公司，经营范围是广州市人民政府授权范围内国有资产的经营和投资。

（2）申请人是“王老吉”商标的注册人，依法在中国对核定使用在第32类“无酒精饮料；固体饮料”商品上的“王老吉”商标享有商标专有权。

（3）“王老吉”品牌历史久远。申请人声称其原创于1828年，虽然未有直接证据支持该具体日期，但是根据现有证据可以确认至少于1828年王老吉品牌已经在经营和使用之中。

（4）广州市人民政府于2000年认定“王老吉”为“广州老字号”品牌。

（5）“王老吉”商标于2008年12月被广州市工商行政管理局认定为“广州市著名商标”。

（6）“王老吉”商标于2009年4月24日被国家工商行政管理总局商标局批复认定为“驰名商标”。

（7）“王老吉”商标是中华人民共和国商务部认定的“中华老字号”品牌。

（8）2000年5月2日申请人与被申请人签订《商标许可协议》，申请人许可被申请人在中国境内的规定产品上独家使用“王老吉”商标，申请人自己亦不得在中国境内使用或授权他人使用上述商标，申请人授权被申请人使用期限为2000年5月2日至2010年5月2日，为期10年。其中约定，商标使用费第1—2年为450元；第3—6年为472.5万元；第7—10年为491.4万元。

（9）2002年11月27日，申请人的原法定代表人与被申请人董事长签订了《“王老吉”商标许可补充协议》，将《商标许可协议》使用期限变更为20年，将第10年以后的商标使用费规定为：第11—13年为506.14元；第14—17年为521.33万元；第18—20年为537万元。

（10）2003年6月10日，申请人的原法定代表人与被申请人董事长又签订了《关于“王老吉”商标使用许可合同的补充协议》，规定了“王老吉”商标许可后的续展和备案事宜。

（11）2005年7月1日，广州市中级人民法院做出一审判决，其中在第一项事实认定中表明：“2000年至2003年，被告人李益民在担任广州医药集团公司副董事长、总经理期间，利用职务之便，在广州医药集团有限公司与香港鸿道（集团）有限公司签订‘王老吉’商标许可协议的过程中，先后三次收受香港鸿道（集团）有限公司董事长陈鸿道贿送的港币共计300万元。”一审判决认定：“被告人李益民身为国家工作人员，利用其职务上的便利，非法收受他人财物，为他人谋取利益，数额特别巨大，情节特别严重，其行为已构成受贿罪，依法应予惩处。”

（12）因被告人提出上诉，广东省高级人民法院于2005年9月26日经二审审理做出终审判决，二审法院认为“本案事实清楚，决定不开庭审理”，“所列证据，均经原审庭审示证、质证，查证属实，本院予以确认”。终审判决指出，“广州医药集团有限公司是国有独资的有限责任公司，上诉人李益民于1998年3月至2004年6月任广州医药集团有限公司副董事长、总经理，协助董事长负责集团董事会工作，主持集团公司行政全面工作，主管财务部、人事部、投资部、资讯部的工作。”终审判决在第一项事实认定中表明：“2000年至2003年，上诉人李益民在担任广州医药集团有限公司副董事长、总经理期间，李益民参与决策同意将广州医药集团有限公司所享有的‘王老吉’商标许可给香港鸿道（集团）有限公司经营使用，香港鸿道（集团）有限公司因此取得了‘王老吉’商标的使用权。期间，李益民先后三次收受香港鸿道（集团）有限公司董事长陈鸿道贿送的港币共计300万元。”终审判决认为，“上诉人李益民身为国家工作人员，利用其职务上的便利，非法收受他人财物，为他人谋取利益，数额特别巨大，其行为已构成受贿罪，依法应予惩处。”终审判决针对上诉人的上诉理由，维持了原审法院的认定，但是采纳了上诉人关于“不存在情节特别严重，请求从轻处罚”的上诉意见。

（13）根据申请人提交的“广州市人民检察院拘留决定书”、“广州市人民检察院立案判决书”、“广州市人民检察院取保候审决定书”、广州市人民检察院“关于原广州医药集团总经理李益民涉嫌受贿及陈鸿道涉嫌行贿的情况说明”，被申请人董事长陈鸿道涉嫌为获取和延长申请人所享有的“王老吉”商标使用权，贿送李益民300万元港币，涉嫌构成行贿罪，决定立案侦查。上述“广州市人民检察院立案决定书”于2004年12月27日做出；上述广州市人民检察院的情况说明于2011年12月12日做出。上述情况表明，陈鸿道涉嫌刑事责任问题，目前仍处于取保候审状态。

（三）关于本案争议合同的效力

本案争议焦点在于《“王老吉”商标许可补充协议》和《关于“王老吉”商标使用许可合同的补充协议》的效力。其中《关于“王老吉”商标使用许可合同的补充协议》用于规定“王老吉”商标许可期限依《“王老吉”商标许可补充协议》延期之后的续展和备案等事宜，《关于“王老吉”商标使用许可合同的补充协议》附属于《“王老吉”商标许可补充协议》，其本身不能独立成为一个合同。以下将《“王老吉”商标许可补充协议》和《关于“王老吉”商标使用许可合同的补充协议》合并称为补充协议。申请人请求仲裁庭裁决补充协议无效并提出了相应的理由和证据；被申请人提出了反驳意见和相应的证据。仲裁庭充分听取了双方当事人发表的意见，审核了双方当事人提交的证据。仲裁庭根据仲裁庭所认定的事实和以下将做出的分析，认为补充协议的订立属于《中华人民共和国合同法》第五十二条第（二）项所规定的“恶意串通，损害国家、集体或者第三人利益”的情形，申请人提出的关于补充协议无效的请求应当予以支持。

首先，根据广东省高级人民法院的终审判决书的认定可以确认，申请人公司的原副董事长、总经理李益民与被申请人公司董事长陈鸿道之间有三次受贿和贿送共计300万元港币的事实。

其次，根据该判决书的认定可以确认，上述受贿和贿送事实的发生时间是在2000年至2003年之间。补充协议签订于2002年11月和2003年6月，而李益民第一次受贿时间是2001年8月，第二次受贿时间是2002年8月，第三次受贿时间是2003年6月。受贿和贿送的时间与补充协议订立的时间契合。

第三，陈鸿道向李益民贿送300万元港币的目的是补充协议的订立。根据终审判决书的明确认定可知，李益民受贿和陈鸿道贿送钱款的时间与补充协议订立的时间契合。在本案中被申请人没有提出任何证据能够证明陈鸿道和李益民之间正常合理地存在可以进行大额钱款赠取的关系。反而，终审判决书表明，李益民参与决策同意将“王老吉”商标许可给被申请人，被申请人因此取得了该商标的使用权，期间，李益民先后三次收取陈鸿道贿送的港币300万元。李益民非法收受他人财物，为他人谋取利益。终审判决书的上述认定已经将陈鸿道贿送、李益民受贿与补充协议的订立内在地联系起来。至此，仲裁庭已经可以进行合理的判断，得出相应结论。但是为了更加明确陈鸿道向李益民贿送300万元港币的目的，仲裁庭进一步考虑了申请人提交的其他证据。申请人提交了广州市人民检察院询问犯罪嫌疑人笔录、“广州市人民检察院立案决定书”、广州市人民检察院“关于原广州医药集团总经理李益民涉嫌受贿及陈鸿道涉嫌行贿的情况说明”等项证据。庭审过程中，仲裁庭听取了被申请人对以上证据的质证意见，考虑了庭后被申请人提交的对上述证据的意见。仲裁庭经证据审核后认为上述证据真实，符合法律规定，与本案有关联，仲裁庭可以综合终审判决书和与终审判 决书有关且相互印证的上述证据，对有关事实做出独立判断。仲裁庭查明，李益民在回答检察院工作人员讯问时承认，陈鸿道送钱是“因为我是广州医药集团副董事长、总经理，主持集团行政全面工作以及对集团重大问题的处理等工作。陈鸿道是为了感谢我对他工作的支持和帮助，出于对鸿道公司能继续特许使用‘王老吉’商标的感激之情，同时也希望我往后继续对他公司给予关心和支持。”李益民还承认，“如果没有广药集团特许鸿道公司使用‘王老吉’商标的前提和陈鸿道存在希望今后继续与我保持良好关系以求在合作中获取更大的利益的目的，那么这种送钱都是不可能发生的。”针对检察院工作人员的讯问，陈鸿道承认“我有向李益民等有关领导提出过要求延长‘王老吉’的商标使用期限。”在回答与李益民有何经济往来的讯问时，陈鸿道承认“李益民叫我给他300万元港币”。仲裁庭进而还注意到，广州市人民检察院于2011年12月12日做出的“关于原广州医药集团总经理李益民涉嫌受贿及陈鸿道涉嫌行贿的情况说明”中表明，“陈鸿道供认其为了延长‘王老吉’商标的使用权，贿送了港币300万元给李益民”。

第四，现有证据可以证明，李益民利用职位之便为被申请人谋取利益。终审判决在“本院认为”中明确表明：李益民身为国家工作人员，利用职务便利，非法收受他人财物，“为他人谋取利益”。判决书所指明的李益民“为他人谋取利益”，实际就是李益民为陈鸿道以及该受贿案件涉及的其他五名贿送人“谋取利益”。仲裁庭注意到，被申请人提出终审判决书确认李益民受贿动机是为女儿治病，并非为他人谋取利益。对此意见仲裁庭不予以支持。被申请人的依据是终审判决书第16页最后一段的内容。对此仲裁庭认为，判决书此处整整一个自然段的内容都具有针对性，针对的内容是上诉人李益民提出的“本案不存在情节特别严重，请求从轻处罚”的上诉意见。终审判决书没有否定一审认定的李益民收取他人财物，“为他人谋取利益”的结论，而且在终审判决书的“本院认为”中，又重申了李益民收取他人财物，“为他人谋取利益”的结论，与一审“本院认为”相比较，仅是少了“情节特别严重”的表述。仲裁庭还认为，受贿原因多种多样，但皆为一己之私。虽然受贿为女儿治病与例如受贿为了挥霍等用途不同，但是其本质都是属于为了“私利”。为了“私利”收受他人财物，利用职务之便为他人谋取利益，正是李益民受贿案件的实质。被申请人以李益民“为女儿治病”的动机来否定李益民“为他人谋取利益”不能成立。

第五，李益民为陈鸿道担任董事长的被申请人谋取的利益是补充协议的订立。终审判决书认定，2000年至2003年李益民参与决策同意将上述商标许可给被申请人使用，被申请人“因此”取得了该商标的使用权。根据终审判决上述认定，仲裁庭认为李益民、陈鸿道之间的受贿和贿送行为与补充协议的订立具有明确的关联性。终审判决书所指明的被申请人“因此”取得了商标使用权实际上表明了其中的“因果”关系。补充协议签订于2002年11月和2003年6月，而李益民第一次受贿时间是2001年8月，第二次受贿时间是2002年8月，第三次受贿时间是2003年6月，没有证据表明李益民在此期间为被申请人谋取了除补充协议利益之外的其他利益。李益民为被申请人所谋取的、被申请人据此获得的利益，就是补充协议订立的利益。关于李益民在订立补充协议中的作用，仲裁庭注意到李益民在讯问中承认，“我是集团的副董事长、总经理，在审批中起主要作用”。关于补充协议的谈判负责人、谈判过程和方式，仲裁庭注意到与第一个十年期的原许可合同相比，补充协议（延长了第二个十年期）有明显不同。根据李益民的承认，第一个十年期许可合同的谈判负责人是夏泽民副总经理，项志行部长参加与对方张秋田等人具体谈判，每年的基数按物价指数上浮，具体意见交专责组研究，搞好测算结果，召开专题会议确定。而第二个十年期合同（补充协议）只是由李益民向董事长汇报，董事长同意后由李益民安排项志行、周跃进参加研究。虽然被申请人提出终审判决书的相应内容力图证明补充协议的谈判和签订过程正常，但是所提出的终审判决书的相应内容实际上认定了补充协议的内容是李益民指派项志行、周跃进测算并由李益民同意，由法定代表人蔡志祥签署。这一点与李益民接受讯问的笔录内容一致。虽然被申请人提到终审判决书中有关于夏泽民牵头成立专责组的证言，但是结合李益民的讯问笔录可知，夏泽民参加的专责组工作是第一个十年期合同的专责组。被申请人没有提出其他证据以证明补充协议的谈判订立过程。据此仲裁庭认定，补充协议的订立没有与对方谈判的过程，没有对方人员参加，没有“专责组”参与，没有“专题会议”确定过程。仲裁庭认为以上不但印证了李益民为陈鸿道担任董事长的被申请人谋取的利益是补充协议的订立，还印证了其在合同订立中的主要作用，印证了终审判决书所认定的李益民在为他人谋取利益时是“利用其职位上的便利”实施的。

第六，补充协议的订立既损害申请人的利益，也损害国家利益。申请人提出，补充协议签订之前未按程序和商业惯例进行费率测算评估；补充协议约定的许可费明显低于原合同标准和商业惯例标准，许可费20年中平均年增长率只有0.93%，低于原协议的增长率，也低于申请人的子公司使用“王老吉”商标所支付的销售收入2.1%的水平；补充协议的签订损害了申请人在原合同中享有的权利，按原合同关于10年期满后“在同等条件下可以有优先续约权”的规定，期满后“王老吉”商标会在一个公开公平的竞争市场寻求适格合作者，而这个提前签订的协议使申请人丧失了可以通过公平竞争取得权益的权利。仲裁庭同意申请人提出的上述理由，补充协议的订立未见有谈判过程的证据，补充协议约定的许可费明显低于商业惯例，补充协议约定的许可费20年平均年增长率低于原合同年增长率，许可费标准低于申请人自己子公司使用“王老吉”商标的许可费标准，补充协议的签订使申请人失去原合同中享有的10年期满可在竞争市场寻求更有利合作者的机会，以上皆为事实。此外，在本案中申请人还提出了“2000年协议及2002年补充协议中约定的许可费情况”表格，被申请人对该“许可费情况”所示的数据本身没有提出异议。仲裁庭查明，按照该“许可费情况”所示数据，“2000年协议”（原合同）约定的十年期中有两个年度许可费有增长，分别为第三年增长5%、第七年增长4%。“2002年补充协议”规定的第二个十年期中分别有两个年度许可费有所增长，分别为第四年增长3%、第八年增长3%。第一个十年期许可费总体增长了9.2%，而补充协议规定的第二个十年期许可费总体增长了6.1%。另外，补充协议约定的20年许可费平均年增长率为0.93%，低于原合同平均年增长率。根据以上数据可知，与原合同规定的许可费条件相比，补充协议做出了对申请人不利的调整。而仲裁庭通过被申请人自己提交的反映被申请人使用“王老吉”商标历史的《商标使用许可合同补充协议》（1995年合同）和《商标许可使用合同》（1997年合同）可知，自1995年起至补充协议订立，被申请人与“王老吉”商标权人之间关于罐装王老吉商标许可使用事宜有过三次许可合同的订立，即“1995年合同”“1997年合同”“2000年协议”。“1995年合同”对罐装王老吉的商标使用费进行约定之后，“1997年合同”和“2000年协议’都分别在上一合同没有履行期满前双方就又约定用新的商标许可使用费标准变更原合同商标许可费标准，每次变更都是大幅度向上调整。“1995年合同”履行到1997年时许可费标准应当是人民币10万元，但是“1997年合同”将1997年的许可费变更为人民币200万元，向上调整19倍。“1997年合同”履行到2000年时许可费应当是人民币250万元，但是“2000年协议”将2000年的许可费变更为人民币450万元，向上调整80%。以上反映出“王老吉”商标许可人和被许可人的合作在快速增强，“王老吉”商标的产品市场不断扩大，双方不断通过及时谈判，达成新合同，替代老合同，提高商标许可费条件，寻求利益平衡的共赢局面。而补充协议的订立却不是这种情况的延续。仲裁庭通过被申请人自己的表述得知，“2000年协议”签订后到补充协议订立之时，被申请人的红罐王老吉凉茶销售额正在快速增长，一年几乎增长十倍（被申请人承认“1996年至2000年，红罐王老吉凉茶的年销售额一直没有突破1000万元，直到2001年红罐王老吉凉茶一年的销售额才达到9 730万元人民币。”“2000年红罐王老吉凉茶的年销售额仅为不到1000元，2001年红罐王老吉凉茶一年的销售额不足1亿元人民币。”）李益民和陈鸿道都是本行业大型公司的领导人，对本公司和对方公司以及对市场信息的掌握和对如何经营的判断均应有较为丰富的经验。在“2000年协议”刚刚履行不过两年多时间，而且在此两年多时间内红罐王老吉凉茶销售额正在快速增长的情况下，在“2000年协议”远没有到期的情况下，以对申请人不利的条件和明显不同于以前费用调整的方式来确定远未到来的下一个十年期的许可费标准，这不得不让仲裁庭产生是否存在正常商业活动之外因素影响的质疑，产生是否存在为一方谋取利益而损害了另一方利益的质疑。仲裁庭认为，只能将这一情况和李益民受贿事实及陈鸿道贿送事实与补充协议的订立之间的关联性综合起来进行分析，才可以得到合理的解释。仲裁庭认为，陈鸿道贿送钱款的目的是为了低价延长“王老吉”商标的使用权，并尽快将这一目的形成合同结果，李益民为“私利”收取贿款，在订立补充协议中利用职务之便为被申请人谋取上述利益，使被申请人因此如愿得到其所期望的条件下延长许可期限的合同。李益民、陈鸿道明知补充协议的订立会损害申请人的利益，为被申请人带来不正当利益，但是为了谋取各自的不正当利益而订立了补充协议，其结果必将为申请人带来利益损失。申请人主张，被申请人2010年的销售额已经达到人民币150亿元，被申请人基于商业秘密的理由一直未有披露其实际销售额，仲裁庭虽然无法确认被申请人2010年的实际销售额，但是补充协议如果得以履行至2020年，申请人将承受利益损失这一点是确定的。关于被申请人所提出的“国有企业的利益不等于国家利益”的主张，仲裁庭认为，申请人是国有独资性质，由于其所有者权益统归国家所享有，所以申请人的利益损失一定会导致国家利益的损失，这是明显的事实。其次，在正常商业活动中，国有企业与其他性质的企业一样，应当自行承担商业风险和可能的经营损失，但是在本案中的情况并非正常的商业活动，身为“国家工作人员”的国企负责人与他人为了各自不正当利益，通过受贿和贿送等非法手段损害国企利益，从而损害国家应有的收益，法律应当严厉禁止。

综合以上分析，仲裁庭认为，申请人公司的原副董事长、总经理李益民与被申请人公司董事长陈鸿道之间三次受贿和贿送共计300万元港币的事实已经法院判决认定，受贿和贿送的时间与补充协议订立的时间契合，陈鸿道向李益民贿送300万港币的目的是补充协议的订立，李益民利用职位之便为陈鸿道担任董事长的被申请人谋取利益，李益民为被申请人谋取的利益是补充协议的订立，补充协议的订立既损害由李益民担任副董事长和总经理的申请人的利益，也损害国家利益。根据以上分析，仲裁庭认为，补充协议的订立属于《中华人民共和国合同法》第五十二条第（二）项所规定的“恶意串通，损害国家、集体或者第三人利益”的情形，补充协议应当被认定为无效。

仲裁庭注意到被申请人主张，即使当事人利益失衡也属于重大误解或者显失公平，而重大误解和显失公平受到除斥期间的约束，补充协议已经远远超过一年的除斥期间。仲裁庭不支持被申请人此项主张。补充协议的订立属于《中华人民共和国合同法》第五十二条第（二）项所规定的情形，不属于第五十四条规定的效力待定的合同，不适用被申请人所主张的除斥期间的约束。

仲裁庭注意到被申请人关于本案超过诉讼时效的主张和申请人持续履行并确认了补充协议因而不得反悔的主张。仲裁庭不支持被申请人的此项主张。无效合同具有违法性，违法行为不受法律保护，不能因为时间因素或者任何形式的履行行为使自始无效的合同成为合法有效的合同。此外，仲裁时效适用的标的限于实体法上的请求权，而主张合同无效或确认无效的权力并非为实体法上的请求权，不能适用时效的规定。

（四）关于申请人的仲裁请求

（1）申请人在仲裁请求1中请求仲裁庭裁决申请人与被申请人鸿道（集团）有限公司签订的《“王老吉”商标许可补充协议》和《关于“王老吉”商标使用许可合同的补充协议》无效。基于以上分析，仲裁庭支持申请人的此项仲裁请求。

（2）申请人在仲裁请求2中请求仲裁庭裁决被申请人停止使用“王老吉”商标。仲裁庭认为，申请人与被申请人签订的《商标许可协议》所约定的十年使用期限已经期满，补充协议被认定无效后，被申请人作为“王老吉”商标使用权的被许可人，《商标许可协议》期满后便不再具有使用该商标的法律依据，依法应当停止使用。仲裁庭支持申请人的此项仲裁请求。

（3）申请人在仲裁请求3中请求仲裁庭裁决被申请人承担本案仲裁费。仲裁庭认为补充协议被认定无效的原因不能仅归于被申请人，因此本案仲裁费应当由双方各承担 50%。

三、裁决

仲裁庭对本案做出裁决如下：

（一）《“王老吉”商标许可补充协议》和《关于“王老吉”商标使用许可合同的补充协议》无效。

（二）被申请人停止使用“王老吉”商标。

（三）本案仲裁费为人民币928 517元，由申请人负担50%，即人民币464 258.5元，被申请人负担50%，即人民币464 258.5元。鉴于本案仲裁费已由申请人全额预缴，被申请人应向申请人支付人民币464 258.5元以补偿申请人代其垫付的仲裁费。申请人所预缴的仲裁员实际费用人民币8 000元，由于并未实际支出，将由仲裁委员会全额退回。

以上被申请人应向申请人支付的款项，被申请人应于本裁决做出之日起30天内支付完毕。

本裁决为终局裁决，自做出之日起生效。

首席仲裁员：

仲裁员：

二〇一二年五月九日于北京

【附件5：北京市第一中级人民法院民事裁定书】

（2012）一中民特字第7160号

申请人（仲裁被申请人）鸿道（集团）有限公司，住所地香港特别行政区中环皇后大道中183号新纪元广场中远大厦38层3806—3810。

法定代表人陈鸿道，董事长。

委托代理人于洁，北京市长安律师事务所律师。

委托代理人宫煜，北京市长安律师事务所律师。

被申请人（仲裁申请人）广州医药集团有限公司，住所地广东省广州市荔湾区沙面北街45号。

法定代表人杨荣明，董事长。

委托代理人倪依东，男，1971年4月16日出生，汉族，广州医药集团有限公司员工，住广东省广州市荔湾区桨栏路33号5楼。

委托代理人杨铭，北京市竞天公诚律师事务所律师。

申请人鸿道（集团）有限公司（以下简称鸿道公司）申请撤销中国国际经济贸易仲裁委员会（以下简称仲裁委员会）于2012年5月9日做出的（2012）中国贸仲京裁字第0240号仲裁裁决（以下简称仲裁裁决）一案，本院于2012年5月17日受理后，依法组成由法官李春华担任审判长，法官邹明宇、法官范术伟参加的合议庭审理了本案。现已审理终结。

申请人鸿道公司申请称：依据《中华人民共和国仲裁法》（以下简称《仲裁法》）第七十条、《中华人民共和国民事诉讼法》（以下简称《民事诉讼法》）第二百五十八条第一款第（三）项、第二款的规定，请求法院依法撤销仲裁裁决。具体事实与理由如下：

一、仲裁庭的仲裁程序与仲裁规则不符，依据《民事诉讼法》第二百五十八条第一款第（三）项的规定，应当裁定撤销仲裁裁决。

（一）仲裁庭没有给鸿道公司陈述和辩论的合理机会，违反了《中国国际经济贸易仲裁委员会仲裁规则》（2005年版）（以下简称《仲裁规则》）第二十九条第（一）项的规定。

1. 鸿道公司向仲裁庭提交了大量的证据和材料，特别是关于国有企业利益与国家利益之关系的法院判例、司法解释、代理意见等，但仲裁裁决对此未有任何体现，说明仲裁庭完全忽略了鸿道公司的相关陈述意见。

2. 仲裁庭在开庭时没有给鸿道公司机会，对其所提供的证据充分发表说明意见。

3. 仲裁庭将鸿道公司的辩论、发表意见时间限定为15分钟，实际上剥夺了鸿道公司陈述案情的机会，既不合法也不合理。

4. 鸿道公司于2012年2月13日提交对广州医药集团有限公司（以下简称广州医药公司）综述意见的反驳意见、对广州医药公司证据的补充质证意见、对广州医药公司《公函》的反驳，却被仲裁庭退回，经鸿道公司书面异议后，仲裁庭同意接收上述庭后代理意见。

5. 鸿道公司向仲裁庭请求对广州医药公司提交的部分证据进行调查和核实，然而，仲裁庭没有接受鸿道公司的申请，并主要依据广州医药公司提交的证据认定案件事实；此外，广州市人民检察院于2012年6月19日出具《答复信访人通知书》，明确对陈鸿道案件终止侦查，说明本案不存在谋取不正当利益的基础，不存在损害第三人利益的情形，因此，仲裁庭认定的证据存在瑕疵，仲裁庭应用证据规则、证据采信错误。

（二）仲裁庭未让鸿道公司对仲裁裁决第14页至第15页中的许可费情况表发表质证意见，违反了《仲裁规则》第三十九条第（二）项的规定。

（三）仲裁员没有向双方当事人发问任何问题，说明审理方式不是询问式审理，仲裁员也未允许双方当事人相互提问，对辩论的时间和轮次做出苛刻要求，也绝非辩论式审理，因此，仲裁庭的审理方式违反了《仲裁规则》第二十九条第（三）项的规定。

（四）仲裁庭剥夺了鸿道公司的最后陈述权，虽然《仲裁规则》没有规定最后陈述权，但违反了《仲裁法》第四十七条的规定。

（五）仲裁员朱征夫于开庭前两天告知秘书局，因其在昆明中院有重要业务，其在开庭当天下午下班前必须赶到昆明中院，希望尽早结束庭审，导致仲裁庭没有充分的时间听取双方发表意见，损害了鸿道公司合理辩论和陈述的权利，违反了《仲裁员守则》第七条的规定，进而违反了《仲裁规则》。

二、仲裁裁决违背社会公共利益，依据《民事诉讼法》第二百五十八条第二款的规定，应当裁定撤销仲裁裁决。仲裁庭将国有企业利益混同为国家利益，并依据《中华人民共和国合同法》（以下简称《合同法》）第五十二条裁定合同无效，这显然会冲击现有的法律体系，特别是有关国有独资公司、国有企业的法律地位，违背了现行的法律制度。我国的立法规定、司法实践以及法学理论都不支持将国有企业利益等同于国家利益，因此，仲裁裁决的上述认定违背了社会公共利益，依法应当予以撤销。

三、仲裁裁决的内容违反了《合同法》的基本原则，存在严重错误。（一）仅因一方当事人主管人员在订立合同时存在受贿行为进而认定整个合同无效，不符合《合同珐》的基本原则。（二）仲裁庭依据《合同法》第五十二条第（二）项确认补充协议无效，是对《合同法》该条款的误读。（三）仲裁庭认定的事实与生效刑事判决认定的事实相悖。（四）仲裁庭认定补充协议确定的许可使用费低于商业惯例标准违背基本事实。

被申请人广州医药公司答辩称：

一、鸿道公司申请撤销仲裁裁决的理由均不能成立。本案仲裁属涉外仲裁，仲裁庭依据《仲裁规则》审理案件，组织广州医药公司和鸿道公司对证据进行了充分的质证，听取了双方对于案件事实和法律观点所发表的辩论意见，并征询了双方最后陈述意见，接收了鸿道公司提交的庭后代理意见，在程序上并无错误，不存在鸿道公司所谓“剥夺”其质证权利、辩论权利和最后陈述权利的情况，也不存在鸿道公司所谓仲裁裁决所依据的证据未经质证的情况。

二、仲裁庭在开庭过程中就审理方式、辩论时间、意见陈述等问题均向双方当事人进行了提示和说明，并征求了双方当事人的意见，双方当事人也未提出过任何异议，因此，鸿道公司提出仲裁程序违法不成立。

三、仲裁员朱征夫并未因个人出差原因影响仲裁程序。依据《仲裁规则》第二十九条第（一）项的规定，仲裁庭可以按照其认为适当的方式审理案件，仲裁庭组织的庭审是在上午完成的，庭审完成了事实调查、证据质证、辩论陈述等所有程序，完全符合仲裁规则。

四、广州市人民检察院已明确对陈鸿道案件系中止侦查，目前仍在依法追捕陈鸿道。鸿道公司认为仲裁裁决以陈鸿道构成行贿罪为基础，但仲裁裁决的表述是贿送行为，因此，陈鸿道是否被法院判决承担刑事责任，并不影响仲裁裁决的结论，鸿道公司提出的所谓新证据不能成立，也不属于本案申请撤销仲裁裁决程序可以得到认可的证据。

五、鸿道公司在本案申请书中援引的《民事诉讼法》第二百五十八条第二款的规定，并非撤销仲裁裁决的法律依据。此外，本案仲裁裁决也不涉及社会公共利益问题。

六、鸿道公司在仲裁过程中屡次以各种理由拖延裁决期限，致使仲裁裁决不得不延期做出，故请求法院在法定期限内尽快做出裁定，驳回鸿道公司撤销仲裁裁决的申请。

经审查，本院认为：本案申请人（仲裁程序中的被申请人）鸿道公司系在香港注册成立的公司，仲裁裁决系仲裁委员会按涉外仲裁程序审理做出的涉外裁决。关于涉外仲裁裁决，《仲裁法》第七十条规定："当事人提出证据证明涉外仲裁裁决有《民事诉讼法》第二百六十条（该法2007年修正后的第二百五十八条）第一款规定的情形之一的，经人民法院组成合议庭审查核实，裁定撤销。"《民事诉讼法》（2007年修正）第二百五十八条规定："对中华人民共和国涉外仲裁机构做出的裁决，被申请人提出证据证明仲裁裁决有下列情形之一的，经人民法院组成合议庭审查核实，裁定不予执行：（一）当事人在合同中没有订有仲裁条款或者事后没有达成书面仲裁协议的；（二）被申请人没有得到指定仲裁员或者进行仲裁程序的通知，或者由于其他不属于被申请人负责的原因未能陈述意见的；（三）仲裁庭的组成或者仲裁的程序与仲裁规则不符的；（四）裁决的事项不属于仲裁协议的范围或者仲裁机构无权仲裁的。人民法院认定执行该裁决违背社会公共利益的，裁定不予执行。"上述规定是人民法院撤销涉外仲裁裁决的法定事由。

本案鸿道公司提出的撤销仲裁裁决的理由主要有三点：一是仲裁庭的仲裁程序与仲裁规则不符，鸿道公司认为仲裁庭的仲裁程序有五个方面与仲裁规则不符；二是仲裁裁决违背社会公共利益；三是仲裁裁决的内容违反了《合同法》的基本原则。针对鸿道公司提出的上述撤销仲裁裁决理由，本院认定如下：

一、关于鸿道公司提出的仲裁庭的仲裁程序与仲裁规则不符的申请撤销仲裁裁决理由。

本院认为，涉案仲裁程序适用自2005年5月1日起施行的《仲裁规则》，根据上述法律的规定，法院对有关仲裁程序仅审查其与《仲裁规则》是否相符。

（一）关于鸿道公司提出的仲裁庭没有给鸿道公司陈述和辩论的合理机会的问题。经审查，《仲裁规则》第二十九条第（一）项规定："除非当事人另有约定，仲裁庭可以按照其认为适当的方式审理案件。在任何情形下，仲裁庭均应公平和公正地行事，给予各方当事人陈述与辩论的合理机会。”

1. 鸿道公司称其关于国有企业利益与国家利益之关系的意见，在仲裁裁决中未有任何体现，表明仲裁庭完全忽略了鸿道公司的相关陈述意见。经审查，仲裁裁决在“被申请人关于本案的代理意见概要”中，载明鸿道公司关于国有企业利益与国家利益之关系的主要意见，故鸿道公司的该项理由与事实不符，本院不予采信。

2. 鸿道公司称仲裁庭没有给鸿道公司机会对其所提供的证据充分发表说明意见。根据仲裁委员会庭审笔录记载，鉴于“双方都提交了比较好的证据归纳，有清楚编号，有证明目的的说明”，仲裁庭提出无需重念一遍证据目录，直接对对方的证据发表质证意见，如需补充，可在辩论环节进行。双方当事人对仲裁庭的上述安排均未提出异议，且鸿道公司向仲裁庭提供的证据目录已载明证据名称、证明目的，故鸿道公司的该项理由不能成立，本院不予采信。

3. 鸿道公司称仲裁庭将鸿道公司的辩论、发表意见时间限定为15分钟，实际上剥夺了鸿道公司陈述案情的机会，既不合法也不合理。经审查，在仲裁程序的最后阶段，仲裁庭提出双方当事人可以提交书面代理意见，并征求了双方当事人的意见，双方当事人均未提出异议，鸿道公司也提交了庭后代理意见，且仲裁庭给双方当事人辩论及发表意见的时间是对等的，故鸿道公司的该项理由依据不足，本院不予采信。

4. 鸿道公司称其于2012年2月13日提交的意见是在提出书面异议后，仲裁庭才同意接收的。本院认为，仲裁庭已经接收了鸿道公司于2012年2月13 日提交的意见，该项理由不能说明仲裁庭未给予鸿道公司发表意见的合理机会，故鸿道公司的该项理由，本院不予采信。

5. 鸿道公司称仲裁庭认定的证据存在瑕疵，仲裁庭应用证据规则、证据采信错误。本院认为，根据《仲裁规则》第三十七条的规定，仲裁庭在其权限范围内，有权自行决定是否准许鸿道公司调查取证的申请。另，仲裁庭对证据采信属于案件实体处理范畴，且根据《民事诉讼法》第二百五十八条的规定，有关证据问题不属于对涉外仲裁裁决予以撤销的法定事由范畴，故鸿道公司的该项理由，本院不予采信。

综上，鸿道公司提出的仲裁庭没有给其陈述和辩论的合理机会的撤销仲裁裁决理由不能成立，本院不予采信。

（二）关于鸿道公司提出的其未对仲裁裁决第14页至第15页中的许可费情况表发表质证意见的问题。经审查，仲裁裁决第14页至第15页中的许可费情况表不是广州医药公司提交的证据，而是广州医药公司用于论证其观点的意见陈述，因此，对许可费情况表不存在发表质证意见的问题，故鸿道公司的该项理由不能成立，本院不予采信。

（三）关于鸿道公司提出的仲裁庭的审理方式违反了《仲裁规则》第二十九条第（三）项的规定的问题。经审查，《仲裁规则》第二十九条第（三）项规定："除非当事人另有约定，仲裁庭可以根据案件的具体情况采用询问式或辩论式审理案件。"鸿道公司与广州医药公司未对仲裁庭的审理方式做出约定，在仲裁庭审中，首席仲裁员对双方进行了询问，给予了双方发表辩论的机会，且《仲裁规则》并未规定仲裁庭在庭审中必须允许双方当事人进行相互提问，故鸿道公司的该项理由没有事实及法律依据，本院不予采信。

（四）关于鸿道公司提出的仲裁庭剥夺了鸿道公司的最后陈述权的问题。本院认为，《仲裁规则》并未规定最后陈述权，且仲裁庭允许鸿道公司提交庭后代理意见，并实际接收了鸿道公司提交的庭后代理意见，故鸿道公司的该项理由于法无据，本院不予采信。

（五）关于鸿道公司提出的仲裁员朱征夫违反了《仲裁员守则》第七条规定的问题。《仲裁员守则》第七条规定："仲裁员接受指定后，应当保证开庭审理和合议的时间，不得因其他事情影响案件的审理，遇有特殊情况应提前商秘书处。"在本院询问过程中，鸿道公司认可，仲裁开庭前其已收到仲裁委员会秘书局关于仲裁员朱征夫特殊情况的通知，仲裁委员会秘书局已就此向其征询了意见，鸿道公司对此并未提出异议。经审查，仲裁员朱征夫于仲裁开庭当天已到庭，并参加了整个庭审，鸿道公司未能证明仲裁员朱征夫存在违反《仲裁员守则》第七条及《仲裁规则》的情形，故鸿道公司的该项理由不能成立，本院不予采信。

综上，鸿道公司提出的仲裁庭的仲裁程序与仲裁规则不符的申请撤销仲裁裁决理由不能成立，本院不予采信。

二、关于鸿道公司提出的仲裁裁决违背社会公共利益，依据《民事诉讼法》第二百五十八条第二款的规定，应当裁定撤销的申请撤销仲裁裁决理由。

本院认为，《民事诉讼法》第二百五十八条第二款所指的社会公共利益应属于社会全体成员的利益，通常是指违背我国法律的基本制度与准则、违背社会和经济生活的基本原则等，进而侵害的是社会的公序良俗。本案仲裁裁决涉及的是鸿道公司与广州医药公司两个法人之间的合同纠纷，鸿道公司提出的仲裁裁决将国有企业利益混同为国家利益，并依据《合同法》第五十二条第（二）项裁定合同无效违背了社会公共利益的理由，实际上是对仲裁案件认定事实和法律适用提出的质疑，鸿道公司依此项理由申请人民法院撤销涉外仲裁裁决，依据不足，本院对此不予采信。

三、关于鸿道公司提出的仲裁裁决内容违反了《合同法》的基本原则，存在严重错误的申请撤销仲裁裁决理由。

本院认为，鸿道公司提出的该项撤销仲裁裁决理由，实质上是对仲裁裁决的实体问题提出异议，超出了法院审查的范围。根据《最高人民法院关于适用〈中华人民共和国仲裁法〉若干问题的解释》第十七条的规定，当事人以不属于《民事诉讼法》第二百六十条（该法2007年修正后的第二百五十八条）规定的事由申请撤销仲裁裁决的，人民法院不予支持。据此，鸿道公司的该项申请理由不能成立，本院不予采信。

综上，鸿道公司申请撤销仲裁裁决的理由均不成立，对其申请撤销仲裁裁决的请求，本院不予支持。依据《中华人民共和国仲裁法》第六十条之规定，裁定如下：

驳回鸿道（集团）有限公司提出的撤销中国国际经济贸易仲裁委员会做出的（2012）中国贸仲京裁字第0240号仲裁裁决的申请。

案件受理费四百元，由鸿道（集团）有限公司负担（已交纳）。

本裁定为终审裁定。

审判长：李春华

代理审判员：邹明宇

代理审判员：范术伟

二〇一二年七月十三日

【附件6：广东省广州市中级人民法院民事裁定书】

（2012）穗中法知民初字第263号

申请人：广州医药集团有限公司；住所地：广东省广州市荔湾区沙面北街45号。

法定代表人：杨荣明。

委托代理人：黄娟，广东文迪律师事务所律师。

委托代理人：高劲松，广东文迪律师事务所律师。

被申请人：广东加多宝饮料食品有限公司；住所地：广东省东莞市长安镇长青北路。

法定代表人：张树容。

委托代理人：姚岚，北京市大成律师事务所律师。

被申请人：彭碧娟（广州市南沙区民丰百货商店经营者），女，1965年6月13日出生，汉族；住所地：广东省广州市天河区员村四横路4号大院7号303房；经营地址：广东省广州市南沙区南沙街板头市场51号铺。

委托代理人：邓勇，广东敬海律师事务所律师。

委托代理人：潘立冬，广东敬海（深圳）律师事务所律师。

申请人广州医药集团有限公司于2012年12月27日向本院提出诉中停止禁令申请，认为为免其合法权益遭受难以弥补的损害，请求本院实施以下禁令：1. 立即禁止被申请人广东加多宝饮料食品有限公司在其广告宣传及产品包装上使用“王老吉改名为加多宝”或与之意思相同、相近似的广告语的不正当竞争行为；2. 立即禁止被申请人广东加多宝饮料食品有限公司、彭碧娟在其广告宣传及产品包装上使用“全国销量领先的红罐凉茶改名为加多宝”或与之意思相同、相近似的广告语的不正当竞争行为；3. 立即禁止被申请人广东加多宝饮料食品有限公司在其广告宣传及其生产、销售的凉茶产品上使用“国家级非物质文化遗产代表作”或与之意思相同、相近似的语句的不正当竞争行为。申请人为此向本院提供了价值50 055元的财产作为担保。

初步证据显示：1. 申请人是第626115、3980709、9095940号“王老吉”商标注册人，该商标核定使用商品为第32类（包括无酒精饮料、固体饮料等商品）。2. 市场上出现了“王老吉改名为加多宝”或类似内容的广告横幅等。3. 被申请人广东加多宝饮料食品有限公司实施了使用“全国销量领先的红罐凉茶改名为加多宝”广告语进行宣传的行为。4. 在被申请人彭碧娟的经营场所内，摆放了“全国销量领先的红罐凉茶改名加多宝”的纸质广告牌。5. 目前无证据显示名为“王老吉”的凉茶饮料已更名。6. 申请人作为原告，以两被申请人为被告提起本案诉讼，其诉讼请求中并未包括关于被申请人广东加多宝饮料食品有限公司使用“国家级非物质文化遗产代表作”相关广告语的行为构成侵权的指控。

本院认为，一、关于申请人申请禁止被申请人广东加多宝饮料食品有限公司使用“王老吉改名为加多宝”或与之意思相同、相近似广告语的请求。首先，被申请人广东加多宝饮料食品有限公司是“加多宝”凉茶饮料的生产企业，其虽未承认实施了使用“王老吉改名为加多宝”或类似内容进行广告宣传的行为，但由于上述广告的受益人唯一指向该被申请人，故本院初步认定该被申请人是上述广告的投放者，实施了使用“王老吉改名为加多宝”或类似内容广告语进行宣传的行为。其次，目前无证据显示名为“王老吉”的凉茶饮料已更名。由此，申请人作为“王老吉”商标的权利人，认为被申请人广东加多宝饮料食品有限公司使用“王老吉改名为加多宝”或类似内容进行广告宣传属虚假宣传、误导消费者的行为，构成不正当竞争，请求法院予以禁止有事实依据。

二、关于申请人申请禁止两被申请人使用“全国销量领先的红罐凉茶改名加多宝”或与之意思相同、相近似广告语的请求。首先，被申请人广东加多宝饮料食品有限公司自认使用了上述广告语。被申请人彭碧娟对该事实虽未予承认，但由于其经营场所内摆放了“全国销量领先的红罐凉茶改名加多宝”的广告牌，故本院认定被申请人彭碧娟亦实施了使用上述广告语的宣传行为。其次，名为“加多宝”的凉茶饮料是被申请人广东加多宝饮料食品有限公司近年生产并新投放至市场的产品，不存在“加多宝”凉茶饮料从其他某种名称的凉茶饮料“改名”而来之事实基础。且在名为“加多宝”的凉茶饮料投放到市场之前，红色罐身、名为“王老吉”凉茶饮料的销量多年来领先于国内其他品牌的凉茶饮料。再结合该饮料产品持续多年在国内进行大范围广告宣传之事实，可以认为：言及“全国销量领先的红罐凉茶”，普通消费者会自然联想到红色罐身名为“王老吉”的凉茶饮料。故两被申请人现使用“全国销量领先的红罐凉茶改名加多宝”的广告语确会在客观上产生使普通消费者误以为“王老吉”与“加步宝”为同一款凉茶饮料或“王老吉”已改名为“加多宝”，对两者的来源产生混淆之极大可能性。故申请人认为两被申请人使用“全国销量领先的红罐凉茶改名加多宝”或类似内容进行广告宣传的行为属虚假宣传、误导消费者的行为，构成不正当竞争，请求法院予以禁止有事实依据。

三、关于申请人申请禁止被申请人广东加多宝饮料食品有限公司使用“国家级非物质文化遗产代表作”或与之意思相同、相近似广告语的请求。由于申请人在本案中并未提出被申请人使用该类似广告语的行为构成侵权的指控，申请人该项禁令请求超出其诉讼请求的范围，申请人该项请求没有事实和法律依据，本院不予支持。

此外，因申请人起诉时仅指控了两被申请人以广告宣传的方式使用前述广告语构成侵权，故本院仅对在其诉请范围内的事项依法做出禁令。

综上所述，两被申请人实施了虚假宣传、误导消费者的行为。为避免该正在实施的虚假宣传行为对“王老吉”商标权人，同为生产、经营凉茶饮料的申请人的合法权益造成难以弥补的损害，有必要禁止两被申请人实施上述虚假宣传行为，申请人的部分禁令请求有事实和法律依据，依法应予支持。依照最高人民法院《关于贯彻执行〈中华人民共和国民法通则〉若干问题的意见（试行）》第一百六十二条、《中华人民共和国民事诉讼法》第一百条、第一百零八条、第一百五十四条第一款第（四）项的规定，裁定如下：

一、被申请人广东加多宝饮料食品有限公司立即停止使用“王老吉改名为加多宝”或与之意思相同、相近似的广告语进行广告宣传的行为；

二、被申请人广东加多宝饮料食品有限公司、彭碧娟立即停止使用“全国销量领先的红罐凉茶改名为加多宝”或与之意思相同、相近似的广告语进行广告宣传的行为；

三、驳回申请人广州医药集团有限公司的其他申请。

本裁定送达后立即执行。

如不服本裁定，可以向本院申请复议一次。复议期间不停止裁定的执行。

【附件7：重庆市第一中级人民法院民事判决书】

（2002）渝一中法民初字第00777号

原告：广东加多宝饮料食品有限公司，住所地广东省东莞市长安镇长青北路，组织机构代码70802025-0。

法定代表人：张树容，总经理。

委托代理人：刘平，北京市德君律师事务所律师。

委托代理人：沙京伟，北京市德君律师事务所律师助理。其代理权至2013年6月8日止。

委托代理人：姚欢庆，男，1971年10月14日出生，汉族，中国人民大学民商法律科学研究中心副教授，住北京市海淀区万柳星标家园7号楼2门901室。其代理权自2013年6月9日始。

被告：何燕，女，1985年8月31日出生，汉族，个体工商户，江北区川国轩餐饮店业主，住重庆市涪陵区南沱镇治坪村2组，公民身份号码500102198508318005。

委托代理人：唐耀君，广东明境律师事务所律师。其代理权至2013年5月31日止。

委托代理人：王刚，男，1983年9月15日出生，汉族，广州王老吉大健康产业有限公司销售主管，住四川省仁寿县彰加镇东街3号。其代理权至2013年5月31日止。

委托代理人：徐翔，重庆索通律师事务所律师。其代理权自2013年6月1日始至2013年6月3日止。

委托代理人：周玉蓉，重庆索通律师事务所律师。其代理权自2013年6月4日始至2013年6月19日止。

委托代理人：刘进然，重庆索通律师事务所律师。其代理权自2013年6月1日始。

委托代理人：张利，重庆索通律师事务所律师。其代理权自2013年6月20日始。

被告：广州王老吉大健康产业有限公司，住所地广东省广州市南沙区金岭北路93号498室，组织机构代码59151288-3。

法定代表人：吴长海，董事长。

委托代理人：唐耀君，广东明境律师事务所律师。其代理权至2013年5月31日止。

委托代理人：刘洪波，广东明境律师事务所律师。其代理权至2013年5月31日止。

委托代理人：刘进然，重庆索通律师事务所律师。其代理权自2013年6月1日始至2013年6月15日止。

委托代理人：张利，重庆索通律师事务所律师。其代理权自2013年6月1日始。

委托代理人：史玉生，北京金杜律师事务所律师。其代理权自2013年6月16日始。

原告广东加多宝饮料食品有限公司（以下简称加多宝公司）诉被告何燕、广州王老吉大健康产业有限公司（以下简称王老吉公司）不正当竞争纠纷一案，本院于2012年10月11日受理后，依法由审判员赵志强担任审判长，与审判员谭颖、代理审判员刘娟娟组成合议庭，共同负责案件审理。被告何燕、王老吉公司在提交答辩状期间提出管辖异议，本院经审查后于2013年2月6日裁定驳回二被告的管辖异议。二被告不服并提出上诉，重庆市高级人民法院于2013年4月18日裁定驳回上诉，维持原裁定。本院适用普通程序于2013年6月14日组织双方进行了证据交换，并于2013年6月17日公开开庭进行审理。原告加多宝公司的委托代理人员刘平、姚欢庆，被告何燕的委托代理人刘进然，被告王老吉公司的委托代理人史玉生、张利到庭参加诉讼。经本院院长批准，本案审限延长六个月。本案现已审理终结。

原告加多宝公司诉称：其是香港鸿道（集团）有限公司的全资子公司，常年在中国大陆生产和经营具备独家王氏后人配方的红色罐装凉茶饮料。原告生产经营的凉茶红色罐装标贴早在1997年就已获得外观设计专利。原告自1995年3月至2012年5月所生产经营的红色易拉罐凉茶产品上租用了“王老吉”商标，该商标在中国大陆的商标权现属于广州医药集团有限公司。2012年5月9日，中国国际贸易仲裁委员会做出裁决书，裁决原告母公司香港鸿道（集团）有限公司停止使用“王老吉”商标。此后，原告在保留原有凉茶配方、红罐包装和装潢不变的前提下，使用“加多宝”商标，继续生产经营原有红罐凉茶产品。多年以来，原告获得香港鸿道（集团）有限公司许可，利用其设计并享有外观设计专利的红色罐装的包装装潢，配合租用的“王老吉”商标，在市场上投入了巨额的商业宣传和广告，在使“王老吉”商标价值不断攀升的同时，其特有的红罐包装装潢也在广大消费者中深入人心。特别是在2003年精心设计并由原告推广使用的独特广告语“怕上火喝王老吉”一经面世，就取得了巨大的商业反响，经过原告多年以来大规模的宣传推广使用，此句精心设计的独特广告语已经成为原告经营的知名商品红罐凉茶的显著商业标记，与原告红罐凉茶产品的形象构成了不可分割的整体。也就是说，人们只要一提起这句独特的广告语，就会联想起原告多年来生产经营的，具有独家配方的红罐凉茶，而不是其他公司生产的同类产品。被告王老吉公司也是凉茶生产厂商，其关联企业一直是以绿色利乐包凉茶在市场上营销，虽然也采用“王老吉”商标，但是其凉茶产品，无论是配方还是口味与原告产品均有不同，且采用了不同包装装潢，因此，消费者并没有对这两种商品产生混淆，对广告语指向的商品也有明确认知。2012年6月3日，也就是在上述仲裁委裁决之后，被告王老吉公司在从未有过生产经营红色罐装凉茶的情况下，为搭原告多年苦心经营和巨大商业投入所建立起来的红色罐装凉茶的便车，在明知的情况下，推出类似红罐凉茶产品，并直接抄袭原告已使用多年的广告语为其同类产品与原告进行竞争，还公然模仿原告知名商品的包装装潢，向市场推出了产品包装装潢与原告产品极度近似的红罐“王老吉”凉茶产品。被告王老吉公司此举导致原告多年来靠巨大商业宣传投入所建立起来的商誉被夺占，使广大消费者误以为被告王老吉公司刚刚生产的且配方根本不同的此红罐“王老吉”就是过去原告生产经营的彼红罐“王老吉”。这种明目张胆缺乏商业道德的行为，既违反了诚实信用原则，也构成了对原告正常经营的不正当竞争，给原告经济上和商誉上带来了巨大的损失。据此，原告请求判令：1. 被告何燕立即在其经营场所去除销毁并不再使用含有“怕上火就喝王老吉”广告语的广告；2. 被告王老吉公司在其凉茶产品宣传广告中使用广告语“怕上火就喝王老吉”的行为对原告构成不正当竞争，被告王老吉公司立即停止使用含有“怕上火就喝王老吉”独特广告语进行其同类产品的广告宣传，并将其全部广告中含有的独特广告语“怕上火就喝王老吉”去除；3. 被告王老吉公司在相关媒体包括但不限于中央电视台、各省级电视台、各省级以上报纸、大型门户网站及其官方网站和微博上公开发表声明，消除因其上述不正当竞争行为给原告造成的不良影响；4. 被告王老吉公司向原告赔偿因其不正当竞争行为给原告造成的经济损失1000万元。

被告王老吉公司辩称：1. 本案诉争的知名商品是“王老吉凉茶”，不是“加多宝凉茶”“红罐凉茶”或“加多宝生产的具备王氏后人配方的红罐凉茶”；2. “怕上火喝王老吉”广告语的权益属于知名商品“王老吉凉茶”的合法经营者即被告王老吉公司，原告是“加多宝凉茶”的经营者，不享有该广告语的相关权益；3. “怕上火喝×××”广告语的原始含义和第二含义都指向“王老吉凉茶”而不是原告或“加多宝凉茶”；4. 原告主张的1 000万元损失无事实和法律依据。

被告何燕辩称：其同意被告王老吉公司的答辩意见，并同时声称，已将其经营场所的涉案广告语去除。

经审理，本院查明如下案件基本事实：

1993年1年20日，广州羊城滋补品厂经核准注册了第626155号“王老吉+图形”组合商标（以下简称“王老吉”商标），核定使用商品种类为第32类无酒精饮料、固体饮料。1993年9月1日，该商标的注册人变更为广州羊城药业股份有限公司王老吉食品饮料分公司。1997年8月28日，广州医药集团有限公司受让取得前述商标专用权。经两次续展，该商标至今有效（有效期至2023年1月19日）。

1997年2月13日，广州羊城药业股份有限公司王老吉食品饮料分公司与鸿道（集团）有限公司签订商标许可使用合同，约定鸿道（集团）有限公司自1997年取得独家使用“王老吉”商标生产销售红色纸包装及红色铁罐装凉茶饮料的使用权，合同有效期至2011年12月31日。2000年5月2日，广州医药集团有限公司与鸿道（集团）有限公司签订商标许可协议，约定将“王老吉”商标许可给鸿道（集团）有限公司及其投资（包括全资或合资）的企业使用，许可使用期限自2000年5月2日起至2010年5月2日止。原告加多宝公司成立于1998年9月17日，由鸿道（集团）有限公司独资经营，经营范围为生产和销售包括果蔬饮料、茶饮料在内的各种饮料食品。原告加多宝公司的原法定代表人陈鸿道为饮料产品设计了外包装（罐装、底色为红色），并于1998年10月18日许可原告加多宝公司独占使用。2004年12月13日，广东省高级人民法院做出（2003）粤高法民三终字第212号民事判决，认定原告加多宝公司使用前述外包装和“王老吉”商标生产的凉茶产品为知名商品。

2002年12月31日，原告加多宝公司与广州成美广告有限公司正式确立合作关系，由广州成美广告有限公司完成对原告加多宝公司生产的红罐凉茶产品广告定位。2003年3月7日，双方最终确定了主旨广告语“怕上火喝王老吉”。2003年10月至2004年3月间，原告加多宝公司委托广州成美广告有限公司制作了含有广告语“怕上火喝王老吉”的影视广告，相关制作费用100余万元。2004年3月至2007年3月间，加多宝（中国）饮料有限公司、浙江加多宝饮料有限公司、福建加多宝饮料有限公司、杭州加多宝饮料有限公司和武汉加多宝饮料有限公司相继成立。该五家企业成立后均生产凉茶产品，且其配方包装与原告加多宝公司生产的产品相同。2007年5月至2010年12月间，浙江加多宝饮料有限公司、杭州加多宝饮料有限公司、武汉加多宝饮料有限公司以及原告加多宝公司分别与广州市智在广告有限公司签订合同，由广州市智在广告有限公司制作含有“怕上火喝王老吉”的电视广告，合同总金额1 953万余元（其中原告加多宝公司的合同金额为847万余元）。此外，原告加多宝公司还在2012年6月5日委托广州市智在广告有限公司制作含有“怕上火喝加多宝”广告语的电视广告，合同金额449万余元。2006年到2012年期间，原告加多宝公司在中国中央电视台连续投放含有“怕上火喝王老吉”广告语的电视广告。2005年至2012年期间，河南卫视、河北卫视、浙江卫视、广西卫视、北京卫视、山西卫视、福建东南卫视、湖南卫视、广东卫视、云南卫视、贵州卫视、辽宁卫视、四川卫视、湖北卫视、江苏卫视、安徽卫视、山东卫视、江西卫视18家卫视频道，汕头电视台、福建电视台、福州电视台、泉州电视台、浙江电视台教育科技频道、浙江电视台影视娱乐频道、金华电视台新闻综合频道、金华电视台经济生活频道、金华电视台教育科技频道、丽水电视台、绍兴电视台、温州电视台新闻综合频道、温州电视台经济科技频道、温州电视台都市生活频道14家地方电视台或电视频道播放过含有“怕上火喝王老吉”广告语的电视广告。原告加多宝公司等相关企业还在相关报刊（《厦门日报》《羊城晚报》等24家报刊）、公交车、地铁、机场、火车站、候车亭、大卖场等媒介上投放过含有“怕上火喝王老吉”广告语的平面广告。根据中国行业企业信息发布中心统计，2007年度至2011年度，原告加多宝公司、加多宝（中国）饮料有限公司、浙江加多宝饮料有限公司、福建加多宝饮料有限公司、杭州加多宝饮料有限公司和武汉加多宝饮料有限公司生产的使用“王老吉”商标的红色罐装凉茶产品连续五年列罐装饮料市场销售额第一名。

2012年5月9日，中国国际经济贸易仲裁委员会做出（2012）中国贸仲京裁字第0240号裁决书，裁决确认广州医药集团有限公司与鸿道（集团）有限公司签订的《“王老吉”商标许可补充协议》和《关于“王老吉”商标使用许可合同的补充协议》无效，鸿道（集团）有限公司停止使用“王老吉”商标。庭审中，原告加多宝公司声称其已于2012年5月9日起停止使用“王老吉”商标，并从该日起改用“加多宝”商标。二被告认可原告在2010

年5月2日前有权使用“王老吉”商标，但认为原告从2010年5月3日起无权再使用该商标。原告提出，尽管（2012）中国贸仲京裁字第0240号裁决书已确认广州医药集团有限公司与鸿道（集团）有限公司签订的《“王老吉”商标许可补充协议》和《关于“王老吉”商标使用许可合同的补充协议》无效，但广州医药集团有限公司与鸿道（集团）有限公司还签订过另一份《商标许可协议》，且该协议已经过国家商标局的备案登记。根据该协议，鸿道（集团）有限公司及其关联企业有权在红色罐装及红色瓶装凉茶产品上使用“王老吉”商标，使用期限至2013年1月19日止。二被告对前述协议的真实性和有效性均不予认可。原、被告均认可，鸿道（集团）有限公司已就前述协议的有效性问题提起仲裁，目前正在审理中。

被告王老吉公司成立于2012年2月28日，经营范围包括非酒精饮料的批发、零售。2012年5月25日，被告王老吉公司与广州医药集团有限公司签订《商标使用许可合同》，约定广州医药集团有限公司许可被告王老吉公司在中国境内（不包括香港、澳门和台湾地区）生产和销售的红色罐装及红色瓶装凉茶植物饮料上独家使用包括“王老吉”商标在内的5个商标。被告王老吉公司按净销售额的2.1%支付商标许可费（其中47%支付给广州药业股份有限公司）。2012年6月3日，被告王老吉公司生产的使用“王老吉”商标的红色罐装凉茶产品上市，该产品在2012年度的销售额为17亿余元。被告王老吉公司为推销其产品，制作了相关广告，并在其官方微博及被告何燕经营的位于重庆市江北区五红路的“川国轩江湖菜”餐饮店进行发布。该广告的主画面是被告王老吉公司生产的红色罐装凉茶产品（罐体正面突击使用了黄色“王老吉”文字）及其紧挨该产品的“怕上火就喝王老吉”广告语。此外，在广州医药集团有限公司的官方网站上也发布有前述广告，但被告王老吉公司否定该广告系其发布。

另查明：1. 已经生效的广东省高级人民法院（2003）粤高法民三终字第212号民事判决书认定：“王老吉”商标于1992年和1998年被评为广东省著名商标，1993年和1998年被评为广州市著名商标。此外，2009年4月24日，国家工商行政管理总局商标局认定“王老吉”商标为驰名商标。2. 中国行业企业信息发布中心《2013年消费品市场报告》显示，2012年7月至12月，原告等6家相关企业生产的罐装凉茶产品的市场占有率从94.4%降至83.29%，被告王老吉公司生产的罐装凉茶产品的市场占有率从0.94%升至11.84%，其他企业生产的罐装凉茶产品的市场占有率从4.66%升至4.87%。二被告质疑该报告的准确性，也否认原告产品市场占有率的下降与被告王老吉公司使用涉案广告语相关。3. 目前，使用“王老吉”商标的产品不仅有被告王老吉公司生产的红罐凉茶，还有绿色盒装凉茶，龟苓膏等产品。4. 被告王老吉公司生产凉茶的配方与原告加多宝生产凉茶的配方不同。5. 2013年6月15日，加多宝（中国）饮料有限公司、浙江加多宝饮料有限公司、福建加多宝饮料有限公司、杭州加多宝饮料有限公司和武汉加多宝饮料有限公司分别出具声明，声称“怕上火喝王老吉”这一广告语是原告加多宝公司委托创作产生，并经其最早、长期且广泛使用，该五家公司获原告加多宝公司的许可而使用这一广告语。该五家公司认可前述广告语所产生的一切法律权益由原告加多宝公司所有，并认可原告加多宝公司有权独自采取包括诉讼在内的一切必要的法律手段向该广告语的侵权者主张权利。6. 庭审中，原告明确其指控范围是被告王老吉公司使用并发布、被告何燕同意被告王老吉公司在其经营场所发布“怕上火就喝王老吉”广告语的行为构成不正当竞争。原告明确排除著作权法、商标法的适用，也明确排除对被告王老吉公司产品包装的指控。原告要求将涉案广告语是否构成作品、是否构成未注册商标，涉案红罐包装装潢的权利归属以及双方使用该包装的行为性质等问题排除在本案审理范围之外。

前述事实，有原告提交的原告和被告王老吉公司生产的红色罐装凉茶实物，经公证转递并在《广州日报》刊登的王健仪声明书，广东省高级人民法院（2003）粤高法民三终字第212号民事判决书，原告关联公司的营业执照复印件，原告与广州成美广告有限公司签署的广告影视制作合同及发票，广州市智在广告有限公司出具的有关广告语影视片和广告语视觉设计的证明及其历年广告创意脚本、样片光盘及发票，全国各地电视台出具的涉案广告语电视播出证明，全国各地报社出具的涉案广告语刊出证明及报样，各广告公司出具的在各公共商业场所投放涉案广告语的发布证明及广告公司的营业执照复印件，中央电视台历年的涉案广告语广告内容审带单，北京市中信公证处（2012）京中信内经证字第19902号公证书，北京市长安公证处（2012）京长安内经证字第16434号公证书，原告和被告王老吉公司的产品在全国各地商家被摆放在一起销售的照片刻录光盘，中国行业企业信息发布中心发布的《2013年消费品市场资讯报告》中的“加多宝与王老吉产品销量市场占有率走势图”，广州药业股份有限公司2012年年报（2013年3月1日发布）中的第46页、第

182页和183页，广州成美营销顾问有限公司出具的“广告语原创过程的简述”，（2012）渝中证字第2625号公证书，加多宝（中国）饮料有限公司、浙江加多宝饮料有限公司、福建加多宝饮料有限公司、杭州加多宝饮料有限公司和武汉加多宝饮料有限公司出具的声明书；被告王老吉公司提交的《商标使用许可合同》（1995年），《商标使用许可合同补充协议》（1995年），《商标许可使用合同》（1997年），《商标许可协议》（2000年），（2003）佛中法民三初字第19号民事判决书，（2003）粤高法民三终字第212号民事判决书，国家工商总局《关于认定“王老吉”商标为驰名商标的批复》，（2012）穗中法知民初字第263号民事裁定书，（2012）穗中法知民初字第263号复议决定书，广州成美营销顾问有限公司《盒装王老吉推广战略》，中国行业企业信息发布中心《统计调查信息证明》，中央电视台《广告素材内容审带单》，原告就被告王老吉公司使用红罐包装及名称向北京市第一中级人民法院提起诉讼的民事起诉状，涉案626155号商标的注册、转让、许可使用登记资料，《现代汉语词典》关于“上火”的解释，有关“怕上火”“怕上火喝王老吉”“怕上火喝”“怕上火喝加多宝”“加多宝”及“JDB”的商标注册登记资料，广州成美营销顾问有限公司《红罐王老吉品牌定位战略》《红罐王老吉品牌定位战略制定过程详解》、重庆市公证处（2013）渝证字第28752号公证书，“怕上火喝王老吉”宣传图片，赛立信市场研究有限公司《（2012—2013年知名品牌凉茶评价项目研究报告》以及双方当事人的陈述为证，足以认定。

本院认为，本案的基本事实是：原告加多宝公司经许可取得“王老吉”商标的使用权并用于其生产的凉茶产品，原告为推销该产品投入巨资创设并长期、持续、频繁、大范围地使用广告语“怕上火喝王老吉”，使该广告语具有相当高的知名度。被告王老吉公司在原告加多宝公司不再使用“王老吉”商标后取得该商标的使用权，并使用了与“怕上火喝王老吉”广告语内容基本一致的“怕上火就喝王老吉”广告语，且在被告何燕经营的场所发布该广告语。鉴于原告明确排除著作权法、商标法的适用，故本案的争议焦点是：二被告的行为是否构成不正当竞争；二被告是否应当承担民事责任以及应当承担何种民事责任。现结合本案查明的事实分析评判如下：

一、涉案广告语是否属于反不正当竞争法保护的法益。

本案被控不正当竞争行为是二被告使用涉案广告语，而使用广告语的行为并不属于反不正当竞争法第二章所规定的不正当竞争行为的典型类型。故本案首先应当解决的问题是使用广告语的行为是否属于反不正当竞争法调整的对象，涉案广告语是否属于反不正当竞争法保护的法益。尽管双方当事人对该问题的意见一致，即涉案广告语虽是对凉茶产品功能的表述，但经原告加多宝公司多年来持续、频繁、大范围的使用，已经具有第二含义，能够与特定的凉茶产品建立起稳定的联系从而具有显著性和识别性，能够为使用者带来利益，故应当受反不正当竞争法的保护。但鉴于该问题属于法律评价问题，事关相关权益的保护范围、保护方式，不因双方当事人意见一致而当然成立，故本院仍有必要对该问题进行相应评述。

反不正当竞争法第二条第一款确立了市场竞争的基本原则，即经营者在市场交易中应当遵循自愿、平等、公平、诚实信用的原则，遵守公认的商业道德。该法第二章亦列举规定了法律制定时市场上已经存在或者可以预见的一些不正当竞争行为。但并不意味着反不正当竞争法不规制该法第二章所列之外的市场竞争行为。由于市场竞争行为方式的多样性和可变性，也由于立法者预见能力的局限性，反不正当竞争法不可能也无必要对未来所有不正当竞争行为的方式做出具体化和预见性的规定。反不正当竞争法的立法目的在于保障社会主义市场经济健康发展，鼓励和保护公平竞争，制止不正当竞争行为，保护经营者和消费者的合法权益。为实现该立法目的，人民法院可以而且应该在具体案件中根据反不正当竞争法第二条第一款的规定对不属于该法第二章列举的一切市场竞争行为予以规制。

广告语是市场主体为推销其商品或服务而使用的词语或语句，是经营者传递企业和商品（或服务）形象信息、提高企业和商品（或服务）知名度、刺激受众购买欲望的重要手段。广告语的确立和使用，凝聚着创作者和广告主的劳动和投入。一条成功的广告语，可以让广告受众印象深刻并与特定企业或产品形成稳定的联系，从而成为具有识别性和显著性的标识，能够为使用者带来经济利益。广告语的使用虽不在反不正当竞争法第二章规定的行为之列，但该行为是市场竞争的一种方式，其行为秩序属于市场竞争秩序的组成部分，理由受反不正当竞争法的调整或规制。当然，广告语的使用行为属于反不正当竞争法调整的范围，并不意味着所有广告语均能成为该法保护的法益。知名且特有的广告语，因其本身具有识别性和显著性，能够为使用人带来利益，故应当受反不正当竞争法保护。擅自使用他人知名且特有的广告语，一方面将割裂其与特定商品的稳定联系从而减损该广告语的识别性和显著性，另一方面将让使用人无偿利用该广告而获得利益。这是一种典型的“搭便车”、损人而自肥的行为，违背了基本的商业伦理，为诚实信用原则所不容，理应受反不正当竞争法的禁止。对于非特有、非知名的广告语而言，因其缺乏基本的识别性和显著性，无法产生标识利益，他人同时使用不会产生混淆，亦无法为后使用人带来不正当利益，故无需纳入反不正当竞争法的保护范围。当然，反不正当竞争法不对非特有、非知名的广告语给予保护，并不影响该广告语因符合其他知识产权法规定的条件（如著作权法关于作品的规定）而获得保护。

知名且特有的广告语之所以受反不正当竞争法保护，是因为其本身具有识别性和显著性从而能够产生标识利益。从该意义上讲，反不正当竞争法保护广告语，是因为该广告语本身构成了法律意义上的未注册商标。尽管该广告语可能因未被注册且未构成驰名商标而不能适用商标法获得保护，但在用反不正当竞争法进行保护时，仍可以参照商标法相关的原理和规则，以保护该广告语的识别性和显著性为出发点，以制止可能导致相关公众混淆误认的广告语使用行为以及可能贬损或冲淡该广告语识别性和显著性的广告语使用行为为核心。

涉案广告语是对特定凉茶产品预防上火功能的直接表述，其产生之初并无识别性和显著性可言，但经过原告加多宝公司多年来持续、频繁、大范围的使用，已经具有第二含义，能够与其所指向的凉茶产品建立起稳定的联系，具有区别商品来源的显著特征，承载着极高的商品商誉，能够为该商品的经营者带来商业利益，理应受反不正当竞争法的保护。

二、二被告的行为是否具有不正当性。

原告加多宝公司认为：1. 涉案广告语由原告最早创设、最早使用且长期与原告知名商品红罐凉茶固定搭配宣传使用，已经与原告生产的涉案红罐凉茶形成唯一的对应关系，起到了识别商品来源的作用，为原告红罐知名凉茶商品特有的商业标识；2. 被告王老吉公司及其上级单位广州医药集团有限公司对涉案广告语所产生的权益没有任何投入和贡献，其各自的凉茶产品，无论是历史上长期存在的绿盒包装凉茶还是去年6月3日才上市的配方与原告完全不同的红罐产品，均与原告的知名商品红罐凉茶没有任何关系；3. 被告王老吉公司没有任何合法理由和法律依据使用涉案独特广告语为其根本不同的产品进行宣传，被告王老吉公司对原告创设的独特广告语的抄袭使用极易在双方产品中造成广泛的混淆和误认，造成被告王老吉公司同类产品的“搭便车”行为。

二被告认为：1. 本案诉争的知名商品是“王老吉凉茶”，不是“加多宝凉茶”“红罐凉茶”或“加多宝生产的具备王氏后人已方的红罐凉茶”；2. 涉案广告语的原始含义和第二含义都指向“王老吉凉茶”而不是原告或“加多宝凉茶”；3. 涉案广告语的权益属于知名商品“王老吉凉茶”的合法经营者即被告王老吉公司，原告是“加多宝凉茶”的经营者，不享有该广告语的相关权益。

本院认为，知名广告语虽属于反不正当竞争法所保护的法益，但其本身并非一种与商标权、专利权等并列的法定权利，有着明确的法定权能，在后使用行为本身并不构成不正当竞争的充分条件。与商标法、专利法等“权利法”以保护权利为首要出发点不同，反不正当竞争法以保护市场公平竞争秩序为首要出发点，因而可称为“行为法”。任何市场竞争行为均具有天然的趋利性，而商业利益的稀缺性使得一方的获得往往意味着其他方的丧失。从某种程度上讲，相对于是谁获得了利益以及获得了何种利益，反不正当竞争法更关注的是获得此种利益的手段即竞争行为本身是否具有正当性。认定使用广告语的行为是否正当，应当以该行为是否违反诚实信用原则和公认的商业道德为标准。具体而言，就是行为人对其使用的广告语是否享有合法利益，行为人主观上是否存在恶意，行为结果是否给其他经营者的合法利益造成损害。

关于被告对涉案广告语是否享有合法利益的问题。双方当事人对涉案广告语的利益归属存在根本分歧，而要确定该广告语利益的最终归属，逻辑上首先应当分析诉争的合法权益是什么，该权益的范围有多大，与各当事人的关系是什么。对涉案广告语的利益归属而言，原则上应当分析受保护的权益是什么。是“怕××喝××”？抑或是“怕上火喝××”？还是“怕上火喝王老吉”？考虑到原告和被告王老吉之间，除了本案外还有一系列正在进行的相关诉讼，为避免本案对相关事实的认定和法律性质的分析影响到其他相关案件，从而产生预决其他案件的结果，本院在本案中仅评判被告对涉案广告语整体是否享有合法利益。至于其他问题，本院不发表意见。本院认为，毫无疑问，涉案广告语系原告所创设和使用，其之所以具有识别性和显著性进而能够成为反不正当竞争法所保护的法益，均源于或者说主要源于原告多年来的智力劳动和宣传投入。但从涉案广告语的内容和使用目的看，它是为推销“王老吉”凉茶产品量身定做的。从涉案广告语的显著性和识别性看，涉案广告语首先且直接联系的是“王老吉”，而不是其他。从其使用效果上看，相关消费者因涉案广告语首先想到的是该广告语是推销王老吉产品的广告语。涉案广告语之所以能与原告产品相联系，是通过“王老吉”商标或产品名称建立的。涉案广告语首先指向的是“王老吉”，然后才能指向原告经营的上述产品。此外，涉案广告语“怕上火喝王老吉”是一个整体，“怕上火喝”是产品功能定位，“王老吉”是产品指向，二者共同构成了有机整体，不可分割。从该意义上讲，涉案广告语的直接受益人是“王老吉”品牌的所有人或使用人，该广告语所树立或传递的预防上火的产品形象同时也是“王老吉”品牌形象的组成部分。被告王老吉公司作为“王老吉”商标的合法使用人，对属于该商标形象组成部分的广告语享有合法利益。

原告主张被告王老吉公司不享有涉案广告语的利益，其主要依据一是涉案广告语的创设、使用、知名均源于原告的劳动和投入，被告王老吉公司和“王老吉”商标所有人未做出任何贡献；二是涉案广告语指向的是原告经营的知名商品，即原告生产的使用特定配方的红色罐装凉茶商品，被告生产的凉茶产品与该知名商品的配方不同，与该广告语没有任何关联。本院认为：1. 关于创设、使用行为对标识利益归属的影响问题。考虑标识利益的归属的确应当考虑该标识的创设者和使用者，本院甚至不反对在多数情形下标识利益应当全部归属，于该标识的创设者或使用者。诸如，在无特别约定的前提下，在同一商品上同时使用许可商标和自创标识，商标许可到期后自创标识的利益应当归于创设人而非许可商标权人。但这种利益分配的前提是两种标识具有可分性，即在物理上两个标识具有独立性，既不相同亦不近似。否则，如果两个标识本身构成近似或者自创标识依附于许可商标，则其利益分配可能要另当别论。在知识产权领域中，设计者和使用者对其劳动成果应当享有权利是一般原则，但也有例外情形，在特定情况下，为谁设计和创作，可能成为决定其成果归属的重要因素。例如，《最高人民法院关于审理著作权民事纠纷案件适用法律若干问题的解释》［法释（2002）31号］第十三条规定：“除著作权法第十一条第三款规定的情形外，由他人执笔，本人审阅定稿并以本人名义发表的报告、讲话等作品，著作权报告人或者讲话人享有。著作权人可以支付执笔人适当的报酬。”第十四条规定：“当事人合意以特定人物经历为题材完成的自传体作品，当事人对著作权权属有约定的，依其约定；没有约定的，著作权归该特定人物享有，执笔人或整理人对作品完成付出劳动的，著作权人可以向其支付适当的报酬。”因此，在确定标识利益归属时，不仅应当考虑该标识的创作、设计和使用行为，还应当考虑设计该标识的目的和使用该标识的实际受益情况等相关因素进而进行综合评判。就本案而言，涉案广告语是原告为定位和推销“王老吉”凉茶品牌产品量身定做并使用的，是推广和提升“王老吉”品牌形象的重要手段。涉案广告语中，“怕上火喝×××”是产品功能定位，“王老吉”是产品指向，二者不可分割，共同构成了有机的整体。原告通过对该广告语的大量宣传推广活动，一方面使得“王老吉”品牌为社会公众广为知晓，增加了王老吉品牌的知名度和美誉度，使“王老吉”商标所有人直接受益；另一方面，原告也因此大量销售“王老吉”牌产品，获得了作为该品牌产品的生产者和销售者应有的市场回报。在原告不再使用“王老吉”商标后，被告王老吉公司作为“王老吉”商标的合法使用人，理应对为“王老吉”品牌量身定做并与“王老吉”品牌不可分割的涉案广告语享有合法利益。从另一个角度讲，在确定被告王老吉公司应否对涉案广告语享有合法利益时，经济效益和社会效益也是重要的考量因素。任何权益，一方面是权利人的利益，具有“私”的属性；另一方面，它又是社会的财富，具有“公”的属性。如果资源是稀缺的，在不违反公平的前提下，就应当将该资源分配给能够使其价值最大化的一方，从而充分发挥该资源的价值，增进社会的福祉。本案中，原告加多宝公司不能再使用“王老吉”商标，无法再整体使用该广告语。如果该广告语由原告独占，则原告和被告王老吉公司都不能整体使用该广告语。如果让被告王老吉公司使用，则能最大限度地发挥该广告语的社会价值和经济效益。2. 关于双方当事人争议的知名商品的具体指向问题。原告在使用“王老吉”商标期间，其生产的使用该商标的产品曾被相关法院认定为知名商品。关于该“知名商品”的具体指向，被告王老吉公司强调“名”，认为该知名商品是指“王老吉凉茶”，消费者记住的是品牌，即使生产者、配方变更仍是同一商品，该知名商品现在的生产者是被告王老吉公司，作为该知名商品的特有广告语，其利益理应由被告王老吉公司享有。而原告强调“商品”，认为知名商品是指原告生产的使用特定配方的红色罐装凉茶商品，消费者在乎的是商品配方，即使名称变更，仍是同一商品，因此，原告是该知名商品的生产者，理应对该知名商品的广告语享有利益。双方当事人的基本逻辑是，涉案广告语之所以受保护是因为该广告语是某知名商品的广告语，其是该知名商品的生产者和经营者，故涉案广告语的利益应当归于该当事人。本院认为：首先，从本质上讲，反不正当竞争法并不保护知名商品本身，而是保护附着于知名商品上的具有商业价值的相关标识，且其受保护的根源在于使用相关标识的行为事关市场竞争秩序。易言之，知名商品之所以能成为反不正当竞争法保护的对象，是因其上附着有具有商业价值、事关市场竞争秩序的相关标识——而不是相反——相关标识之所以受保护是因为其是知名商品的相关标识。涉案广告语之所以能成为反不正当竞争法所保护的法益，是因其本身具有识别性和显著性，并不是因为其是某知名商品的广告语就当然受保护。涉案广告语在产生之初，原告生产的使用“王老吉”商标的凉茶产品可能就已经知名，但此时的涉案广告语并不知名（或不具备识别性和显著性），因而无法成为反不正当竞争法保护的法益。其次，标识利益来源于其在商品上的使用，但标识并非只能依附于某一特定产品，其利益也不一定只能归属于该特定产品的经营者。标识的最主要功能或其最主要的价值是其识别性、显著性以及其所承载的商誉。标识的识别性、显著性以及商誉的产生都来源于标识在商品上的使用，但并不意味着标识只能与唯一的商品相联系。标识的独立价值在于其可以离开当初让其产生识别性、显著性和商誉的商品，而使用在另一相类似甚至不类似商品上并保持其原有的识别性、显著性和商誉。涉案广告语的指向包括甚至主要是双方争议的涉案知名商品，并不意味着涉案广告语离开该知名商品就无价值，也不意味着涉案广告语的利益只能归于该知名商品的经营者。第三，无论双方当事人争议的知名商品是指什么，都无法改变涉案广告语片用“王老吉”指称该知名商品、“王老吉”商标所有人或使用人是该广告语的直接受益人这一客观事实。本院认定被告王老吉公司对涉案广告语享有合法利益的主要依据是涉案广告语的内容本身以及其设计使用的目的，即“王老吉”是涉案广告语不可分割的组成部分且其起指向作用，涉案广告语是为推销“王老吉”品牌产品而设，其树立或传递的首先是“王老吉”产品的形象。双方争议的知名商品的具体指向，无法影响这一认定。

关于被告王老吉公司使用涉案广告语的主观意图。涉案广告语系为推销“王老吉”品牌产品而创设和使用，受众（消费者）因该广告语首先记住的是“王老吉”品牌，进而通过该品牌去识别其所需要的商品。该广告语树立或传递出的预防上火功能的商品形象属于“王老吉”品牌形象的组成部分，被告王老吉公司作为“王老吉”商标的合法使用人，其延用涉案广告语的意图显然是继续维持或深化其原有的品牌形象，并无“搭便车”、损人利己或者巧取豪夺之主观恶意，因而不具有不正当性。

关于被告王老吉公司使用涉案广告语的行为结果。涉案广告语是对“王老吉”品牌的宣传，受众从该广告语的宣传中记住的是“王老吉”品牌及该品牌项下的产品，被告王老吉公司延用该广告语，仍然是继续宣传“王老吉”品牌，不会也无法与其他品牌产品产生混淆，不会损害包括原告在内的其他经营者的合法利益，也不会产生反竞争的效果。需要指出的是，原告提到，被告王老吉公司和原告生产凉茶的配方不同，消费者记住的是原告使用特定配方生产的凉茶，被告王老吉公司使用涉案广告语会使消费者混淆或误认为其生产的凉茶是使用原告特定配方的凉茶。本院认为，由于原告曾使用过“王老吉”商标，消费者可能因喜欢该特定配方凉茶而购买被告王老吉公司使用不同配方生产的凉茶，从而产生原告所称的混淆或误认。首先，此种对商品特性的混淆或误认是因双方当事人先后使用“王老吉”商标所造成，与被告王老吉公司使用涉案广告语无直接关联；其次，反不正当竞争法禁止的是因使用标识所造成的商品来源的混淆或误认，即商品提供者的混淆或误认，以及商品提供者关系的混淆或误认，而不是两种不同配方的产品特性的混淆或误认。被告王老吉公司在原告不再使用“王老吉”商标后，使用“王老吉”商标和“怕上火就喝王老吉”广告语，即使会导致相关消费者误认为新产品是沿用原来配方，这种混淆并非商标法和反不正当竞争法意义上的混淆。标识具有质量保证功能，标识权人也负有保证商品质量的义务，但这并不意味着标识权人生产的产品只能固守一种配方。标识的质量保证功能，是指标识在消费者心目中代表了特定商品或服务的质量，并保证它们能达到他所期望的水平。标识具有质量保证功能，并不意味着标识就是质量的保证书，更不意味着商品只能按照原有的工艺、流程、配方等来生产，标识权人完全可以改进产品，亦有权根据现实生活的需要，生产多种不同配方和口味的产品，当然也有权放弃原来配方而生产新的产品。因此，原告所称的此种对商品特性的混淆或误认不具有法律意义，不受反不正当竞争法禁止。从反面讲，如果原告的理由成立，要避免消费者对商品特性的混淆或误认，则意味着反不正当竞争法应当禁止标识权人改变配方，或者应当禁止改变配方的标识权人继续使用其原来的标识。就本案而言就是应当禁止被告王老吉公司使用“王老吉”商标。这显然是荒谬的。

三、责任承担问题。

被告王老吉公司作为“王老吉”商标的合法使用人，对“怕上火喝王老吉”广告语享有合法利益，其继续延用“怕上火就喝王老吉”广告语在行为动机及行为结果上不具有不正当性，因而不构成不正当竞争。被告何燕同意被告王老吉公司在其经营的酒店发布涉案广告语的行为也不构成不正当竞争。原告基于二被告构成不正当竞争而提出的全部诉讼请求不能成立，应予驳回。

综上，经本院审判委员会讨论决定，根据《中华人民共和国反不正当竞争法》第一条、第二条第一款，《中华人民共和国民事诉讼法》第一百四十二条之规定，判决如下：

驳回原告广东加多宝饮料食品有限公司的全部诉讼请求。

本案案件受理费81 800元，由原告广东加多宝饮料食品有限公司负担。

如不服本判决，可在收到本判决书之日起十五日内向本院提交上诉状，并按对方当事人的人数提出副本，上诉于重庆市高级人民法院。

审判长：赵志强

审判员：谭　颖

代理审判员：刘娟娟

二〇一三年十二月十六日

【附件8：解密王老吉之争（媒体报道）】

解密王老吉之争

英资企业加多宝老板行贿潜逃是根源

《证券日报》2013年5月29日

广州市检察院：潜逃海外的加多宝老板仍在追捕中

市国资委：广药是唯一合法传承实体

市公证处：广药拥有王老吉独家秘方

从去年5月，广药集团正式收回红罐王老吉生产经营权之后，围绕着王老吉和加多宝的战争从未停息过。为何两家不能和解？为何不能良性竞争？为何官司没完没了？5月29日在广州市新闻中心召开的广州市国资委和广州市检察院领导出席的王老吉凉茶媒体沟通会上，这些问题得以首次解密：王老吉之争的所有根源皆源于英资企业加多宝董事长陈鸿道的行贿畏罪潜逃。广州市检察院在会上表示，目前对加多宝董事长陈鸿道的追捕仍在进行中。

而近日针对加多宝精心炮制带有恶意攻击性质的《传人篇》广告，广州市公证处做出10份公证材料，权威证明广药集团王老吉185年从秘方到工艺一脉相传，拥有独家正宗秘方。广州市国资委对此也首度表态，王老吉属于国有资产，由广药集团拥有，广药集团是王老吉唯一合法传承实体，拥有和王老吉相关的所有权益。广药集团将采取法律手段维护自己的正当权益。

严重国有资产流失：

陈鸿道行贿导致“史上最廉价商标租赁”

去年5月，中国国际经济贸易仲裁委员会终局裁定广药集团获胜，成功收回红罐和红瓶王老吉凉茶生产经营权，到现在已经一年时间过去。全程参与了王老吉商标案的广药集团副总经理倪依东揭秘了王老吉纷争的整个来龙去脉。

据悉，王老吉创始于1828年，主要有广州和香港两脉，其中香港支脉于 1890年前后单独发展，1913年正式和广州王老吉分家，一百多年来无任何经营关系。广州王老吉继承了王老吉的祖业和秘方，也就是今天广州王老吉药业的前身。广州王老吉在民国时期，注册了王老吉商号、商标、王老吉公孙父子图商标等一系列无形资产。

1956年按照公私合营政策，国家以赎买方式从王老吉第四代传人手中承接了广州王老吉商标、秘方、工艺、员工等所有生产资料，成为国有企业并发展至今。1996年广药集团成立，广州王老吉作为下属企业纳入广药集团管理，王老吉商标等无形资产归广药集团持有。至此广药集团是王老吉唯一合法传承实体，拥有和王老吉相关的所有权益。1995年，羊城药业（王老吉药业的前身）与鸿道集团（加多宝母公司）签约，将红罐和红瓶王老吉的生产经营权授予鸿道集团。

2000年鸿道集团与广药签订商标许可合同，将商标的使用期限延长至2010年。借用王老吉这个凉茶行业的百年老字号，加多宝董事长陈鸿道获得了丰厚利润，为了更长时间使用这个商标，在合同还有8年到期的情况下，于2002年至2003年，陈鸿道通过三次行贿共300万元港币，又签订两份补充协议，将王老吉商标许可期限延长至2020年。

但是商标使用费2000年为400多万元，到2010年为491.4万元，即便到2020年也只有500多万元。而陈鸿道经营王老吉早在2010年就达160多亿元。按照国际惯例，商标使用费以销售额的5%收取，而鸿道所付的只占0.03%，低于国际惯例100余倍，被媒体称为“史上最廉价商标租赁”，国有资产严重流失！

2004年，陈鸿道行贿案东窗事发，在陈鸿道的供词中明确表示，其行贿是为了签订商标补充协议，以低廉价格延长使用时间。2005年10月2日，广东公安边防部门将陈鸿道抓捕归案，当月19日，陈鸿道取保候审，后弃保潜逃。

为何没能和解?

加多宝董事长潜逃无法对话，广药只能诉诸法律

2004年广药集团新班子调整之后，认识到严重偏低的“王老吉”商标使用费将造成国有资产的巨额流失，一直寻求各种方式予以纠正。而这段时间，陈鸿道虽然在海外，但仍通过各种人脉和途径，表达想要将王老吉商标占为已有的目的。为此广药集团采取一系列强有力措施：2009年4月，“王老吉”获得“中国驰名商标”称号；2010年11月，权威评估“王老吉”品牌价值高达1 080亿元，成为中国第一品牌。成功断绝了陈鸿道一直以来想以低价独占“王老吉”商标的企图。

2010年5月，双方所签的合同到期，广药以电话、公函、律师函等方式多次与鸿道集团联系，对方皆以“董事长不在”为由不予理睬。为协商解决商标授权问题，广药专门派出高管到其香港总部沟通，对方仍说“董事长不在”将广药拒之门外。由于陈鸿道畏罪潜逃，导致王老吉商标纠纷无法进行对话。与此同时，加多宝不断加大侵权行动，通过篡改商标字体等形式侵犯王老吉的权益。万般无奈之下，2011年4月26日，广药集团向中国国际经济贸易仲裁委员会正式提出仲裁申请。

在长达380天的仲裁阶段，仲裁贸易委员会曾于2012年3月14日协调双方和解，广药方面8名成员到场，但是对方临时单方面放弃。“在和解之路上，我们进行了多次努力，但都没成功。甚至去年在收回王老吉商标授权之后，仍多次在公开场合表达双方合作的意愿，但并没有得到对方的响应。这与加多宝陈鸿道潜逃海外的缺位关系密切。正是陈鸿道一步步激化了王老吉之争。”倪依东说。

而最近开庭审理的红罐装潢一案，广东省高院在其官微上也公开表示，他们通过采取邮件送达、委托香港高等法院送达，以及委托中国法律（香港）服务公司送达法律文件，但都被鸿道退回和拒签，导致程序进展缓慢。而这也正是陈鸿道潜逃海外所导致的结果。

在和王老吉相关的商标和红罐两大宗案子上，陈鸿道本人可谓至关重要。行贿案到底进展到什么地步？在沟通会上，广州市检察院专门对此进行说明，表示至今陈鸿道仍未能够追捕归案。目前正在采取各种措施，希望能够将其绳之以法。

为何不能良性竞争?

不断制造流血冲突进行市场暴力营销

2012年8月15日——南昌，王老吉路演活动遭加多宝阻挠打砸，造成三名工作人员受伤住院。

2012年8月28日——苏州，王老吉员工惨遭加多宝毁容，涉案加多宝员工已被依法逮捕。

2013年1月10日——深圳……

就在红罐案开庭前的2013年5月11日，在广州白云区，王老吉员工在向某烟酒店推销王老吉凉茶时，加多宝四名业务员将其中一名业务员的手机抢走，并将王老吉业务员抬出店门口推倒在地，而后加多宝十几人围殴王老吉员工，造成三名王老吉员工严重受伤。

据不完全统计，从2012年8月至今，加多宝员工类似暴力事件在宝鸡、广州、东莞、深圳、苏州、南昌等多地上演，总数达数十余起之多。而在5月红罐官司开庭前，加多宝还在多地发动种植户喊口号、拉横幅，妄图给司法施压，将商业纠纷演变成社会事件。

凉茶行业资深人士指出，“当前个别企业在终端实施的无底线竞争，不仅深深伤害了凉茶市场，也是在亲手摧毁自己的企业品牌，而这场商战从台面上转到台面下，甚至转向‘暴力’，已经远离商业竞争本质”。

外资身份扮民企

打悲情牌进行舆论暴力

2012年5月，王老吉商标被判租用到期后，加多宝一直充当影帝，扮演“民企弱势者”的角色，试图故意制造国企与民企的对立来骗取消费者同情，绑架民意，大打“悲情牌”。

事实上，经查证，加多宝是在英属维京群岛注册的外资企业，是香港鸿道集团全资子公司，企业性质为外资。十多年来，其利用外资身份在国内获得了土地、税收等特殊优惠。但是处处以民企身份，利用时下社会对国企舆论，使用黑公关等手段，不断攻击广药集团和公有制经济，博取民众同情。今年两会期间，加多宝还其官方网站上以民营企业身份发表《致“两会”代表委员的公开信》，故意挑起各种经济体制之间的矛盾。

广东外语外贸大学王卫红教授指出，悲情营销其实是一种暴力营销，因为绑架民意，为的是获得法律之外的另一种特权，获得法律面前人人平等之外的“特殊待遇”。加多宝利用外资身份获得投资上的优惠政策，又扮演“民企”获得舆论上的“超国民待遇”，这才是真正的特权阶层。

为何官司一打再打？

加多宝“三诈”欺骗消费者　广药只能维权

在广药胜诉收回王老吉商标后，加多宝又挑起红罐装潢案、虚假广告宣传……加多宝一次又一次的谎言欺骗消费者，碰触了法律底线，广药开始了一次又一次艰难的维权。

一诈：巨资红罐更名广告欺骗消费者

2012年6月，广药正式推出红罐王老吉凉茶。但与此同时，加多宝在全国铺天盖地地进行“王老吉改名为加多宝”“全国销量领先的红罐凉茶改名为加多宝”等广告宣传，严重侵犯了广药的合法权益。

2013年1月31日，广州市中级人民法院下达诉中禁令，裁定加多宝实施了虚假宣传、误导消费者的行为，要求加多宝立即停止使用上述或与之意思相近似的广告语。

法院认为，谈及“全国销量领先的红罐凉茶”，公众首先会联想到王老吉凉茶。加多宝使用这些广告语，会使公众误以为两者为同一产品，或“王老吉”已改名为“加多宝”。

二诈：“10罐凉茶7罐加多宝”涉嫌虚假宣传

一纸诉中禁令后，加多宝于2013年3月推出“中国每卖10罐凉茶7罐加多宝”的新版广告，并借助“国家统计局权威统计数据”大肆宣传。

今年4月，国家统计局统计资料管理中心的一份公开告知书中，明确指出了加多宝“10罐凉茶7罐加多宝”的依据并非来自权威的国家统计局，并且《统计用产品分类目录》没有单设“凉茶”这一指标，国家统计局开展的调查项目，只对“软饮料”

进行统计，没有对凉茶品牌及销量进行统计。

加多宝这种宣传行为违反了《广告法》《反不正当竞争法》等相关规定，广药已对此提起诉讼，目前已在湖南、重庆、广东三省立案。

三诈：炮制王健仪“独家授权说”忽悠消费者

也许是对“10罐凉茶7罐加多宝”涉嫌虚假广告心虚，加多宝于2013年5月推出了新的配方广告。自称王泽邦第五代玄孙的王健仪，称其将配方独家传授给加多宝，而没有传给其他企业或个人。

广东三环汇华律师事务所律师温旭在会上指出，广药是王老吉凉茶在大陆唯一合法继承实体。加多宝广告内所谓王泽邦后人所宣称的祖传秘方独家授权，并无任何实质依据。广告中所涉及的“王泽邦独家祖传秘方”“王泽邦后人独家授权”等语句，涉嫌贬低和损害王老吉的商誉。广药已向各级工商管理部门进行了举报，并将采取司法途径解决。

而对于王健仪本人也是使用诈骗手段的惯犯，媒体公开报道显示，媒体公开报道显示，1997年至2003年3月28日期间，王健仪7次诈骗贷款。2008年11月17日，该案在香港区域法院审判，王健仪被裁定7项伪造账目罪名成立。2008年12月9日，香港特区区域法院判处王健仪履行社会服务240小时并罚款17.5万元港币。

近日，媒体采访中经常问为何两家总是要打官司？“没人愿意打官司，但是没有法律底线的虚假宣传，广药只能采取法律的手段来为自己维权，为消费者维权。”广东三环汇华律师事务所律师温旭说。

10份公证权威证明王老吉一脉相传广药独家拥有秘方

广州市国资委：广药集团是王老吉唯一合法传承实体

加多宝最近投放的所谓王健仪《传人篇》广告也成为社会关注的焦点。而事实却是王健仪一脉早在100多年前就去了香港，与广州王老吉100多年来无任何经营关系。期间还因经营不善而被迫卖掉招牌。

王老吉则一直在广州一脉相承继承了凉茶始祖王泽邦的祖业。目前，广州市公证处已经从王泽邦家族的谱系传承、王老吉秘方、工艺、王老吉第四代后人的档案等各方面进行了公证。10份公证权威证明了王老吉从王老吉凉茶祖铺到广州王老吉之间一脉相传，广州王老吉拥有王老吉凉茶独家秘方。

对此广州市国资委也在会上表示，王老吉商标等资产属于国有资产，王老吉一脉传承发展至今。广药集团是王老吉唯一合法传承实体，拥有和王老吉相关的所有权益。

10份公证权威证明王老吉一脉相传广药独家拥有秘方，广药集团是王老吉唯一合法传承实体。

王老吉开创凉茶行业多个第一

没有王老吉就没有凉茶产业的今天

185年来，王老吉都以做凉茶为主营，不但是社会公认的凉茶始祖，更为凉茶产业的今天打下了坚实基础。首先，凉茶产品从水碗凉茶到方便携带的凉茶粉、凉茶精，再到现在的饮料，没有王老吉在科技上不断进步就没有这一切。1991年，王老吉进行科技开发，将粉状与精状的凉茶药品变成了凉茶饮料，成功解决了凉茶的包装、储存和运输问题，创造性地开发出中国最早的盒装和罐装凉茶饮料，从而使凉茶生产规模和产业基础不断扩大。

其次，王老吉这一享誉百年的老字号，早在20世纪90年代就已经在岭南地区家喻户晓，而这正是加多宝当初选择租用王老吉商标的最主要目的。加多宝正是凭借王老吉这一品牌获得了市场的成功，从而才有了发展的基础。而没有王老吉这一品牌，也就没有凉茶产业。如今，王老吉再度领航凉茶行业，正在制定凉茶行业标准，以促进整个产业的健康有序发展。同时开发出低糖、无糖和固体凉茶，不断壮大凉茶的品类，引领凉茶产业新发展。

从去年5月开始，红罐王老吉经过一年的发展，目前成长态势喜人。今年第一季度销售远超预期。广州市人民政府给广药集团的贺信中特别指出，支持王老吉做大做强，成为中国饮料行业的知名民族品牌。随着凉茶旺季的到来，相信王老吉会有更好的市场表现，广药集团预计今年王老吉将实现100亿元销售额。

广州市国资委表示，依法依规做大做强王老吉是广药集团义不容辞的责任，对广药集团经营王老吉凉茶充满信心！

Postscript

跋

品牌恒久的生命力在于优秀文化的内涵

匡 吉

我离休多年，在家静心养老，但网是天天上的，通过看网，关注天下大事。因此，对王老吉和加多宝的品牌之争平时也略知一二。

不过，我像其他老百姓一样，有时也有一些困惑。认为好好一个百年品牌王老吉，为中国几代人耳熟能详，为何又冒出一个加多宝与其抗争；对个中缘由，偌大一个中国，怎么还没有一个人或者说一个团队站出来，向老百姓系统地说个清楚明白。

今年中秋节前夕，我得知有一本叫《中国红》的书即将出版。该书作者是广东营销学会会长杨洪同志。

翻阅《中国红》后，我发现该书写得颇为生动，它通俗易懂地讲述了王老吉180余年来一个又一个鲜为人知的品牌故事。这些故事，贯古通今，紧贴老百姓生活，为老百姓所喜闻乐见。

一个品牌要获得蓬勃与恒久的生命力，要有优秀的文化蕴含其中，要能植根于消费者的内心深处，最终要由人民群众来选择，要由实践来检验，由历史来见证。我衷心祝愿《中国红——中国第一品牌攻防争夺战内幕》一书，能开品牌营销致胜之道、新风正气之先河。

（作者为广东省原副省长）

圆梦《中国红》　众筹百人英雄榜

《中国红》众筹的缘由是本书的作者杨洪发起的以100万元购买20000册《中国红》的一次移动互联网的营销创新尝试，历时77个小时，100人以每人10000元购买200册《中国红》的方式参加了众筹，成功为《中国红》筹得100万元。

只要敢于突破产品和行业的边界，只要敢于进行商业模式的创新，一切皆有可能。这是一个颠覆的时代，这是一个起心动念就需要think different的时代。奇迹，在共同的参与中不再是梦想！

以下是参加众筹的百人英雄榜：

雷　鸣	杨　洪	杨开茂	李美清	程敏静	杨宇程	袁乐清
何志明	张珀维	张　波	江国民	陈楚霞	蔡淦绵	穆　云
蔡　涛	徐有富	肖勇生	朱默河	熊爱武	江守信	梁永流
黄钰婷	安馨平	陈　明	蒋凌广	简　劭	秦　波	韩　彤
乔　欣	包晓峰	李云昆	俞　烽	王永辉	张　英	邓卓燏
郑乐华	蓝　洁	张洪润	康冬青	洪岳雄	张利萍	刘剑锋
霍　鑫	陈　枫	赵心竹	张文伟	成　喜	杨向东	李卓明
陈黄漫	叶　东	王　宇	林国强	周　维	吴丹阳	钱月如
符吉新	苏巧红	朱玉童	罗文艳	但　斌	刘　建	温小平
肖剑雄	谢　春	王慧琴	邹小平	钟伟光	孙喜耀	张秉存
黄燕君	汤　潮	陈国伟	于雁翎	梁永强	吴志铭	韩长江
张　良	黄石胜	陈　洁	邓　健	杨汤群	吕贻强	高　强
朱双娇	古小萍	张芷绮	张芷菱	蔡舜娇	王文明	袁志敏
贾颖婷	余　英	夏枫琳	黄业佳	姚德仓	罗钦文	丘比特
陈志波	李　锋					